VOIR ET ENTENDRE DIEU AVEC LES PSAUMES

ou

LA LITURGIE PROPHÉTIQUE DU SECOND TEMPLE À JÉRUSALEM

Nihil obstat :
Paris le 18 février 1987.
Jean-Luc VESCO, O. P.

Imprimatur :
Paris, le 2 mars 1987.
Mgr E. BERRAR, v. é.

ISBN 2-85021-031-5

CAHIERS DE LA REVUE BIBLIQUE

24

VOIR ET ENTENDRE DIEU AVEC LES PSAUMES

OU

LA LITURGIE PROPHÉTIQUE DU SECOND TEMPLE À JÉRUSALEM

par

Raymond Jacques TOURNAY, O. P.

1988

J. GABALDA et Cie, Éditeurs

RUE PIERRE ET MARIE CURIE, 18

—

PARIS

BS
1430.2
.T680
1988

PRÉFACE

Le titre de cet ouvrage peut surprendre le lecteur. Il s'agit ici de mettre en valeur et d'interpréter la dimension prophétique de la psalmique israélite telle qu'elle nous a été transmise, à partir de la description qui en est faite dans les livres des Chroniques, vers 300 avant Jésus-Christ. Le roi David et le clergé lévitique du second Temple y sont en effet présentés comme inspirés par l'Esprit de YHWH. Ils agissent vraiment comme des prophètes cultuels à une époque où la grande prophétie avait cessé pour faire place peu à peu aux écrits apocalyptiques.

Dans une telle perspective, il est raisonnable de penser que les lévites-chantres se sont donnés pour mission de suppléer au silence de la Parole divine en multipliant dans leurs œuvres lyriques et liturgiques les passages théophaniques et oraculaires. Pour ce faire, ils reprennent les thèmes, les motifs, les expressions des anciens prophètes pour célébrer dans le culte du second Temple le Nom et la Gloire de YHWH, Dieu de l'Alliance et des promesses messianiques.

Dans les récents commentaires du psautier, on s'attache à l'étude des genres et des structures littéraires, des sources et des emprunts. On néglige trop souvent la dimension prophétique de toute la psalmique israélite. Cette dimension fut fortement perçue par la première génération chrétienne, comme on le voit dans le discours de S. Pierre (Ac 2, 25 ss) et dans la prière des Apôtres (Ac 4, 25) : Dieu a parlé par l'Esprit Saint et par la bouche de David son serviteur, ce modèle des Pauvres de YHWH.

Aujourd'hui comme il y a vingt siècles, c'est une lecture prophétique des psaumes qui nous permet, avec eux, de voir et d'entendre Dieu.

Raymond Jacques Tournay, O. P.

École Biblique
et Archéologique Française
de Jérusalem.

ABRÉVIATIONS

Textes :

BHS ...... Biblia Hebraica Stuttgartensia, 1968 ss.
Hier. ...... Traduction latine de l'hébreu par S. Jérôme.
LXX ...... Traduction grecque de la Septante.
Syr. ...... Version syriaque (Peshitta).
Tg. ...... Targum araméen.
TM .... Hébreu massorétique.
Vg. ...... Vulgate latine.

Livres de la Bible (Ancien et Nouveau Testament) :
Abréviations de la *Bible de Jérusalem* (1973).

Périodiques :

Abréviations de la *Revue Biblique* (1986).

Autres abréviations :

AOAT .... Alter Orient und Altes Testament, Neukirchener Verlag.
BdJ ...... La « Bible de Jérusalem », 2e édition, Paris, Le Cerf, 1973.
HAL ...... Hebraïsches und Aramäisches Lexicon zum Alten Testament, 3e éd. 1967-1983.
JANES .... The Journal of the Ancient Near Eastern Society of Columbia University.
OBO ...... Orbis Biblicus et Orientalis, Fribourg, Suisse.
VTS ...... Supplements to Vetus Testamentum.
THAT .... Theologisches Handwörterbuch zum Alten Testament, I, 1973 ; II, 1977.
ThWAT .. Theologisches Wörterbuch zum Alten Testament, 1973-1986, etc.
TOB ...... Traduction œcuménique de la Bible. Ancien Testament, 1975.
ThWNT .. Theologisches Wörterbuch zum Neuen Testament (G. Kittel).
UF .... Ugarit-Forschungen, Neukirchener Verlag.

INTRODUCTION GÉNÉRALE

I. La recherche récente sur les psaumes.

Les travaux sur la structure et l'origine des psaumes sont innombrables. Il serait fastidieux d'en dresser un bilan, même limité à ces dernières années. Qu'il suffise de consulter les trois énormes volumes des récents commentaires de L. Jacquet (1975-1979) et de G. Ravasi (1981-1984, en italien), l'exposé bibliographique de K. Seybold (*ThRv* 46, 1981, 1-18), l'*Elenchus* annuel de la revue *Biblica* (Rome), les bibliographies suédoises de Leif Holmström Nilssen (1985-1986) et le grand Catalogue de l'École Biblique et Archéologique Française de Jérusalem.

En dépit de la somme immense des matériaux accumulés en ce domaine, que de problèmes demeurent en suspens, que d'hypothèses se succèdent sans que l'on puisse parvenir à un véritable consensus entre les exégètes contemporains ! Comme l'écrivait en 1969 J. van der Ploeg, on a l'impression de se trouver encore dans une période de tâtonnement et d'incertitude. Toutefois certains progrès ont été accomplis, comme le souligne B. Childs (1976, 377-388), en particulier dans un plus grand intérêt accordé à la psalmique postexilique, aux relectures et aux adaptations pratiquées par les psalmistes en fonction des besoins de la communauté juive.

La découverte de nombreux fragments de psautiers dans les grottes de Qumrân, surtout les grottes 4 et 11, a permis de constater à quel point le texte massorétique traditionnel reflétait le texte reçu aux abords de l'ère chrétienne. Les travaux de J. A. Sanders (1967), J. Ouellette (1969), P. Skehan (1978), G. H. Wilson (1983), etc. prouvent à quel point ce texte reçu est un témoin fidèle de la longue tradition manuscrite. N'a-t-on pas retrouvé dans un fragment de la grotte 4 l'expression *sefer ha-tehillim*, « le livre des psaumes » (M. Baillet, 1982, 41, n° 17, ligne 4) ? On est de moins en moins enclin à corriger la Massore, sans pourtant minimiser l'importance de la critique textuelle et de l'examen des diverses versions. Les divergences que l'on observe ou certaines obscurités pourraient s'expliquer par l'existence de retouches plus ou moins intentionnelles dont il importe de découvrir l'origine.

L'étude des *formes littéraires* a fait de notables progrès dont il faut tenir compte. Les travaux de W. Richter (1971 ; cf. F. Langlamet, *RB* 79, 1972, 275-288) doivent être ici mentionnés. On sait que Richter s'attache à l'analyse de la forme structurale et à la description des unités discernées dans la prose narrative. L'étude de la forme ornementale (imagerie, sonorités, rythmique, strophique, etc.), au niveau du phonème et de la syllabe, ne peut s'appliquer au texte que de façon limitée. En effet, si l'on peut décrire le système consonantique de l'hébreu et les jeux principaux de sonorité, il n'en est pas de même pour le système vocalique qui a dû varier au cours des siècles.

Quand il s'agit de textes poétiques comme les psaumes, l'analyse rythmique se heurte aussitôt à notre ignorance de l'exacte prononciation au temps où furent composés ces poèmes. Beaucoup d'incertitudes subsistent en ce domaine phonétique. C'est pourquoi plusieurs tentatives récentes pour retrouver certains rythmes ou certaines métriques sont vouées à l'échec comme l'ont bien montré W. Goodwin (1969) et J. Broadrib (1972, 66-87). Il en est ainsi pour le système isosyllabique préconisé depuis longtemps par F.-M. Cross Jr. et D. Freedman (1975 ; cf. *RB* 83, 1976, 625), ainsi que leurs disciples, comme P. Hanson (1975 ; cf. *RB* 83, 1976, 151) ou F. Anderson (1980 ; cf. *RB* 88, 1981, 612). D. K. Stuart en a traité longuement (1976). Les mêmes critiques peuvent être faites à l'égard du système dipodique ou alternant (cf. *RB* 63, 1956, 131), de type prosodique, dont l'une des variantes serait fondée, comme le pense D. Christensen (1984-1985), sur la longueur des voyelles ou les « morae ». De longs débats sur ce sujet seraient ici hors de propos.

La plupart des exégètes contemporains ont en effet de bonnes raisons pour maintenir la validité du *rythme* d'accent tonique en poésie hébraïque, comme c'est aussi le cas dans les autres poésies sémitiques anciennes (assyro-babylonienne, ougaritique, araméenne), sans oublier la poésie égyptienne. Il en est de même dans de nombreuses langues modernes. Là encore, on se contentera ici d'un bref exposé (voir les grammaires de l'hébreu biblique). Qu'il suffise de renvoyer aux récentes discussions entre C. B. Houk et R. F. Bee à propos du rythme (syllabique ou accentuel) dans le *Ps* 132. L'excellente mise au point de R. F. Bee doit être préférée à la critique de T. Longman qui portait sur un texte en prose oratoire, *Jr* 12, et non sur un texte poétique (voir *JSOT* 28, 1984, 61-117).

L'*accent* massorétique ne correspond pas nécessairement à l'accent métrique primitif. Tout monosyllabe ou assimilé (comme les mots de type « ségolé ») peut perdre l'accent tonique, devenir proclitique et être suivi du *maqqef* dont l'usage est très capricieux. Dans les mots longs, il y a parfois un accent secondaire séparé de l'accent principal au moins par une syllabe pleine. Cet accent secondaire est souvent indiqué par un *méteg*. L'accent oxytonique (sur la syllabe finale du mot) peut remonter sur l'avant-dernière syllabe et devenir paroxytonique pour éviter le contact avec un accent tonique qui suit immédiatement (règle de la *nesigah*). Si deux accents se suivent, c'est qu'il y a entre eux une pause ou une césure, marquées parfois par un accent disjonctif. On peut avoir jusqu'à trois syllabes atones successives, rarement quatre. Un accent secondaire interviendrait alors, indiqué par un *méteg*.

La forme primaire du vers, sans doute la plus ancienne, serait le vers de 2 + 2 mots accentués (sujet, prédicat, en phrase nominale). Ce rythme binaire prévaut dans les poésies égyptienne et assyro-babylonienne. On le trouve dans le cantique de Débora *(Juges 5)*, l'élégie de David sur Jonathan (2 *Sam* 1, 19 ss). C'est le rythme de la marche et des pulsations cardiaques. Ce rythme rapide est aussi attesté dans des morceaux en prose oratoire rythmée, comme les oracles de Nathan, de l'Emmanuel, etc. (Tournay, rec. Watson, *RB* 93, 1986, 306). Ce vers peut s'élargir en 4 + 4 accents ; c'est alors le grand vers épique qui correspond à l'alexandrin français. Il apparaît dans le *Ex* 15.

Si le premier stique est plus long que le second, on a un vers asymétrique ; c'est le vers de la *qinâ* (3 + 2 accents, cf. W. R. Gorr, 1983, 54 ; L. Ruppert, 1983, 111). Cette cadence brisée s'achève par un soupir, une pause. Ce vers passionnel et lyrique se rencontre dans les Lamentations, le Cantique des Cantiques, les psaumes « graduels » 120-134 (sauf 132). Le vers de la *qinâ* a de nombreuses variantes : 2 + 3 (enjambement avec emphase), 4 + 3 (grand vers élégiaque), 4 + 2 (vers qui peut être binaire), 3 + 2 + 2 (tercet élégiaque), ou 4 + 3 + 2, 3 + 3 + 2. Le grand vers de la *qinâ* apparaît dans les *Ps* 9-10, 140, 141, etc.

Le vers de 3 + 3 accents est le plus fréquent : ce vers *mashal* est attesté dans les livres didactiques (Proverbes, Job) de nombreux psaumes et cantiques. Il apparaît déjà dans le poème sur Heshbôn *(Nb* 21), les Bénédictions de Jacob *(Gn* 49) et de Moïse *(Dt* 33), le Cantique de Moïse *(Dt* 32), les oracles de Balaam. Ce rythme ternaire est celui de la respiration (aspiration, expiration, pause) ; il a des variantes : 2 + 2 + 2 (double césure), 3 + 3 + 3 (tristique). Il semble prévaloir à Ougarit. On le rapproche de l'hexamètre latin.

C'est en raison de la loi du parallélisme dans la poésie sémitique que les stiques tendent à avoir une longueur sensiblement égale, avec correspondance entre des paires de mots synonymes ou antonymes. Les cadences sont souvent mêlées et il faut éviter de corriger le texte *metri causa* sous prétexte de symétrie.

Un certain consensus des exégètes contemporains s'est établi au sujet de la strophique. Qu'il suffise de citer ici l'importante étude de P. van der Lugt (1980). La strophe représente l'unité logique du poème. Des structures concentriques ont été souvent signalées, en particulier par P. Auffret.

D'importants travaux ont été consacrés aux diverses formes de parallélisme (cf. S. A. Geller, 1979 ; J. K. Kugel, 1981 ; A. Berlin, 1985), sorte d'articulation binaire avec des propositions symétriques, antithétiques et des correspondances de mots. De nombreuses paires de mots ont été relevées déjà dans la poésie ougaritique. On a tenté d'expliquer cette loi de dualité ou d'articulation binaire de diverses façons. Ainsi un chantre ou un meneur de jeu alternerait avec la foule qui reprendrait une partie de ses paroles, tandis qu'il développerait un certain thème. Ce serait l'origine des litanies et des psalmodies responsoriales (comme dans les *Ps* 118, 136 ; 145 à Qumrân selon 11QIs[a]). On rappelle aussi que la tendance à la synonymie peut être due à un facteur émotionnel, car toute émotion cherche à persister. En outre, le monde sémitique affectionne les répétitions et les structures cycliques, en poésie comme en musique[1]. Cette approche syn-

---

1. Sur la *musique* israélite, voir E. GERSON-KIWI, art. Musique de la Bible, *DBS* 5,

thétique et totale de la réalité s'oppose à l'analyse rationnelle du monde gréco-romain. Elle s'exprime souvent en poésie par les procédés concentriques du chiasme et de l'inclusion. Citons ici les études de M. O'Connor (1980), de W. G. F. Watson (1982), de J.-N. Aletti et J. Trublet (1983), de M. Girard (1984).

Dès la première édition des *Psaumes de la Bible de Jérusalem* (1951) par R. Tournay et R. Schwab, l'analyse strophique du texte des psaumes avait été menée de pair avec l'analyse rythmique accentuelle. L'accent tonique d'intensité affectant la dernière, et moins souvent l'avant-dernière syllabe du mot hébreu, il était tout indiqué de rendre ces cadences en français où l'appui du mot est, lui aussi, à la fin (cf. *RB* 53, 1946, 351-357). C'est en fonction de cette correspondance que fut élaboré avec le Père J. Gelineau le *Psautier de la Bible de Jérusalem* (1961). Après 25 ans, une nouvelle traduction française a vu le jour, le *Psautier de Jérusalem* (1986) qui reprend l'essentiel de l'ancien Psautier, tout en assouplissant son langage et en profitant des acquis enregistrés dans l'interprétation du texte hébreu, si souvent obscur.

A vrai dire, ce n'est pas dans le domaine proprement littéraire ou structuraliste que doit porter l'effort principal de compréhension et d'interprétation des psaumes. Pour en bien saisir le contenu et la véritable portée, il est nécessaire de les situer dans le temps, au moins approximativement, d'en préciser si possible le *Sitz im Leben*, d'en retrouver les sources d'inspiration biblique ou extra-biblique. Sur ce dernier point, beaucoup de recherches ont déjà été entreprises, en particulier au moyen de rapprochements avec la psalmique mésopotamienne — comme le fit dès 1940 R. G. Castellino —, ou avec les prières égyptiennes — comme le fit A. Barucq en 1962. Un bilan approfondi de ces contacts est présenté, par exemple, dans le livre de F. Crüsemann (1969, 135-150), pour les hymnes et les actions de grâces en Israël. De nombreux parallèles ougaritiques ont été signalés. Mais le problème le plus important est celui de savoir dans quel milieu s'est développée la psalmique israélite telle que nous l'a transmise la tradition. A quels besoins de la communauté répondait-elle ? Quelle était la place des psaumes dans la vie religieuse du peuple d'Israël ? Ces questions ont déjà suscité de multiples hypothèses. Les opinions des exégètes contemporains divergent ici profondément. En 1961, C. Hauret concluait une enquête sur la chronologie des psaumes

1956, col. 1411-1468 ; A. SENDREY, *Music in Ancient Israel*, 1969 ; C. SCHMIDT-COLINET, *Die Musikinstrumente in der Kunst des Alten Orients. Archäologisch-philologisch Studien*, Bonn, 1981 ; J. H. EATON, « Music's place in worship : a contribution from the psalms », *Oudtest. Studiën* 23, 1983, 85-107 ; H. SEIDEL, *Musik im Altisrael. Untersuchungen zur Musikgeschichte und Musikpraxis Altisraels anhang biblischer und ausserbiblischer Texte*, Peter Lang, 1986 ; E. WERNER, *The Sacred Bridge* II, 1984 ; M. DUCHESNE-GUILLEMIN, *A Hurrian Score from Ugarit: the Discovery of Mesopotamian Music*, Sources Anc. Near East 2/2, Malibu, Undena Public., 1984 (avec une cassette).

en écrivant qu'un tel problème était peut-être insoluble. Qu'on en juge en effet !

Selon E. Lipiński (1965), les psaumes 93 et 99 dateraient de l'époque de Salomon comme les psaumes 68 et 78, tandis que le *Ps* 97 serait d'époque maccabéenne comme le *Ps* 49. Pour beaucoup d'exégètes au contraire (A. Feuillet, D. W. Watts, P. E. Dion, J. Coppens, etc.) le groupe des psaumes du Règne de YHWH (95 à 100) dépend pour le style et les thèmes de la seconde partie du livre d'Isaïe (52, 7 : « Ton Dieu règne ! »), et non l'inverse. Autre exemple, selon E. Lipiński (1967), le *Ps* 89, 2-5 et 20-38 daterait de la seconde moitié du Xe siècle avant J.-C. Cette opinion a été réfutée en particulier par T. Veijola (1982) ; on s'accorde à situer le *Ps* 89 en son ensemble à l'époque exilique, quels qu'aient été ses antécédents (voir p. 159).

On s'est efforcé de retrouver dans les psaumes des allusions à l'histoire d'Israël. Après A. Lauha et J. Kühlwein, E. Haglund (1984) a repris cette enquête. D'après lui, le *Ps* 81 proviendrait du nord d'Israël ; le *Ps* 83 daterait de l'époque assyrienne. Composition didactique, le *Ps* 78 daterait du règne d'Ézéchias ; c'est le seul psaume qui contient des allusions aux traditions relatives à l'Exode, à la conquête de Canaan et au roi David. A quoi on peut répondre que toutes ces traditions sont évoquées un peu partout dans le psautier. Seul, le *Ps* 105 parle des trois Patriarches (vv. 6-10) ; or, il est certainement d'époque postexilique !

Avec plusieurs exégètes, E. Haglund invoque les critères linguistiques, morphologiques et syntaxiques. Ces critères, délicats à manier, ne sont jamais vraiment décisifs, car on peut avoir affaire à des compositions archaïsantes et non archaïques. Trop d'auteurs, semble-t-il, ne prennent pas ce fait en considération et acceptent une datation beaucoup trop haute pour des poèmes réputés très anciens. L'antiquité d'un poème le rendrait-il plus intéressant, plus important ? C'est là une fausse conception du développement des idées religieuses en Israël et, chez les croyants, du donné de la Révélation qui va en s'approfondissant et en s'enrichissant en fonction de la vie même et des épreuves subies. Ces théories préconçues sont assez souvent présentées, en particulier à la suite des publications de F. M. Cross et de D. N. Freedman. Ainsi, pour D. A. Robertson (1972), le cantique de Miriam (*Ex* 15) remonterait au XIIe siècle ; il faudrait situer au Xe ou au début du IXe siècle le cantique de Moïse (*Dt* 32), le psaume de David (*2S* 22 = *Ps* 18), la prière d'Habacuc (*Ha* 3) et même la partie poétique du livre de *Job*. Le *Ps* 78 serait de la fin du Xe siècle ou du début du IXe siècle. Une chronologie semblable est proposée par W. G. E. Watson (1984, 40). Ces auteurs ne cachent pas d'ailleurs qu'une telle chronologie demeure fortement conjecturale.

A l'opposé, S. Pratt avait conclu dès 1913, après de très sérieuses analyses de vocabulaire, que l'ensemble du psautier se serait constitué à l'époque postexilique. Cette opinion a été très controversée, en particulier par M. Tsevat (1955). Mais les récentes études de A. Hurvitz

(1968, 1972, 1985) nous conduisent, pour un certain nombre de psaumes, à l'époque perse et hellénistique. Il est vrai, la présence d'aramaïsmes (Wagner, 1966)[2] ne peut fournir à elle seule un critère sûr de datation tardive, à moins d'un apport massif dans le même poème. Ces aramaïsmes peuvent se rencontrer à toutes les époques de la littérature hébraïque, bien qu'ils doivent normalement être plus nombreux à l'époque postexilique.

Quant aux *ougaritismes*, ils ne sont pas à coup sûr des indices de haute antiquité, quoi qu'on en dise. Beaucoup de chercheurs à la suite du regretté M. Dahood ont tenté d'expliquer des mots et des expressions, dans les psaumes et ailleurs, en recourant aux textes de Râs Shamra, et souvent, il faut le dire, avec succès, comme l'ont rappelé A. S. Kapelrud (1975), E. Jacob et H. Cazelles (*DBS* 9, 1979, col. 1425 ss), M. P. O'Connor (1983, 205), etc. La prosodie ougaritique a fait l'objet d'études approfondies comme celles de B. Margalit (1980, 219), tandis que de volumineux ouvrages lexicographiques ont accumulé les rapprochements entre le vocabulaire poétique d'Ougarit et celui de la Bible, particulièrement dans le domaine des parallèles et des mérismes (cf. Krašovec, 1977). Il n'est pas question de minimiser ces trouvailles et ces rapprochements. Mais il faut prendre garde aux conclusions historiques qu'on prétend en tirer pour dater tel ou tel poème, tel ou tel psaume. Ces dernières années, une réaction très forte s'est opposée à ce qu'on a pu appeler le « pan-ougaritisme »[3].

Personne ne songe à nier l'influence profonde, quoique indirecte et diffuse le plus souvent, qu'exercèrent sur Israël la culture et la littérature cananéenne dès le début de son existence. Les commentateurs mentionnent des parallèles ougaritiques dans des poèmes anciens comme le cantique de Débora, les « Bénédictions » de Jacob, de Joseph et de Moïse. Tout rendait inévitable une certaine imprégnation en Israël, à toutes les époques, des croyances et des pratiques cananéennes : la parenté linguistique (bien que l'ougaritique représente un rameau spécial, assez apparenté à l'arabe), les relations commerciales et politiques, surtout dans le nord, en particulier au temps de Hiram de Tyr. Mais la religion israélite de l'Alliance avec YHWH ne pouvait s'accommoder du ba'alisme et du polythéisme tels qu'ils sont attestés, par exemple, au temps de Salomon. L'antiba'alisme se développa rapidement ; le prophète Élie en fut le champion ; Amos et Osée dénoncèrent à sa suite le culte des idoles.

La chute des monarchies en Samarie et en Judée créa une situa-

---

2. Sur la poésie araméenne, cf. J. GREENFIELD, « Early Aramaic Poetry », *JANES* 11, 1979, 45-50.

3. Cf. R. de Vaux, *RB* 73, 1966, 465 ; H. DONNER, 1967, 322 ; R. TOURNAY, *RB* 76, 1969, 450 ; 77, 1970, 620 ; 78, 1971, 292 ; B. G. SAUER, 1974, 401 ; J. C. de MOOR et P. van der LUGT, 1974, 3 ; R. TOURNAY, *RB* 81, 1974, 463 ; 82, 1975, 281 ; S. KREUZER, 1983, 347 ; O. LORETZ, 1984 ; S. TALMON, 1986, 279.

tion entièrement nouvelle. Les notables et les dignitaires d'Israël et de Judée furent déportés en Mésopotamie, spécialement en 597 (2 *R* 24, 12-16) avec le prophète Ézéchiel autour duquel se groupèrent des disciples. On sait par ailleurs que les populations de Phénicie et de Chaldée se trouvaient très mêlées depuis longtemps sur les rives du Tigre et de l'Euphrate. Les rapports qui avaient toujours existé entre la Phénicie et la Babylonie ne cessèrent de se développer à l'époque néo-babylonienne. Les armées chaldéennes campèrent longtemps en Phénicie. Prêtres, devins, scribes fréquentèrent alors leurs émules phéniciens. Quand Tyr se rendit en 574 après un long siège de 13 ans, elle ne fut pas détruite. C'est à Babylone qu'on alla chercher le fils d'Itho-Ba'al III, Mer-Ba'al, pour en faire un roi de Tyr (558-554). Après sa mort, ce fut le tour de son frère Hiram qui avait été élevé, lui aussi, à la cour royale de Babylone et qui régna à Tyr pendant 20 ans (F. Josèphe, *Contre Apion*, I, 158). Il exista en Basse Mésopotamie une localité appelée Bit-Ṣurraya (*Ṣûr* est le nom sémitique d'où dérive Tyr ; cf. *RLA* 2, 1938, col. 52). C'est ainsi que les Juifs exilés vécurent dans cette ambiance cosmopolite ; les gens de Jérusalem purent alors fréquenter facilement des Phéniciens [4].

Or, ceux-ci avaient déjà à leur disposition une vaste documentation sur la religion cananéenne et la mythologie d'Ougarit grâce aux travaux de Sanchuniaton. O. Eissfeldt (1963, 127-129) place l'activité littéraire de ce dernier dans la seconde moitié du premier millénaire. W. F. Albright ne voit pas d'objection à situer cette activité dès le VIIe siècle (voir Attrige-Oden, 1981). Sanchuniaton rassembla les vieux écrits et les antiques traditions mythologiques, mettant ainsi à la disposition des lettrés une masse de données. Exilé en Chaldée, Ézéchiel put entendre parler du sage Danel (*Ez* 14, 14 ; 28, 3) et aussi du dieu Melqart, patron de Tyr, appelé le « philosophe ». *Ez* 28, 14 parle de « pierres de feu » qui seraient une allusion au bûcher de Melqart et à son *egersis* ou réveil printanier (Tournay, 1964, 102). Le motif du *kerûb* (*Ez* 1 ; 10 ; 28, 14.16) est syro-mésopotamien.

Les assyriologues savent que les rois de la dynastie néo-babylonienne, surtout Nabonide, prenaient goût à retrouver les dépôts de fondation des temples et des tours à étages (ziggurats) pour ensuite restaurer ces édifices ruinés et se rattacher à leurs anciens prédécesseurs du second millénaire avant J.-C., à savoir la première dynastie babylonienne, et même aux Sumériens. Les scribes se complaisaient à archaïser l'écriture cunéiforme pour la rapprocher de l'antique graphie. En Égypte aussi, on a constaté que les sculpteurs de la dynastie saïte imitaient les anciens modèles du temps d'el-Amarna. En Israël, c'est l'époque où l'on évoque volontiers l'ancien temps, celui des Patriarches (*Is* 41, 8 ; 51, 2 ; *Ez.* 33, 24 ; *Gn* 14 ; *Ps* 105, 6 ss, etc.).

---

4. Cf. R. Tournay, *RB* 63, 1956, 177 ; 64, 1957, 127 ; 70, 1963, 592 ; 73, 1966, 422 ; W. Zimmerli, *Ezekiel*, 2, 1983, 24.

Les érudits s'emparent des anciens mythes devenus inoffensifs, de simples motifs littéraires.

C'est ainsi qu'au VIIIᵉ siècle, Amos (9, 3) parle seulement du « serpent » pour désigner le grand dragon fabuleux (Day, 1985). Après l'Exil, les hagiographes ne craindront pas de lui donner son nom *Ltn* à Ougarit, Léviathan, le « tortueux (racine *lwh*) aux sept têtes » *Ps* 74, 14 ; 104, 26 ; *Jb* 3, 8 ; 7, 12 ; 26, 13 ; 40, 25 ; *Is* 27, 1). La cantilène d'*Is* 14 sur la mort du tyran mésopotamien évoque au v. 12 *heylel ben shaḥar*, l'astre brillant (Vulgate : Lucifer), fils de l'aurore »[5]. Au v. 13, le poète parle de la « montagne du nord », thème repris dans le *Ps* 48, 2 et indirectement dans *Ez* 40, 2. Cette montagne mythique assimilée au mont Casios, l'Olympe des Phéniciens, au nord de Râs Shamra, était censée être le lieu d'assemblée des 70 fils du grand dieu El, chef du panthéon cananéen (Tournay, *RB* 56, 1949, 40 ; Clifford, 1972 ; Attridge-Oden, 1981). Le cantique de Moïse (*Dt* 32, 8) fait allusion à ces « fils d'El » : « Il fixa les limites des peuples suivant le nombre des fils d'El » (Septante ; TM : Israël). Beaucoup d'exégètes situent ce cantique au temps de l'exil[6]. Le thème des fils d'El apparaît dans d'autres textes, soit avant (*Gn* 6, 2 ; *Ex* 15, 11), soit plus explicitement après l'Exil (*Ps* 7, 8 ; 29, 1 ; 82, 1.6 ; 89, 7 ; *Jb* 1, 6 ; 38, 7 ; *Da* 3, 25). Ce thème a été longuement traité par J. L. Cunchillos (1976).

Le premier fils d'El, Môt, dieu de fertilité et de fécondité, est suppléé et tué par le dieu Ba'al, dieu de l'orage et vainqueur de la mer, à la fois redoutable et bienfaisant. Môt devient alors la « Mort », antithèse de Ba'al, quand toute végétation se dessèche et meurt sous le soleil brûlant de l'été. En Israël, Ba'al est supplanté par YHWH à qui l'on transfère les attributs du dieu de l'orage, maître du chaos aqueux, les « grandes eaux », et résidant sur l'océan céleste. C'est pourquoi YHWH est qualifié de « chevaucheur des nuées », *rkb 'rpt*, dans le *Ps* 68, 5 (voir p. 61 et 104), *Dt* 33, 26, *Is* 19, 1, *Jr* 4, 13, *Is* 56, 15, sans parler d'*Ez* 1 et 10. Ce thème du char divin (Vanel, 1965, 121 ; Weinfeld, 1973, 421) se trouve entièrement démythisé dans l'Ancien Testament. Il en est de même pour l'appellatif *'Elyôn*, si fréquent dans les Psaumes (voir p. 84) et rattaché à l'appellatif divin *'ly* dans la légende de *Krt* à Ougarit (2 *K* III, 6), où la pluie de Ba'al est appelée la pluie de *'ly*, c'est-à-dire du Très-Haut (voir Rendtorff, 1966, 280 ; *ThWAT* 6, 1987, 134).

Le processus de démythisation s'achève après le temps de l'Exil, tandis que la tendance à l'archaïsation se développe chez les hagiographes, comme on le voit dans les livres de *Job*, de *Jonas*, etc. C'est donc avec une extrême prudence qu'on doit comparer les psaumes et les cantiques bibliques aux textes ougaritiques. Ceux-ci datent du XIVᵉ siècle environ avant J.-C. ; leur milieu culturel et religieux est

---

5. On rapproche du v. 12 le mythe grec de Phaéton.
6. TOURNAY, *RB* 67, 1960, 120 ; 82, 1973, 441 ; G. von RAD, 1964, 143 ; CRÜSEMANN, 1969, 42 ; CARRILLO ALDAY, 1970 ; LABUSCHAGNE, 1971, 92 ; 1974, 97.

tout à fait différent. L'évolution sémantique de la langue doit aussi être prise en ligne de compte, pendant un si grand laps de temps. Il faut aussi remarquer qu'on n'a pas encore retrouvé de véritable psaume à Ougarit. Malgré les nombreux ougaritismes que l'on découvre dans le *Ps* 29, il est impossible d'en retrouver le prototype cananéen. Une exégèse correcte, comme celle de O. Loretz (1984), aboutit à situer ce psaume à l'époque postexilique (voir p. 104).

Voici la seule prière que contiennent les textes d'Ougarit : il s'agit de la prière des ougaritiens en danger (*KTU* 1. 119 ; cf. Watson, 1984, 361).

« Si un puissant (ennemi) attaque votre porte,
un vaillant, vos murailles,
vous lèverez vos yeux vers Ba'al (en disant) :

« O Ba'al, puisses-tu éloigner le puissant (de) notre porte,
le vaillant (de) nos murailles !
Un taureau, ô Ba'al, nous (te) consacrerons,
le vœu (à) Ba'al, nous acquitterons,
un (bovidé) mâle (à) Ba'al nous consacrerons,
l'abattage (envers) Ba'al, nous acquitterons,
le repas (à) Ba'al, nous offrirons,
au sanctuaire de Ba'al, nous monterons,
(sur) les sentiers du temple (de Ba'al), nous irons. »

Alors Ba'al prêtera l'oreille à (votre) prière,
il éloignera le puissant de votre porte,
le vaillant, de vos murailles.

On notera que le taureau est ici la seule offrande faite à Ba'al ; il est en effet l'animal qui représente Ba'al. En se nourrissant de lui, on se nourrit de la force du dieu, face aux ennemis. Malgré quelques formules qui reparaissent dans les psaumes bibliques, l'ensemble de cette prière cananéenne n'en constitue qu'un parallèle assez éloigné.

II. Une approche nouvelle.

Si le comparatisme extra-biblique est incapable de rendre compte de l'origine et de la fonction propre des psaumes dans la vie religieuse d'Israël, il est requis de les analyser pour eux-mêmes, à la lumière des écrits de tout l'Ancien Testament.

L'étude des genres littéraires est à cet égard essentielle. Elle a été la préoccupation dominante de H. Gunkel et de son école. La plupart des commentateurs récents suivent encore cette voie, quitte à lui apporter de notables modifications ou compléments. Comme l'écrivait G. W. Ahlström (1959, 9), il a fallu procéder à des révisions radicales. Il suffit pour s'en convaincre de comparer les classifications proposées par P. Drijvers (1956), A. Descamps (1962), L. Sabourin (1964 ; 1969), L. Jacquet (1975), E. Lipiński et E. Beauchamp dans *DBS* 9 (1979, 1). La Bible œcuménique (*TOB*, 1975, 1260-1266) distingue trois grandes familles de psaumes : 1) les louanges, hymnes,

chants du Règne, cantiques de Sion, psaumes royaux ; 2) les prières
d'appel au secours, de confiance, de reconnaissance ; 3) les psaumes
d'instruction : psaumes historiques, liturgiques, exhortations prophétiques, poèmes sapientiaux.

Cette dernière catégorie a retenu l'attention de tous ceux qui
sont frappés par l'aspect didactique du psautier, à la suite de
M. H. Ludin et de A. Robert (*RB* 48, 1939, 5-20 ; 1953, 224). Ce dernier
insistait sur l'application par les psalmistes du procédé « anthologique », mais sans en donner la raison profonde comme on le verra
plus loin. Il avait tendance à minimiser l'aspect proprement cultuel
et liturgique des psaumes. L'étude de la dimension sapientielle du
psautier a suscité des travaux importants dont il faut citer ici les
auteurs : J. K. Kuntz (1974), L. Perdue (1977), E. de Meyer (1979),
J. Reindl (1980), F. Stolz (1983). Il est certain que beaucoup de
psaumes enseignent la morale de l'Alliance au peuple fidèle et ont
joué un rôle didactique important, en particulier auprès des jeunes
qu'il fallait instruire de leurs devoirs envers Dieu et leurs frères.
Mais cet aspect n'épuise pas, bien entendu, la raison d'être des
psaumes.

C. Westermann (1953 ; 1965 ; 1978) a montré qu'il n'existe pas
dans le psautier de genres à l'état pur. Il y a lieu de refuser des
schémas trop rigides et préconçus qui méconnaissent la souplesse et
la spontanéité de l'inspiration poétique. Westermann distingue deux
grandes catégories : 1) les louanges et les hymnes d'action de grâces
(ceux-ci ne constituent pas un genre littéraire distinct) ; 2) les prières,
demandes, plaintes, lamentations. Ce sont là deux attitudes fondamentales de l'homme en face de Dieu, et ces deux « pôles » sont loin de
s'exclure ; ils sont complémentaires. R. Murphy (1959) a reconnu le
bien-fondé de cette classification qui correspond à ce qu'écrivait
St Augustin (Enarr. in *Ps* 148, *Series Latina. Corpus Christ.*, 40,
1956, 2165) : « Maintenant nous louons Dieu, mais nous le supplions.
Notre louange comporte la joie ; notre supplication, le gémissement. »

Une telle complexité n'a rien de surprenant. Il en est de même
dans les prières de l'Égypte ancienne, comme nous l'apprend
A. Barucq (1962, 39) en se référant à plusieurs exemples : « L'association de la louange à la prière (*Ps* 77), de la confiance à la plainte
(*Ps* 12), de la prière à l'action de grâce (*Ps* 85) est assez naturelle. »
L'unité de composition ne requiert pas nécessairement la continuité
des thèmes, car « le cœur a ses raisons que la raison ne connaît pas ».
Comme on le verra plus loin, l'intervention divine sous forme de
théophanies ou d'oracles rassure le suppliant et l'engage à rendre
grâce, comme le montre bien E. K. Kim (1984).

Dépassant les classifications traditionnelles, S. Mowinckel s'est
efforcé de regrouper près du tiers du psautier autour de la vie liturgique telles qu'elle se déroulait dans le Temple de Jérusalem pour
les principales fêtes : la Pâque, la Pentecôte et surtout les célébrations d'automne (Nouvel An, Kippour, Semaine des Tentes). Il a

proposé de considérer la Fête du Nouvel An comme la fête d'intronisation de YHWH en tant que Roi d'Israël, à l'instar des rituels mésopotamiens de l'*akîtu* (Nouvel An). Cette hypothèse a eu un grand retentissement et a donné lieu à d'importants développements de la part de l'École scandinave d'Uppsala (*Myth and Rituals*, cf. Merrill and Spencer, 1984, 13-26). On a cherché à reconstituer des schémas liturgiques *(ritual pattern)* qui auraient été à la base des cérémonies annuelles du Temple de Jérusalem, spécialement pendant le mois de Tishri (septembre-automne). Un grand nombre d'études ont paru sur ce sujet.

Ces théories comparatistes, inspirées par les rituels mésopotamiens d'Uruk, de Babylone, etc., ont suscité bien des discussions ; elles ne trouvèrent qu'un faible écho en France (Hauret, 1959-1960). Renvoyons ici aux exposés de H. Cazelles (1960, col. 620-645), K. H. Bernhardt (1961, 182-261), J. van der Ploeg (1966, 272). Beaucoup d'exégètes jugent exagérée la place que tient dans ces théories l'idéologie royale (cf. Eaton, 1986) qui permettrait de situer un bon nombre de psaumes à l'époque monarchique malgré la rareté des indices invoqués. La royauté en Israël différait des royautés païennes en Babylonie, Syrie, Égypte. Malgré certaines similitudes, le roi d'Israël devait suivre les préceptes de l'Alliance davidique et était tenu de pratiquer un strict monothéisme (Gonçalves, 1986, 480) malgré ses faiblesses et ses égarements. YHWH était le vrai Roi (Allman, 1984, 142-199. Voir p. 62).

On peut cependant retenir de ces théories l'importance que revêtit de plus en plus, en Israël, la fête des Tentes (Soukkôt, du 15 au 22 Tishri) que précédaient le Jour de l'An *(Rosh ha-Shana)* et le grand Pardon (Kippour). Le thème de la Royauté de YHWH était au centre de cette liturgie annuelle. Il est tout indiqué d'y rapporter beaucoup de psaumes, comme l'a fait par exemple S. Springer (1979). Plusieurs rubriques nous y invitent. Ainsi celle qu'on lit dans la Septante et le Talmud pour le *Ps* 29 : « Pour le dernier jour des Tentes » (*Lv* 23, 36). Selon le Targum des psaumes, le *Ps* 81 était récité le premier jour de Tishri, pour le Jour de l'An (*Lv* 23, 24 ; *Nb* 29, 1) ; de même le *Ps* 47. Il est vrai que ces indications sont récentes comme les cycles annuels de récitation des psaumes (Arens, 1961) ; mais elles peuvent être l'écho de traditions anciennes.

A la suite de A. Weiser, M. Mannati (1966, 33) avait proposé comme thème central du psautier celui de l'Alliance *(berît)*. S'il n'existe pas de fête de l'Alliance proprement dite dans le calendrier liturgique d'Israël, on doit reconnaître que le thème de l'Alliance n'est étranger à aucune fête. Si le mot *berît* ne figure que 19 fois dans le psautier [7] (Sakenfield, 1978 ; Kellenberger, 1984), il est indirectement suggéré par le mot *hesed* (équivalent possible de l'arabe *hashada*) qui

---

7. *Ps* 25, 14 ; 44, 18 ; 50, 5.16 ; 74, 20 ; 78, 10.37 ; 83, 6 ; 89, 4.29.35.40 ; 103, 18 ; 105, 8.10 ; 106, 45 ; 111, 5.9 ; 132, 12.

revient dans le psautier plus de 120 fois. Le *hesed* est le comportement moral exigé par les partenaires d'une alliance : fidélité, dévoue-
ment, bienveillance, empressement mutuel, amour réciproque. S'il
s'agit du *hesed* divin, il s'y ajoute une nuance essentielle de miséricorde, autrement dit, de grâce et d'amour. C'est ce qu'exprime l'antienne si fréquente [8] : « Rendez grâce au Seigneur, car il est bon, car
éternel est son amour *(hasdô)* ». Cette attitude est fondamentale et
souvent rappelée. Les prophètes Osée et Jérémie en furent les premiers promoteurs. Mais ce n'est pas là un trait vraiment spécifique et
central du psautier.

Si l'on veut retrouver dans le psautier un thème dominant au-
delà de la variété mouvante des genres littéraires ou d'un éventuel
cadre liturgique, il est nécessaire de replacer les psaumes dans la vie
religieuse du peuple juif. Les livres d'*Esdras*, de *Néhémie* et des
Chroniques nous fournissent ici de précieuses indications, bien qu'elles
soient trop souvent négligées par les commentateurs du psautier. En
effet, nous apprenons qu'à l'époque du Second Temple, sous la domi-
nation des Perses, des Grecs et des Romains, le chant psalmique et la
musique sacrée occupaient à Jérusalem une place de choix dans toutes
les célébrations liturgiques, sacrifices, jeûnes, vigiles, pèlerinages, etc.
Rappelons que le Chroniste cite dans *1 Ch* 16 trois extraits des
Ps 105, 1-15, 96 et 106, 1.47-49 (cf. Hill, 1983, 159), et dans *2 Ch* 6, 41-
42, le *Ps* 132, 8-10. C'est à cette époque que la collection du psautier
fut achevée, sans doute par le diptyque que constituent les *Ps* 1 et 2.
Ceux-ci représentent en effet une véritable introduction aux « cinq »
collections qui reprennent le schéma du Pentateuque. Le *Ps* 1 célèbre
la Tôrâ, et le *Ps* 2, le Roi-Messie de Sion (voir p. 171) : ce sont là les
deux composantes maîtresses du judaïsme, la première se référant au
passé mosaïque, et la seconde, à l'avenir messianique tant espéré.
Or, il importe de remarquer dès à présent que la Tôrâ elle-même
se trouve assez rarement mentionnée par les psalmistes. En plus des
psaumes qui avec le *Ps* 1 en font l'éloge (19, 8 ss ; 78, 1.5.10 ; 119,
1 ss : 25 fois), elle n'est mentionnée que dans cinq autres psaumes
(37, 41 ; 40, 9 ; 89, 31 ; 94, 12, 105, 45). Il est vrai que le Targum des
psaumes introduit fréquemment une mention ou une allusion à la
Tôrâ, comme dans les autres Targums, conformément à la place prépondérante que celle-ci occupait désormais dans le judaïsme postérieur (voir p. 35). Mais ce n'est pas encore le cas pour le psautier ;
A. Deissler (1955) situe le grand psaume 119 au début de l'époque hellénistique ; c'est un morceau typique de style fortement anthologique ;
selon S. Bergler (1979, 286), il aurait pu exister dès le temps de
Néhémie (*Ne* 8).

---

8. *Jr* 33, 11 ; 1 *Ch* 16, 34.41 ; 2 *Ch* 5, 13 ; 7, 3 ; 20, 21 ; *Esd* 3, 11 ; *Ps* 100, 5, 106, 1 ;
107, 1 ; 118, 1-4 ; 136 ; *Jdt* (*Vg*) 13, 21 ; 1 *M* 4, 24.

C'est la seconde composante *prophético-messianique* qui domine dans tout le reste du psautier. Les commentateurs s'accordent en effet pour souligner les innombrables contacts de style et de motifs entre les écrits prophétiques et la psalmique. La suite de cet ouvrage le montrera, j'espère, avec évidence. Contentons-nous ici de quelques exemples. Le thème des *'anawîm*, les « Pauvres de YHWH », qui apparaît dans de nombreux textes prophétiques, est aussi un thème privilégié des psalmistes[9]. Le trisagion d'*Is* 6 trouve un écho dans le *Ps* 99, 3.5.9. On a depuis longtemps rapproché le *Ps* 51 du livre d'*Ézéchiel* (Tournay, 1985, 417-424). La métaphore de la ceinture dont YHWH s'entoure (*Ps* 76, 11 b) peut dériver de l'oracle de *Jr* 13, 11. Le thème du Jour de YHWH, le jour de sa Colère, est commun aux écrits prophétiques comme aux psaumes.

C'est ainsi que dans la 3ᵉ édition des psaumes (*BdJ*, 1964, 76-77) étaient énumérés sous la rubrique « psaumes prophétiques et eschatologiques » un nombre important de psaumes où se recontrent les thèmes suivants : coupe, feu, creuset, salut, rocher, lumière et ténèbres, matin et soir, sommeil et réveil, règne de YHWH, universalisme, troubles cosmiques, chants de Sion avec ses eaux vivifiantes, fin des guerres, retour des exilés, le messianisme. Deux rubriques étaient réservées aux oracles et aux théophanies. Plusieurs monographies ont traité de ce sujet, comme celle de P. Bonnard, « *Le psautier selon Jérémie* (1960), et l'article récent de W. H. Bellinger, « Psalmody and Prophecy » (*JSOT* Suppl. 27, 1984). Mais on voyait seulement dans ces « oracles » et ces « théophanies » de simples procédés littéraires, des exercices de style anthologique (cf. Robert, *RB* 1935, 348), et rien de plus.

Dès 1883, F. Delitzsch avait remarqué que les psaumes d'Asaph se distinguaient des psaumes de Coré par leur contenu prophético-juridique. Après lui, H. Gunkel (1928-1933, 329-381) fit une place spéciale aux psaumes dits « prophétiques, eschatologiques, messianiques ». Pour lui, la masse principale de ces psaumes devait être datée des temps postexiliques. Ils dépendaient des oracles prophétiques ; ce qui était original chez les prophètes était une imitation *(Nachahmung)* dans la psalmique, comme on le voit par exemple dans les chants d'intronisation de YHWH-Roi. Ces psaumes exprimaient les motifs d'espérance qui animaient la communauté judéenne à l'époque du second Temple : la venue et le règne universel de YHWH dans la paix et la justice, la proximité du Jour du jugement, la joie de la restauration de Jérusalem et du peuple élu, le salut de Sion où Dieu habite pour toujours, la disparition de l'idolâtrie, la soumission ou le châtiment des peuples païens.

Les positions de H. Gunkel furent critiquées par S. Mowinckel : il proposait au contraire de donner la priorité aux textes liturgiques

9. Gelin, 1983 ; van der Bergh, 1962, 273 ; Dupont, 1969, 11 ; Delekat, 1964, 35 ; Lindsay Craft, 1984 ; Lohfink, 1984, 100, et 1986, 153 ; *THAT*, 1976, 341.

qui devaient accompagner les cérémonies d'époque monarchique dans
le Temple de Salomon. Il admettait l'existence de prophètes cultuels
comme l'auraient été selon lui Nahum, Jérémie, Habacuc. Il soulignait
le ton prophétique des *Ps* 45, 1 et 49, 4 et attirait l'attention sur les
nombreux « oracles » par lesquels YHWH était censé répondre aux
fidèles. Il mentionnait spécialement les oracles relatifs au roi
d'Israël[10]. Le psalmiste inspiré prononçait des promesses de victoire
et de bonheur (12, 6 ; 91, 14-16), de rétablissement du peuple (75 et
82) ; il demandait un signe (86, 17) et exprimait l'espoir dans le salut à
venir (50, 23) en exhortant les fidèles à la docilité (95, 8). S. Mowinckel
relevait aussi que plusieurs textes des *Chroniques* (*1 Ch* 15, 22 ss ; 25,
1 ss ; *2 Ch* 20, 19) parlaient de l'inspiration des lévites-chantres ;
ceux-ci recevaient un échantillon *(a show)* de l'inspiration des anciens
prophètes. Fait capital dont S. Mowinckel ne comprit pas l'importance
et qui fera l'objet du prochain chapitre.

En effet, S. Mowinckel extrapolait indûment dans sa théorie les
données fournies par les livres des *Chroniques* en les appliquant par
conjecture à une situation qui prévalait trois siècles et plus auparavant. Comme on le dira plus loin, l'existence des « prophètes cultuels » aux temps monarchiques est fortement controversée et
demeure très problématique. Rappelons aussi que les deux institutions fondamentales des temps monarchiques en Israël, la royauté et
le prophétisme, étaient étroitement liés comme partout ailleurs dans
l'ancien Orient ; c'était par exemple le cas à Mari sur l'Euphrate au
XVIIIe siècle avant J.-C. La disparition définitive du roi en Israël fut
accompagnée de l'extinction progressive de la grande prophétie. Ce
furent les lévites-chantres qui, après la catastrophe de 587, prirent le
relais à leur façon et se comportèrent en prophètes cultuels, conscients d'être inspirés par l'Esprit de YHWH. Ces lévites se réclament
de David en tant que prophète (*2 S* 23, 1 ; voir p. 26). Ils exercent une
activité véritablement prophétique. C'est ce qui explique pourquoi
ils reprennent si souvent, grâce au procédé anthologique, les expressions et les motifs des anciens oracles et des descriptions théophaniques. La psalmique du second Temple acquiert ainsi une dimension
prophétique. Comme l'écrit D. L. Petersen (1977, 87), le chant liturgique est alors devenu une performance prophétique ; c'est aussi
l'opinion de divers auteurs (Booj, 1978 ; Wilson, 1980, 292).

Mowinckel admettait qu'à une époque relativement tardive, un
nouvel élément s'était ajouté dans la psalmique aux thèmes tradition-
nels : l'idée du rétablissement d'Israël et du salut définitif des Pauvres
de YHWH, autrement dit un élément eschatologique portant sur un
avenir indéterminé. Il pensait que les *Ps* 75 et 82 avaient pu être réuti-
lisés dans le culte à une époque plus récente. De pareilles relectures
sont en effet vraisemblables, surtout en raison de l'importance accor-

---

10. *Ps* 2, 7-9 ; 18, 51 ; 20 ; 21 ; 28, 8 (?) ; 45 ; 61, 7-8 ; 63, 12 ; 84, 10 (?) ; 85, 9 ss (?) ;
89, 20 ss 101 ; 110 ; 132.

dée de plus en plus à l'origine davidique des psaumes, censés composés par le roi musicien lui-même. Mais elles ne préjugent pas de l'origine réelle des psaumes. J. Jeremias (1970, 127) admet lui aussi que les lévites composèrent après l'Exil des psaumes qui parlent du jugement divin, du Jour de YHWH et de l'avènement du Règne de Dieu.

Toutes proportions gardées, on pourrait en dire autant des écrits de sagesse composés à l'époque du second Temple comme le *Ps* 119 et le livre de *Job*. Comme l'écrit A. Vanel (*DBS* 11, 1986, 39), « la transposition des données prophétiques (notamment celles des livres d'*Isaïe*, de *Jérémie* et du *Deutéronome*) dans un langage qui tend à leur conférer une portée universelle, n'apparaît qu'à partir du Ve siècle quand il n'y a plus de grand prophète ; la réflexion sur sagesse divine et sagesse humaine est alors reprise et renouvelée d'une manière qui met en œuvre la mémoire religieuse d'Israël ».

C'est dans une pareille perspective qu'il semble possible de rendre compte des textes eux-mêmes, tels qu'ils nous ont été transmis. Comme la suite le montrera, nous l'espérons, les lévites-chantres du second Temple ont voulu suppléer au silence de la grande prophétie, au silence du Dieu caché (*Is* 45, 15). Mécréants et païens demandaient ironiquement : « Où est leur Dieu ? » (cf. *Jr* 2, 28 ; *Dt* 32, 37). La réponse fut la suivante : Sion est devenue le nouveau Sinaï ; c'est là, et là seulement, que la Parole continue à se faire entendre (*Is* 2, 3 = *Mi* 4, 2) et que YHWH continue à se manifester. C'est dans le culte officiel du Temple qu'à lieu cette rencontre mystique entre YHWH et son peuple fidèle. C'est là qu'Il écoute prières et louanges, qu'Il apparaît aux siens et qu'Il leur parle dans des oracles cultuels. Car son Nom habite là pour toujours et c'est là que réside sa Gloire.

Une telle dimension *prophétique* du psautier canonique, trop souvent négligée par les commentateurs actuels, était reconnue par la tradition judéo-chrétienne. Le psautier est le livre le plus souvent cité dans le Nouveau Testament, au même titre que les prophètes. David y fait figure de prophète (*Ac* 2, 30; 4, 25). De leur côté, les écrits rabbiniques reconnaissent l'inspiration prophétique de David et des psalmistes. Ainsi le Targum des psaumes : *Ps* 14, 1 : « Pour louer, dans l'esprit de prophétie, par l'entremise de David ». — *Ps* 103, 1 : « Par l'entremise de David, parole prophétique ». — *Ps* 45, 1 : « A la louange des membres du Sanhédrin de Moïse, qui a été dite en prophétie par l'entremise des fils de Coré ». — *Ps* 46, 1 : « Pour louer, par l'entremise des fils de Coré, dans l'esprit de prophétie au temps où leur père leur était caché ; ils furent délivrés et dirent le cantique. ». — *Ps* 72, 1 : « Par l'entremise de Salomon, il a été dit prophétiquement ». — *Ps* 78, 1 : « Instruction de l'Esprit-Saint par l'entremise d'Asaph ». — *Ps* 98, 1 : « Psaume prophétique » (Diez Merino, 1982, *passim*).

Citons aussi le *Midrash Tehillim* sur le *Ps* 44 : « Pourquoi disent-ils : Nous avons entendu de nos oreilles, nos pères nous ont dit ?

Parce qu'ils prophétisaient au sujet des générations présentes. »
(Ed. W. G. Braudie, 1959, 446). Cet aspect prophétique est encore
souligné dans le *Ps* 45, 2 : « Mon cœur déborde avec la prophétie. Car
les Coraïtes prédisaient l'avenir. » (*ibid.*, 452-453). Le Midrash explique à sa façon la différence entre les deux titres ' Psaume de David '
et ' A David. Un psaume ' : « Quand David implorait l'Esprit Saint de
rester sur lui, il faisait appel à lui avec les mots ' Psaume de David '.
Mais quand l'Esprit Saint venait à lui de son propre chef, il disait
' A David. Un psaume '. » (*ibid.*, 336).

Si l'on veut replacer l'ensemble des psaumes dans leur véritable
Sitz im Leben (cf. M. Buss, 1978, 159-170), il nous faut dépasser l'examen des structures et des genres littéraires, des calendriers liturgiques, des rapprochements avec les documents de l'ancien Orient. A
la suite de la tradition judéo-chrétienne, il nous faut retrouver et mettre en valeur la dimension prophétique du psautier. Du même coup,
ces psaumes antiques seront pour nous, hommes du vingtième siècle, d'une grande actualité. Le plus grand mal dont souffre l'homme,
c'est la solitude. Mais Dieu a pris l'initiative de la rompre : grâce aux
psaumes, nous pouvons le voir et l'entendre.

PREMIÈRE PARTIE

LES LÉVITES-CHANTRES, PROPHÈTES CULTUELS

> Oracle de David :
> « L'Esprit de YHWH parle par moi,
> sa Parole est sur ma langue. »
>
> (2 *S* 23, 1-2).

CHAPITRE PREMIER

LES LÉVITES-CHANTRES
A L'ÉPOQUE DU SECOND TEMPLE

Les livres des *Chroniques* (Jenni, 1980, 97-108 ; Japhet, 1985, 83-107) ont été justement appelés une histoire « prophétique » (Robert, 1949, 19). On est frappé par le grand nombre des prophètes que l'on y trouve cités et dont un certain nombre sont inconnus par ailleurs (Willi, 1972, 216 ; Petersen, 1977, 88). En voici la liste : Samuel (*1 Ch* 11, 3 ; *2 Ch* 35, 18) ; Nathan (*1 Ch* 17) ; Gad (*1 Ch* 21, 9) ; Gad et Nathan (*2 Ch* 29, 25) ; Ahia de Silo (*2 Ch* 10, 15) ; Shemaiah (*2 Ch* 11, 2 ; 12, 5) ; Iddo le voyant (*2 Ch* 12, 15 ; 13, 22) ; Azaryahu, fils d'Oded (*2 Ch* 15, 1) ; Hanani le voyant (*2 Ch* 16, 7) ; Michée, fils de Yimla (*2 Ch* 18, 7) ; Jehu, fils de Hanani le voyant (*2 Ch* 19, 2) ; Yahaziel, fils de Zakaryahu (*2 Ch* 20, 14) ; Eliézer, fils de Dodayahu de Marésha (*2 Ch* 20, 37) ; le prophète Élie (*2 Ch* 21, 12) ; des prophètes (*2 Ch* 24, 19) ; le prêtre Zacharie revêtu de l'Esprit de Dieu (*2 Ch* 24, 20) ; un homme de Dieu (*2 Ch* 25, 7) ; un prophète (*2 Ch* 25, 15) ; Isaïe, fils d'Amoç (*2 Ch* 26, 22 ; 32, 20.32) ; Oded (*2 Ch* 28, 9) ; Hazay (*2 Ch* 33, 19 ; LXX « les voyants ») ; Hulda la prophétesse (*2 Ch* 34, 22) ; Yedutûn, voyant du roi (*2 Ch* 35, 15) ; Jérémie (*2 Ch* 35, 25) ; des voyants et des prophètes (*2 Ch* 36, 15-16).

Selon *1 Ch* 29, 29, l'histoire du roi David a été écrite du début jusqu'à la fin dans l'histoire de Samuel le voyant, l'histoire de Nathan le prophète et l'histoire de Gad le voyant. Le Chroniste semble déjà assimiler les livres de *Samuel* et des *Rois* aux « Prophètes antérieurs », selon la dénomination traditionnelle de la Bible hébraïque. Rappelons aussi comment, dans *1 Ch* 12, 19, l'Esprit de Dieu inspire l'un des chefs de David, Amasaï, chef des Trente, et lui fait dire un oracle où s'affirme la faveur de YHWH à l'égard de David : « C'est ton Dieu qui t'aide. » La royauté de David sur tout Israël est conforme au plan de YHWH ; c'est une royauté de type prophétique, car David a reçu l'Esprit de Dieu (*1 S* 16, 13) qui l'a pénétré (verbe *ṣalaḥ* : Puech, 1971, 5-19 ; Cazelles, 1978, 71), comme il a pénétré Samson.

Comme l'écrit Y. Amit (1983, 206), il y a vraiment dans les *Chroniques* une sorte d'inflation prophétique. Mais il ajoute avec raison que tous ces « prophètes » sont assez stéréotypés et n'offrent guère de particularités ; ils se succèdent comme en dehors du temps et ne sont rattachés qu'artificiellement à tel ou tel roi. Ils n'opèrent plus de signes et se contentent d'interpréter l'histoire dans la ligne de la traditionnelle historiographie deutéronomique. Si le Chroniste utilise les écrits prophétiques antérieurs, c'est pour assurer sa propre autorité et donner à ses écrits une autorité prophétique.

Ce dessein apparaît clairement dans les « sermons lévitiques » qui ont fait l'objet d'études approfondies et convergentes (von Rad, 1966, 267 ss ; Newsome, 1975, 201 ss). Ceux-ci apparaissent comme une sorte de jeu littéraire de la part du Chroniste. On y retrouve un écho des anciens oracles. Ainsi *2 Ch* 20, 20 cite *Is* 7, 9 où figure le célèbre jeu de mot : « Tenez fermes en YHWH votre Dieu, et vous serez fermes. Tenez fermes en ses prophètes et obtenez le succès. » Ces sermons lévitiques débutent par un exorde didactique de ton deutéronomique : « Écoutez-moi, mes frères et mon peuple » (*1 Ch* 28, 2). — « Écoutez-moi, Asa et tout Juda et Benjamin » (*2 Ch* 15, 2). — « Écoutez, tout Juda et les habitants de Jérusalem » (*2 Ch* 20, 12.20). Ensuite viennent les exhortations et les encouragements : « Soyez forts » (*1 Ch* 28, 10). — « Prenez courage » (*2 Ch* 15, 7). — « Ne craignez pas, YHWH est avec nous » (*2 Ch* 20, 17 ; cf. 1 Ch 22, 16-17). — « Soyez forts et courageux » (*2 Ch* 32, 7 ; cf. *1 Ch* 22, 13). Toutes ces expressions reparaissent dans les psaumes ; c'est de part et d'autre la même terminologie, le même style. Au surplus, les sermons lévitiques sont rédigés dans une prose rythmée, oratoire, qui mériterait d'être étudiée pour elle-même.

Ainsi la prophétie joue un rôle essentiel dans la vie de la communauté judéenne que décrit le Chroniste. Il n'en est pas de même dans les livres d'*Esdras* et de *Néhémie*. Ceux-ci ne contiennent pas de sermons, mais des prières psalmiques (*Esd* 9, 6 ss ; *Ne* 1, 5 ss ; 9, 5 ss). L'hébreu de ces deux livres reflète un état plus ancien que celui du Chroniste, et leur pensée théologique est assez différente (Japhet, 1968, 330 ss ; 1986 ; Williamson, 1977, 107).

C'est dans ce contexte prophétique que le Chroniste parle des lévites-chantres auxquels il assigne une place très importante parmi les desservants du second Temple. Or, il les présente dans plusieurs textes (et pas seulement dans *1 Ch* 25, 1-3) comme des inspirés, des voyants et des prophètes. Le premier texte, *1 Ch* 15, 16 ss, concerne les préparatifs du transport de l'Arche à Jérusalem. David réunit alors les prêtres et les lévites qui doivent effectuer ce transport solennel au son de la musique et des chants. Les trois chefs des ghildes de chantres, Hémân, Asaph, Etân, avaient à faire retentir des cymbales d'airain (v. 19). Rappelons que Etân figure dans le titre du *Ps* 89, tandis que Hemân figure dans le titre du *Ps* 88 qui précède.

Ces trois chefs sont nommés ailleurs dans un autre ordre et le nom d'Etân fait place à celui de Yedutûn (von Rad, 1930, 107 ; Petersen, 1977, 61). Ainsi on trouve : Asaph, Hémân, Yedutûn dans *2 Ch* 5, 12 ; 29, 13-14 ; 35, 15 ; Asaph, Yedutûn, Hémân dans *1 Ch* 25, 2-6. Les asaphites eurent d'abord la primauté. *Esd* 2, 41 ne nomme qu'eux lors de la reprise du culte en 520 avant J.-C. ; ils sont 128, chantres et lévites (cf. 3, 10). Des rivalités ont dû ensuite intervenir entre les classes de chantres, (Petersen, 1977, 87). Les fils de Coré voulurent s'égaler aux chantres (voir *BdJ*, 1973, 452) : c'est Hémân qui prit plus tard la première place, comme le montre *1 Ch* 6, 18 ss et les retouches subies par le texte de *Ne* 12, 46. L'hébreu massorétique est le suivant : « Car aux jours de David et d'Asaph, autrefois, il existait des chefs de chantres, des cantiques de louange et d'action de grâces à Dieu. » Mais un manuscrit hébreu, le grec et d'autres versions omettent le *waw* « et » avant Asaph ; le *ketib* et le grec ont le singulier « le chef ». Cette leçon primitive est confirmée par *Ne* 11, 17 : « Asaph, chef de la louange (LXX ; TM « du commencement », *hé* et *heth* confondus), entonnait l'action de grâces pour la prière. »

Ces rivalités entre les lévites-chantres seraient à étudier plus longuement. Qu'il suffise ici de mettre en lumière le rôle prophétique de tous ces lévites. C'est dans *1 Ch* 15, 22 qu'on trouve la première allusion à ce rôle prophétique. Mais le texte est difficile : « Kenanyahû, chef des lévites, était pour le transport *(maśśa')*, il dirigeait (*yaśar*, de *śrr*, verbe dénominatif) le transport, car il s'y entendait. » On lit au v. 27 : « les lévites portant l'Arche, les chantres et Kenanya, le chef *(śar)* du transport (des chantres). » On considère ce dernier mot comme une dittographie ; mais ce doublet suggère de donner ici au mot *maśśa'* le sens de« élévation de la voix » ; le verbe *naśa'* suivi de *qôl* (« la voix ») signifie en effet « élever (la voix) ». Or, c'est ainsi que l'a compris LXX qui traduit au v. 22 : *arkhôn tôn ôdôn hoti sunetos hèn*, « le chef des hymnes, car il s'y entendait ». La Vulgate traduit également : *prophetiae praeerat ad precinendam melodiam*. Au v. 27, LXX traduit : *ho arkhôn ôn âdôn tôn adontôn*, « le chef des hymnes des chantres ». Et la Vulgate : *princeps phophetiae inter cantores*. Cependant, dans *1 Ch* 26, 29, le même Kenanyahu et ses fils sont préposés aux fonctions extérieures au Temple comme greffiers et comme juges. Au chapitre 15, il semble qu'on ait voulu donner à *maśśa'* un sens ambivalent comme c'est le cas dans *Jr* 23, 33-40 où ce mot signifie à la fois « charge » et « oracle ». Une telle polysémie permettait de mettre en valeur l'inspiration prophétique du « chef des lévites ». C'est du moins l'opinion de plusieurs commentateurs (Cazelles, 1961, 84 ; Tournay, 1976, 386 ; 1982, 117 ; Petersen, 1977, 63 ; McKane, 1980, 35) ; S. Mowinckel avait déjà souligné l'ambiguïté du mot *maśśa'* dans *1 Ch* 15, 22.

Il y a lieu de rapprocher ici l'épisode relaté dans *Nb* 11. Moïse se plaint à YHWH de ne pouvoir « porter » tout le peuple, car cette

« charge » est trop lourde pour lui. Dieu lui répond en lui demandant
de rassembler 70 des Anciens d'Israël : « Je descendrai parler avec
toi, mais je prendrai de l'Esprit qui est sur toi pour le mettre sur
eux. Ainsi, ils porteront la charge de ce peuple et tu ne seras plus
seul à le porter (v. 17) ». YHWH descendit dans la nuée ; il prit de
l'Esprit qui reposait sur Moïse pour le mettre sur les 70 Anciens.
« Quand l'Esprit reposa sur eux, ils prophétisèrent, mais ils ne conti-
nuèrent pas (v. 25) ». Deux hommes étaient restés au camp, Eldad et
Médad ; l'Esprit se reposa sur eux, ils se mirent à prophétiser dans
le camp. Moïse ne voulut pas les empêcher et souhaita que « tout le
peuple de YHWH soit prophète, YHWH leur donnant son Esprit »
(v. 29). A l'époque perse, le livre de *Joël* 3, 1-2 reprit ce thème de
l'inspiration collective, thème qui connaît de nos jours un regain
d'actualité. Retenons ici que ce thème est lié dans *Nb* 11 à celui de la
charge *(maśśa')* de diriger le peuple grâce à l'inspiration divine
(Michaeli, 1967, 90-91 ; Ramlot, 1971, 962).

Dans *1 Ch* 25, 7, le nombre total des chantres, fils d'Asaph, de
Yedutûn et de Hémân est de 288, c'est-à-dire 4×72. Est-ce un hasard
si, en ajoutant Eldad et Medad aux 70 Anciens, on obtient le chiffre
de 72 inspirés ?

C'est dans ce chapitre 25 qui a pour objet le statut des chantres
que le Chroniste parle explicitement de la fonction « prophétique »
des fils d'Asaph, de Hémân et de Yedutûn, « les *prophètes* qui s'ac-
compagnaient de lyres, de cithares et de cymbales » (v. 1). Le v. 2
donne la liste des « fils d'Asaph qui dépendaient de leur père qui
prophétisait (le Targum ajoute : « par l'Esprit Saint ») sous la direction du roi (David) ». Le v. 3 donne la liste des fils de Yedutûn : « Ils
étaient six sous la direction de leur père Yedutûn qui *prophétisait*
au son des lyres en l'honneur et à la louange de YHWH. » La triple
répétition du verbe *nb'* *(hitpaël* et *nifal)* est certainement intentionnelle, comme on l'a souvent noté. Cependant plusieurs exégètes inter-
prètent ce verbe au sens faible : il s'agirait seulement d'inspiration
musicale et poétique, non de véritable prophétie. Mais partout ailleurs,
le verbe *nb'* concerne directement l'activité prophétique et extatique
au sens fort (cf. *1 S* 14, 14-16 ; 19, 20-24, etc.). Le nom *nabî'* « prophète » est expliqué comme un participe passif de la première forme
du verbe *nb'* *(qal)*, comme les noms *nasi'*, *nagîd*, *nadîb*, *mashiaḥ*, etc. ;
il signifie « celui qui a été appelé (par Dieu) ». Le Targum rejoint
cette interprétation et renforce encore l'aspect d'inspiration divine. Il
paraphrase ainsi le v. 5 « Hémân, le prophète du roi, qui devait, aux
paroles de prophétie de devant Dieu, sonner du shofar » (Le Déaut,
1971, 94).

1 Ch 25, 4-6 (Myers, 1965, 171 ; Michaeli, 1967, 125 ; Petersen,
1977, 64) cherche à renforcer l'autorité du groupe coraïte de Hémân,
appelé voyant du roi, aux dépens des groupes d'Asaph et de Yedutûn.
La dénomination de voyant *(ḥozeh)* est ailleurs appliquée à Gad, le

voyant de David (*1 Ch* 21, 9 ; *2 Ch* 29, 25 ; cf. *2 S* 24, 11) ainsi qu'à
Asaph le voyant (*2 Ch* 29, 30). *2 Ch* 33, 18 mentionne des voyants qui
parlaient à Manassé au nom de YHWH. Iddo est un voyant (*2 Ch* 9,
29 ; 12, 15 ; 13, 22), de même Hanani (*2 Ch* 19, 2). Dans *2 Ch* 35, 15,
le texte primitif a été retouché pour donner la prééminence à
Yedutûn : « Les chantres, fils d'Asaph, étaient à leur emplacement
selon l'ordonnance de David, d'Asaph, de Hémân et de Yedutûn, voyant
(Targum : prophète) du roi. » Deux manuscrits hébreux et les versions (LXX, Syr.) ont le pluriel « les voyants », ce qui se rapporte
à tous les noms mentionnés précédemment.

On a depuis longtemps remarqué, que les neuf derniers noms des
fils de Hémân, omis par la version syriaque, ont été ajoutés dans
1 Ch 25, 4 pour obtenir le chiffre de 24 dans 25, 31. Les 24 classes de
chantres devaient correspondre aux 24 classes de prêtres (chapitre 24)
et de lévites (chapitre 23). Rappelons que le bloc *1 Ch* 23, 3 à 27, 34
constitue selon beaucoup d'exégètes (mais non Williamson, 1979, 255)
une grande addition, sorte de révision ou de riposte sacerdotale ; 28, 2
fait suite à 23, 1 (le v. 2 est de toute évidence rédactionnel).

Les neuf derniers noms des fils de Hémân constituent un fragment
de psaume (Haupt, 1914, 142 ; Torczyner, 1949, 247). En voici la traduction : « Aie pitié de moi, YHWH, aie pitié de moi, tu es [1] mon
Dieu, j'ai glorifié et exalté (ton) secours ; demeurant dans l'épreuve [2],
j'ai parlé ; donne des visions nombreuses. » Les deux derniers noms
du v. 4 (littéralement : « augmente les visions ») suggère que ces deux
fils de Hémân étaient aussi des « voyants ». Ce poème curieux accen-
tue ainsi la prétention des lévites-chantres au statut de « prophètes ».
Le v. 5 confirme cette interprétation : « Tous ceux-là étaient fils de
Hémân le voyant du roi, qui lui transmettait les paroles de Dieu pour
élever sa corne (c'est-à-dire : sa puissance) [3]. » Et le texte ajoute : « Dieu
donna à Hémân quatorze fils et trois filles [4]. Ils chantaient tous sous
la direction de leur père dans le Temple de YHWH, au son des cymbales, des cithares et des lyres, au service du Temple de Dieu, sous
les ordres du roi. » Tout ce passage révèle l'importance que le rédacteur accordait à la fonction prophétique des lévites-chantres (Gese,
1963, 222).

C'est dans ce contexte qu'il faut interpréter *1 Ch* 16, 4 ss qui
décrit le service des lévites devant l'Arche, « pour célébrer, glorifier
et louer YHWH, le Dieu d'Israël : Asaph, le chef, et son second,
Zekarya, etc... Yéïël avait des luths et des lyres, et Asaph faisait

1. On propose de traduire « viens » d'après 2 *Ch* 35, 21 (versions) et *Dt* 33, 2.21.
2. Couper en deux le nom : *yosheb qasheh* (cf. *TOB in loco*). Éviter de corriger le TM
reçu.
3. Cf. *Dt* 33, 17 ; *1 S* 2, 10 ; *Lm* 2, 17 ; *Za* 2, 4 ; *1 R* 22, 11 ; *Ps* 18, 3 ; 75,5 ;
89, 18.25 ; 92, 11 ; 112, 9 ; 132, 17 ; 148, 14.
4. Comme dans le Targum de *Job*, 42, 13.

retentir des cymbales... Ce jour-là, David chargea pour la première fois Asaph et ses frères de célébrer YHWH » (v. 7). Suit le long psaume complexe qui reprend avec quelques variantes *Ps* 105, 1-15 ; 96 ; 106, 1.47-48. A. E. Hill (1983, 159) a montré que cet ensemble comporte une structure particulière avec répétitions, chiasmes et retouches intentionnelles. On peut se demander pourquoi le texte du *Ps* 105 est interrompu au v. 15 : « Ne touchez pas à mes oints (= messies), ne faites pas de mal à mes prophètes. » Il y aurait ici une double allusion aux catégories qui desservaient le second Temple : les prêtres marqués de l'onction (*Ex* 30, 30, etc.), et les lévites qui les assistaient par leur ministère prophétique.

Le rôle prophétique des lévites, asaphites et coraïtes, est bien marqué dans *2 Ch* 20 au cours de la guerre « sainte » menée par Josaphat dans le sud de Juda (Petersen, 1977, 68). Après la prière prononcée par Josaphat, l'Esprit de YHWH (Targum des Chroniques : l'esprit de prophétie de devant YHWH) reposa sur Yahaziel, descendant d'Asaph. Celui-ci s'adressa aux Judéens comme le ferait un véritable prophète, Michée (3, 8) ou Ézéchiel (1, 5) : « Prêtez l'oreille, vous tous, Judéens et habitants de Jérusalem, et toi, roi Josaphat ! Ainsi parle YHWH : Ne craignez pas, n'ayez pas peur devant cette troupe nombreuse, car ce combat n'est pas le nôtre, mais celui de Dieu » (*2 Ch* 20, 15). Dans son discours, Yahaziel s'inspire d'anciens oracles (*Ex* 14, 13-14 ; *Jos* 8, 1 ; 10, 8 ; *1 S* 17, 47, etc.). Il fait écho à Isaïe quand il s'écrie au v. 17 : « YHWH sera avec vous » (*Is* 7, 14 ; 8, 10). Dans *2 Ch* 15, 2, le prophète Azaryahu dit aussi : « YHWH est avec vous quand vous êtes avec lui. » De même le roi Ézéchias affirme : « Avec nous, il y a YHWH notre Dieu » (*2 Ch* 33, 7). On croit entendre les psaumes (refrain du *Ps* 46 ; 73, 22-23.25 ; 91, 15, etc.). Après le discours de Yahaziel, tous se prosternent devant YHWH ; les lévites, fils de Qehat et de Coré, se mettent à louer YHWH, Dieu d'Israël, d'une voix très forte. Le roi Josaphat s'écrit au moment du départ : « Écoutez-moi, Judéens et habitants de Jérusalem ! Tenez fermes en YHWH votre Dieu et vous serez fermes. » Il reprend ici *Is* 7, 9 et continue : « Tenez fermes en ses prophètes et obtenez le succès. » Il place ensuite devant les guerriers les chantres de YHWH qui louaient Dieu en vêtements sacrés (expression du *Ps* 29, 2) en disant : « Rendez grâce à YHWH, car éternel est son amour. » Ce refrain psalmique traditionnel remplace ici le cri de guerre ou *teru'a* (mot dérivé de *r'*, roulement guttural : *resh* + *'aïn*).

Après la victoire, tous reviennent au Temple de Jérusalem avec des harpes, des cithares et des trompettes. Cette grande procession liturgique rappelle celle de la translation de l'Arche, décrite dans *1 Ch* 15, 16 ss, et fait penser au *Ps* 68, 25 ss : « On a vu tes processions, ô Dieu... » Dans tout ce récit, les lévites occupent la place principale à côté du roi Josaphat, et tous prononcent des paroles « prophétiques » dans le style deutéronomique. La prière de Josaphat a été rapprochée de plusieurs psaumes (44, 60, 74, 79, 80, 89, 123). Les paroles de Yahaziel constituent un véritable oracle de salut et de victoire qui correspond à la prière de Josaphat (Begrich, 1934, 82 ; Booij, 1979, 261).

Lors de la célébration de la Pâque sous le roi Ézéchias, les lévites exercent aussi une activité de type prophétique (Petersen, 1977, 77). Dans *2 Ch* 29, 25, il est dit que le roi Ézéchias plaça les lévites dans le Temple de YHWH avec des cymbales, des lyres et des cithares selon l'ordre de David, de Gad le voyant (Targum : le prophète) et de Nathan le prophète, car cet ordre venait de YHWH (TM incertain ; on propose *bdwd hyh* « venait de David) par l'intermédiaire de ses prophètes ». Notons que David est ici mis sur le même rang que les prophètes. Les lévites prirent place avec les instruments faits par David, et les prêtres avec les trompettes (qui leur étaient réservées selon *Nb* 10, 1-10).

Remarquons que les prêtres sont ici mentionnés après les lévites. Déjà on voyait le roi, au v. 5, s'adresser seulement aux lévites. Les vv. 12-14 énumèrent les noms et les généalogies des lévites qui viennent purifier le Temple de YHWH selon l'ordre du roi et selon les paroles de YHWH. C'est ensuite que les prêtres entrent pour purifier aussi le Temple. Au v. 30, Ézéchias et les officiers disent aux lévites, une fois offert l'holocauste, de louer Dieu avec les paroles de David et d'Asaph le voyant. Ceux-ci louèrent à cœur joie, s'agenouillèrent et se prosternèrent (comme dans le *Ps* 95, 6). Enfin au v. 34, les lévites aident les prêtres, trop peu nombreux, à dépecer les holocaustes. Le Chroniste ajoute que « les lévites avaient été mieux disposés (littéralement : « plus droits de cœur ») que les prêtres pour se sanctifier. » Ce passage rehausse intentionnellement l'office des lévites, replacé dans un contexte prophétique. Notons qu'Ézéchias demande aux lévites d'offrir l'encens (v. 11), prérogative réservée en principe aux prêtres aaronides (*Nb* 17, 5)[5]. Ce dernier texte fait suite au récit du châtiment de Coré et de ses partisans (*Nb* 16). On voit que l'auteur de *2 Ch* 29 soutient les prétentions des Coraïtes auxquelles s'oppose le rédacteur sacerdotal (Petersen, 1977, 81). Il semble par ailleurs que les Coraïtes, ralliés à David (*1 Ch* 12, 7), soient originaires de la région d'Hébron (Tournay, *RB* 90, 1983, 604, rec. Goulder, 1982) ; les Asaphites paraissent tributaires de traditions éphraïmites (Nasuti, 1983).

Quand le roi Josias rassemble tout le peuple pour lire les paroles du livre de l'Alliance, on mentionne dans *2 R* 23, 2 des prêtres et des prophètes alors que, dans le parallèle de *2 Ch* 34, 30 il est question de prêtres et de lévites. Ce changement est révélateur comme l'a

---

5. L'encens, symbole de la prière psalmique (*Ps* 141, 2), rappelle la Nuée de l'Exode. Le Chroniste en parle souvent.

souligné Petersen (1977, 85). La double mention « prêtres et lévites » revient dans 2 Ch 35, 18.

A travers tous les livres des Chroniques, David est présenté comme un prophète. C'est sous sa direction que les lévites prophétisent (1 Ch 25, 6). David est nommé juste avant les trois chefs des lévites-chantres dans 2 Ch 35, 15. Dans 1 Ch 22, 8 ss, il reçoit directement de YHWH l'ordre de ne pas bâtir le Temple, mais d'en communiquer le projet à son fils Salomon. Le Targum des Chroniques parle ici d'une « parole prophétique » de devant YHWH. Dans 1 Ch 21, 26, David imite le prophète Élie (1 R 18, 24, 37-38) quand celui-ci invoque Dieu pour faire tomber du ciel le feu sur l'autel des holocaustes. Comme Moïse, il est « tiré des eaux » (même verbe mashah dans Ex 2, 10 et Ps 18, 17). Ils sont aussi rapprochés dans 2 Ch 8, 13-14. Dans 2 Ch 8, 14, il est dit que Salomon établit, selon la règle de David son père, les classes des prêtres dans leur service, les lévites dans leur fonction pour louer et officier près des prêtres selon le rituel quotidien..., car tels avaient été les ordres de David « homme de Dieu ». Le Targum paraphrase ici : « Car tel était le commandement de David, le prophète de YHWH. » David est encore appelé « homme de Dieu » dans Ne 12, 24. Il en est de même de Moïse (Dt 33, 1 ; Jos 14, 6 ; Esd 3, 2 ; 1 Ch 23, 14 ; 2 Ch 30, 16 ; Ps 90, 1), souvent aussi qualifié de « prophète »[6] (O'Rourke, 1963, 44 ; Fitzmyer, 1972, 332 ; Petersen, 1981, 41).

David avait reçu l'Esprit avec l'onction royale (1 S 16, 13 ; 1 Ch 11, 3) ; il est l'ancêtre du Roi-Messie qui sera comblé des dons de l'Esprit (Is 11, 2). C'est dans les « dernières paroles » qui lui sont attribuées (2 S 23, 2-3) qu'il est présenté comme un personnage charismatique, un véritable prophète :

> [1] Oracle de David, fils de Jessé,
> oracle de l'homme haut placé,
> de l'oint du Dieu de Jacob,
> du chantre des mélodies d'Israël.
>
> [2] L'Esprit de YHWH a parlé par moi
> et son verbe est sur ma langue ;
> [3] le Dieu de Jacob a dit,
> c'est à moi qu'il a parlé, le Rocher d'Israël.

Suit l'oracle divin (v. 5) qui rappelle à sa façon l'oracle de Nathan. David oppose la destinée de sa Maison au sort détestable des gens de Bélial (vv. 6-7). On sait que 2 S 22 et 23 forment un bloc littéraire inséré après coup dans le second livre de Samuel ; 24, 1 se relie directement à 21, 14. L'ensemble actuel a été constitué sur le modèle de la fin du Deutéronome, avec un hymne et un « testa-

6. Cf. Ex 4, 12 ; Nb 12, 7-8 ; Dt 18, 15.18 ; 34, 10 ; Os 12, 14 ; Jr 15, 1 ; Ps 99, 6 ; Si 45, 5 ; Jn 1, 17 (cf. RENAUD, 1987, 510).

ment ». On a souvent rapproché le début de *2 S* 23 des oracles de Balaam (Rouillard, 1985, 352) ; il est possible que ces deux séries de textes aient été composées par la même école, au début du second Temple. Ce « testament » de David fait suite dans *2 S* à la fin du *Ps* 18 (= *2 S* 22) qui mentionne le « roi » et le « messie » de YHWH, David et sa dynastie, objet pour toujours des faveurs divines. Il a fait l'objet d'analyses récentes (Tournay, 1981, 481 ; del Olmo Lete, 1984, 414). Ce qu'il faut en retenir ici, c'est que David apparaît avant tout pour les hagiographes, au terme de sa vie, comme un prophète (Robert, 1937, 201). On en trouve la confirmation dans le commentaire qui suit *2 S* 23 dans le grand rouleau des Psaumes découvert à Qumrân (11 QPsᵃ). Dix lignes de prose rythmée font l'éloge de David le prophète (Tournay, 1981, 290) :

> « David, fils de Jessé, fut un sage, une lumière comme la lumière du soleil ... YHWH lui donna un esprit intelligent et lumineux. Il écrivit 3.600 psaumes... Tout cela, il le prononça sous l'inspiration prophétique qui lui fut donnée de la part du Très-Haut. »

Le mot *neᵇbu'ah* « inspiration prophétique » figure déjà dans *2 Ch* 9, 29 à propos du prophète Ahiyya de Silo, et dans *2 Ch* 15, 8 à propos du prophète Azaryahu. Remarquons dans le texte de Qumrân le rapprochement fait entre « sagesse » et « inspiration prophétique » ; il en est de même dans Ben Sira 24, 33 : Le sage répandra l'instruction *(leqaḥ)* comme une prophétie (Larcher, 1984, 510).

Si David est prophète, il est normal que lui soient attribués par la tradition les psaumes qui contiennent des théophanies et des oracles. Le *Ps* 18 contient une grande théophanie (8-16). D'autres psaumes « davidiques » contiennent des oracles (12, 6 ; 32, 8-9 ; 35, 3 ; 60, 8-10 ; 68, 23-34 ; 110, 1 ss). L'en-tête « de David » prend alors une signification nouvelle. Père de la psalmique israélite selon la tradition, David a un rôle d'initiateur en tant que prophète à la tête des lévites-chantres, eux aussi inspirés par le même Esprit. Ainsi est-il présenté dans les Chroniques, le Targum, et plus tard dans les Actes des Apôtres (2, 30 ; 4, 25), ainsi que dans Flavius Josèphe (*Antiq. Jud.*, VI, 166) : Après avoir reçu l'onction, David « commença à prophétiser. »

Un pas de plus sera franchi par les hagiographes qui s'efforceront de multiplier dans les psaumes les allusions à la vie du roi David grâce à des contacts de mots et de thèmes avec les livres de *Samuel*, parfois au prix de quelques retouches. Outre le *Ps* 30, 1, les treize notices historiques concernant la vie de David en font foi au début des *Ps* 3, 7, 18, 34, 51, 52, 54, 56, 57, 59, 60, 64, 142 (Tournay, 1964, 17 ; J. Luther Mays, 1986, 143). Ces relectures davidiques (Vesco, *RB* 1987, 5 ; voir p. 107), pourront s'étendre à l'ensemble du psautier qui deviendra alors le « psautier de David ».

Ce processus connut sans doute son apogée à l'époque de la rédaction des livres des *Chroniques*, au début de l'ère hellénistique.

La Septante ajoute ultérieurement 14 fois « A David »[7], même au début du *Ps* 136 (TM 137). Au début du *Ps* 95 (TM 96), elle ajoute : « Quand la Maison fut construite après la captivité. Cantique. A David. » On sait que les *Chroniques* présentent David et son fils Salomon comme des exemples de vertu et de piété (cf. *1 Ch* 29, 17-19) ; elles passent sous silence l'adultère de David (*1 S* 11 ; cf. *Ps* 51, 1) et les ombres du règne de Salomon (*1 R* 11). David, père de la psalmique, devient ainsi le père de la pitié juive, le modèle de droiture pour les croyants et les « pauvres de YHWH ». On pourrait ainsi rendre compte de certains groupements de psaumes, comme les collections « davidiques » du psautier. L. C. Allen (1986, 544) prend l'exemple de la seconde partie du *Ps* 19 (vv. 8-15) qui rappelle par son vocabulaire et son contenu le *Ps* 18, 21-31 où « David » apparaît comme le parfait observateur de la Tôrâ et des préceptes divins.

Notons que le Coran mentionne l'origine davidique des psaumes dans les Sourates 4, 163 et 17, 55. La tradition islamique célèbre en David le chantre et le musicien (Stehly, 1979, 357).

---

7. *Ps* 32 (*TM* 33), 42 (*TM* 43), 66 (*Mss* ; *TM* 67) ; 70 (*TM* 71) ; 90 (*TM* 91) ; 92 (*TM* 93) à 98 (*TM* 99) ; 103 (*TM* 104) ; 136 (*TM* 137).

CHAPITRE II

DISPARITION PROGRESSIVE DE LA GRANDE PROPHÉTIE

Selon de nombreux textes, la grande prophétie disparaît progressivement à partir du temps de l'Exil et à l'époque du second Temple. On lit déjà dans *Am* 8, 11-12 : « On cherchera partout la Parole de YHWH, mais on ne la trouvera pas. » De même dans *Ez* 7, 26 : « On réclamera une vision du prophète », et dans la deuxième Lamentation (v. 9) : « Ses prophètes eux-mêmes n'obtiennent plus de vision de YHWH. » De leur côté, les psalmistes se prononcent explicitement sur l'interruption de la prophétie. Les lévites asaphites y reviennent à plusieurs reprises : *Ps* 74, 9 : « Nos signes ont cessé, il n'y a plus de prophète, et nul ne sait jusqu'à quand ? » *Ps* 77, 9-10 : « L'amour de YHWH est-il épuisé jusqu'à la fin ? La Parole est-elle achevée pour les âges des âges ? Est-ce que Dieu oublie d'avoir pitié ou, de colère, ferme-t-il ses entrailles ? » Le *Ps* 83 débute par un appel suppliant au Dieu qui reste muet et silencieux ; on demande aux vv. 14-18 une intervention divine, une théophanie, dans le style des anciens prophètes. Le *Ps* 79, 10 cite les paroles moqueuses des païens qui demandent avec insistance à Israël : « Où est-il, ton Dieu ? »[1] Cette question sarcastique et impie revient dans plusieurs psaumes (42, 4.11 ; 115, 9 ; 126, 2 ; cf. 3, 3 ; 14, 1) et dans des textes postexiliques (*Jl* 2, 17 ; *Mi* 7, 10 ; cf. *Ex* 32, 12). Citons aussi la fin du *Ps* 86 où l'on fait dire à David : « Fais-moi un signe de bonté. » Dans le *Ps* 99, 6 et 8, on rappelle que jadis Moïse, Aaron parmi ses prêtres et Samuel en appelaient à Dieu et que celui-ci leur répondait.

Il n'en est plus ainsi à l'époque du second Temple, après 515, si l'on excepte les tout premiers débuts de la reprise du culte avec les prophètes du retour, Aggée et Zacharie (520-515 avant J.-C.). L'un et l'autre sont mentionnés lors de la construction du second Temple dans *Esd* 5, 1-2. Ils aident Zorobabel, le descendant davidique, et le

---

1. *Ps* 79, 2-3, cité dans *1 M* 7, 16-17, est introduit par les mots « selon la parole qu'il a écrite », à savoir « David » (ms 56), « Asaph » (Eusèbe) ou « le prophète » (recension grecque lucianique). Cf. ABEL-STARCKY, 1961, 141.

grand prêtre Josué, à rebâtir le Temple de Jérusalem. Ce sont sans doute ces « prophètes » dont parle *Za* 7, 3 et 8, 9. Ils sont encore nommés dans *Esd* 6, 14, lors de la dédicace du nouveau Temple, dans un document araméen. Puis ils disparaissent en même temps que Zorobabel, le dernier davidide. *Ez* 38, 17 parlait déjà des anciens prophètes par lesquels Dieu a parlé au temps jadis. Zacharie parle des « prophètes du passé » (1, 4 ; 7, 7.12).

Selon une opinion répandue, la disparition de la grande prophétie oracles. Il en est ainsi à Mari, sur l'Euphrate, au XVIIIe siècle avant J.-C. (Moran, 1969, 15 ; Heintz, 1969, 112 ; Malamat, 1980, 67). Les prophètes de l'époque royale, en Israël, se comportent un peu comme des oracles. Il en est ainsi à Mari, sur l'Éphrate, au XVIIIe siècle avant J.-C. (Moran, 1969, 15 ; Heintz, 1969, 112 ; Malamat, 1980, 67). Les prophètes de l'époque royale, en Israël, se comportent un peu comme des « vizirs » envoyés par YHWH aux rois (Ramlot 1972, 896 ; de Pury, 1975, I, 267 ; Wilson, 1980, 263). Il en est ainsi des prophètes suivants : Samuel (Saül et David), Nathan et Gad (David et Salomon), Ahia de Silo (Jéroboam I), Jéhu fils Hanani (Baésha), Elie (Achab et Ochozias), Michée fils de Yimla (Achab et Josaphat), Elisée (Yoram d'Israël, Jéhu et Joachaz), Jonas fils d'Amittaï (Jéroboam II), Amos (Jéroboam II), Isaïe (Achaz et Ezéchias), Jérémie (les derniers rois de Juda), Uriyyahu fils de Shemayahu (Joiaqim). Osée accuse les rois de Samarie (7, 3-7 ; 8, 4 ; 10, 3) et prédit la fin de la maison de Jéhu et du royaume du Nord (1, 4). Michée (6, 16) dénonce les rois d'Omri et les pratiques de la maison d'Achab.

Toute la tradition rabbinique assigne la fin de la grande prophétie aux débuts de l'époque achéménide. On lit dans une *baraïta* (*Tosefta Soṭah* 13, 2 ; *Soṭah* 48 b ; *Yoma* 9 b ; *Sanhedrin* 11 a) : « Quand moururent les derniers prophètes, Aggée, Zacharie et Malachie, l'Esprit Saint cessa en Israël. » Flavius Josèphe écrit (*Contre Appion* I, 40) que la succession des prophètes continua seulement jusqu'au temps d'Artaxerxès. La cessation de la prophétie, écrit Y. Kaufmann (1977), est un fait historique (cf. van Imschoot, 1938, 35 ; Chilton, 1983, 139). Aux temps maccabéens, *Dn* 3, 38 fait écho à *Os* 3, 4 : « Il n'est plus en ce temps ni chef, ni prophète, ni prince, ni holocauste, sacrifice, oblation. » Le premier livre des *Maccabées* parle de la fin du temps des prophètes (9 ,27) et de l'attente d'un prophète digne de foi (4, 46 ; 14, 41). Il en est de même à Qumrân où on lit dans la Règle de la Communauté (9, 11) : « Ils seront régis par les premières règlementations... jusqu'à la venue du prophète et des consacrés d'Aaron et d'Israël » (Carmignac-Guilbert, I, 1961, 62)[2].

Il est encore question de prophètes dans *Ne* 6, 7 lors de l'achèvement des murailles de Jérusalem, vers 445. Mais il s'agit d'un oracle

---

2. Ce thème, qui reprend *Dt* 18, 15, apparaît dans le Nouveau Testament : *Mt* 16, 14 ; 17, 10 ; *Jn* 1, 21.25 ; 6, 14 ; 7, 40 ; *Ac* 3, 22 ; 7, 37.

isolé, proféré à propos d'un soulèvement éventuel des Juifs voulant proclamer roi Néhémie (6, 6). Sanballat accuse dans une lettre le gouverneur Néhémie de chercher à se faire roi et lui écrit : « Tu as mis en place des prophètes à Jérusalem pour proclamer à ton sujet : il y a un roi en Juda ! Et maintenant on va l'apprendre au roi d'après ces dires. Viens donc à présent et tenons conseil ensemble » (*Ne* 6, 7). Néhémie dément ces dires et se rend à la maison de Shemaya, fils de Delaya, fils de Méhétavéel, qui était enfermé (ou empêché, on ne sait pas pourquoi)³. Shemaya dit à Néhémie d'aller au Temple avec lui et prononce au v. 10 un oracle rythmé avec deux vers élégiaques, comme l'indique bien *BdJ*, 1973, 519 (Michaeli, 1967, 220). Néhémie répond qu'il ne veut pas prendre la fuite ou entrer ainsi dans le Temple en tant que laïc. « Je reconnus en effet, écrit Néhémie, que ce n'était pas Dieu qui l'avait envoyé, car s'il avait prononcé une prophétie sur moi, c'est que Toviya (l'Ammonite) ainsi que Sanballat l'avaient payé. Pourquoi avait-il été payé ? Pour que je sois effrayé et que je fasse comme il avait dit et que je commette un péché. Ils auraient eu l'occasion de me faire une mauvaise réputation et de me déclarer blasphémateur. Souviens-toi, mon Dieu, de Tovia et de Sanballat, à cause de leurs actions, et aussi de Noadya, la prophé-tesse, et des autres prophètes qui voulaient m'effrayer » (*Ne* 6, 12-13). Nous apprenons ici l'existence de la prophétesse Noadya, ce qui nous rappelle Miriam, Débora et Hulda. Mais il s'agit ici de faux prophètes et ils interviennent précisément à propos d'une accession éventuelle à la royauté. On retrouve ainsi la liaison entre royauté et prophétisme (Hanson, 1971, 46 ; Baltzer, 1968, 574 ; Petersen, 1977, 6).

Les visions des faux prophètes étaient illusoires, comme le rap-pellent souvent les prophètes de YHWH⁴. Ils annonçaient déjà la fin de la vision prophétique, comme l'oracle d'*Is* 29, 10-11, augmenté de gloses significatives : « YHWH a répandu sur vous un esprit de torpeur, il a fermé vos yeux (les prophètes), il a voilé vos têtes (les voyants). Et toutes les visions sont devenues pour vous comme les mots d'un livre scellé. »
La fin du livret contre les faux prophètes, *Jr* 23, 33-40, sans doute d'époque postexilique, joue comme 1 *Ch* 15, 22 sur le double sens de *maśśa'* : « charge, fardeau » et « oracle », pour jeter sur les faux prophètes, au nom de YHWH, un opprobre éternel (Petersen, 1975, 27). Il en est ainsi dans *Za* 13, 2-6 qui, au début de l'ère hellénistique, évoque le massacre des faux prophètes par Élie sur le mont Carmel (Tournay, 1974, 371 ; Hanson, 1975, 18). Les cercles judéens tendaient ainsi à éliminer de la communauté ceux qui prétendaient être des prophètes et qui n'avaient plus qu'à disparaître, honteux et méprisés.

---

3. 2 *Ch* 11, 2 et 12, 5 mentionnent un autre prophète Shemaya au temps du roi Roboam.
4. Cf. 1 R 22, 13 ss (Michée ben Yimla) ; *Qs* 4, 4 ; *Mi* 3, 5 ; *Dt* 18, 10 ss ; *So* 3, 4 ; *Jr* 5, 31 ; 6, 13 ; 14, 13 ss ; 23, 9 ss ; 26, 7 ss ; 27, 9-10, 16 ss ; 28 ; 29, 21-23 ; *Ez* 12, 21 ss ; 13 ; 14, 9 ; 22, 28, etc...

Le silence de Dieu à l'époque du second Temple a reçu plusieurs explications de la part des hagiographes. Dans un grand nombre de textes, c'est la colère de YHWH qui châtie son peuple infidèle et prévaricateur. Citons par exemple le prêtre et prophète Ezéchiel : « Maintenant, c'est la fin pour toi : j'enverrai ma colère contre toi... » (7, 3 ; cf. *Za* 7, 12). — « Ils réclament une vision au prophète..., le roi portera le deuil... » (7, 26-27). La colère divine frappe tous les coupables, grands et petits (voir p. 116).

Le peuple a écouté les faux prophètes, menteurs et mercenaires ; il n'a pas écouté la Parole de YHWH transmise par ses serviteurs les prophètes [5]. « Eux n'écoutèrent pas et ne prêtèrent pas attention — oracle de YHWH. Vos pères, où sont-ils ? Et les prophètes, sont-ils toujours en vie ? Mais mes ordres et mes décrets, ceux que j'avais donnés à mes serviteurs les prophètes, n'ont-ils pas atteint vos pères ? » (*Za* 1, 4-6). Relisons la prière pénitentielle des lévites (*Ne* 9) : « Tu les as avertis par ton Esprit par le ministère de tes prophètes, mais ils n'écoutèrent pas... Ne compte pas pour rien tout cet accablement qui est tombé sur nous, sur nos rois, nos chefs, nos prêtres, nos prophètes, nos pères et tout ton peuple, depuis le temps des rois d'Assur jusqu'à ce jour » (vv. 30-32). De même 2 *Ch* 36, 15-16 : « YHWH, le Dieu de leurs pères, leur envoya sans se lasser ses messagers, car il voulait épargner son peuple et sa demeure. Mais ils tournaient en dérision les envoyés de Dieu, ils méprisaient ses paroles, ils se moquaient de ses prophètes, tant qu'enfin la colère de YHWH contre son peuple fut telle qu'il n'y eut plus de remède. » De même *Dn* 9, 6-10 : « Nous n'avons pas écouté tes serviteurs, les prophètes, qui parlaient en ton nom à nos rois, à nos princes, à nos pères, à tout le peuple du pays... et nous n'avons pas écouté la voix de YHWH notre Dieu pour marcher selon les lois qu'il nous avait données par ses serviteurs les prophètes. » *Ba* 1, 15 ss parle de « la honte au visage, comme il en est aujourd'hui pour l'homme de Juda et les habitants de Jérusalem, pour nos rois et nos princes, pour nos prêtres et nos prophètes, pour nos pères... car nous n'avons pas écouté la voix du Seigneur notre Dieu selon toutes les paroles des prophètes qu'il nous a envoyés » (vv. 15-16.21).

Cependant, si les oracles de malheur s'étaient bien réalisés pour Juda et Jérusalem, d'autres étaient restés lettre morte. Les hagiographes se complaisent à reconnaître que les oracles divins se sont bien accomplis (*Jos* 21, 45 ; 23, 14-15 ; *Is* 55, 11, etc.). Mais une certaine frustration dut se produire dans la communauté devant l'inaccomplissement des promesses messianiques. Ezéchiel reconnut lui-même que sa prophétie sur la chute de Tyr (*Ez* 26-28) ne se réalisa pas ; la ville résista pendant treize ans (585-572) à Nabuchodonosor et aux Babyloniens (*Ez* 29, 17-18 : dernier oracle d'Ezéchiel) (Zim-

---

5. Cf. 2 *R* 17, 13 ; *Jr* 7, 25-28 ; 26, 15 ; 29, 19 ; 44, 4.

merli 2, 1969, 118). Un autre fait plus important fut la disparition subite, prématurée, de celui qu'Aggée et Zacharie avaient salué comme le « Germe » messianique, le davidide Zorobabel, fils de Shealtiel (fils de Pedaya, fils de Shealtiel, selon 1 *Ch* 3, 19), fils du roi Jéchonias. Selon K.-M. Beyze (1972, 49), Zorobabel serait mort dans les premiers jours d'avril 515, alors que le second Temple fut achevé le 3 Adar (1er avril 515), selon *Esd* 6, 15 [6]. Dans le texte reçu de *Za* 6, 11-14, c'est Josué le grand prêtre qui reçoit les insignes du pouvoir, alors que le texte primitif devait porter le nom de Zorobabel (cf. *Ag* 2, 23 ; *Za* 3, 8). Cette retouche est significative.

R.-P. Carroll (1978) a bien mis en lumière le facteur négatif que fut le discrédit des oracles non réalisés, le manque de fiabilité de la prophétie la plus authentique, sans parler des oracles des faux prophètes. Il n'est pas étonnant que *Za* 13, 2-6 annonce la suppression par Dieu de la prophétie, totalement discréditée à cette époque : « Les prophètes et l'esprit d'impureté, je les chasserai du pays... Il arrivera en ces jours-là que les prophètes rougiront de leurs visions quand ils prophétiseront. » Après lui, Ben Sira (36, 15) demande à Dieu que ses prophètes soient trouvés véridiques.

Si les hagiographes du second Temple n'eurent pas de peine à conserver les oracles de malheur et les menaces proférés à l'encontre d'Israël et de Juda, il n'en fut pas de même pour les oracles qui annonçaient le salut d'Israël et de Jérusalem, l'avènement d'une ère de paix et de bonheur. Les faits démentaient ces belles promesses dont on attendait en vain la réalisation. Exposés aux railleries des mécréants, beaucoup devaient céder au scepticisme. Nous en avons l'écho dans les supplications nationales et individuelles. YHWH serait-il un Dieu qui se cache (*Ps* 10, 1 ; cf. *Is* 45, 15) ou bien dort-il (*Ps* 44, 24 ; *1 R* 18, 27) ? Pourquoi reste-t-il invisible (*Jb* 23, 8-9), loin des hommes, insensible aux plaintes des malheureux (*Ps* 22, 2-12), alors que les méchants s'enrichissent et sont heureux (*Ps* 37 ; 73, etc.) ? Dieu aurait-il oublié son peuple, son héritage ; se désintéresse-t-il de sa demeure sainte à Sion ? C'est vanité de servir Dieu, et que gagnons-nous à avoir gardé ses observances et marché dans le deuil devant YHWH Sabaôt (*Ml* 3, 14) ? Où est donc le Dieu de la justice (*Ml* 2, 17) ? Dieu ne voit pas notre destinée (*Jr* 12, 4). Autant de questions, mille fois répétées, qui demeuraient sans réponse et provoquaient les blasphèmes des impies : « Il n'y a pas de Dieu ! » (*Ps* 10, 4 ; 14, 1 ; *Jr* 5, 12). « YHWH ne peut faire ni bien ni mal » (*So* 1, 12).

On s'efforçait de répondre à cet athéisme pratique en invoquant le principe traditionnel de la rétribution temporelle. Le bonheur des impies est éphémère, le juste obtiendra à la fin sa récompense ; ce sont nos fautes qui entraînent notre malheur. Ainsi *Is* 59, 1-2.11 b : « Non, la main de YHWH n'est pas trop courte pour sauver, ni son oreille trop dure pour entendre. Mais ce sont vos fautes qui ont

---

6. Le 23 Adar selon 3 *Esd* 7,5 et Flavius JOSÈPHE (*Antiquités*, XI, 107).

creusé un abîme entre vous et votre Dieu. Vos péchés font qu'il vous cache sa face et refuse de vous entendre... Nous attendons le jugement, et rien ! Le salut, et il demeure loin de nous. » Dépassant la thèse habituelle sur la rétribution, le livre de *Job* ne voit de réponse que dans le mystère incompréhensible de la providence divine. Dieu est juste ; il faut lui faire confiance, même si on ignore comment s'exerce cette justice qui dépasse infiniment l'esprit humain : « Non, il ne dort ni ne sommeille, le gardien d'Israël », s'écrie le psalmiste (121, 2 ; cf. Weippert, 1984, 75).

Les anciens prophètes avaient souvent impressionné leurs auditeurs en annonçant la proximité du Jour de YHWH. Celui-ci, il est vrai, était alors présenté comme terrible et implacable vis-à-vis des pécheurs (*Am* 5, 18 ss ; 8, 9 ; *Is* 2, 6 ss ; *So* 1, 14 ss). Il ne s'agissait pas seulement de la fin de Samarie ou de Jérusalem, écrasées par les armées païennes ; ce Jour de YHWH devait être accompagné de signes cosmiques : tremblements de terre, éclipses de soleil et ténèbres profondes, etc... Cette description ne fit que s'amplifier après le temps de l'Exil. Devant le délai mis par Dieu à la réalisation de ses promesses (qu'on songe aux oracles d'*Is* 60-62 !), les visions d'avenir, en Israël, ne concernent plus une époque déterminée mais la fin des temps, expression vague, imprécise, qui permet encore de parler d'une certaine proximité du Jour, car pour Dieu mille ans sont comme un jour. Ainsi en est-il dans le livre de *Malachie* (vers 450 avant J.-C.), dans le livre de *Joël* (vers 400 avant J.-C.) et plus tard dans la seconde partie du livre de *Zacharie* (9-14) et les « apocalypses » du livre d'*Isaïe* (24-27 ; 34-35). Il ne s'agit plus ici d'oracles prophétiques comme ceux des « anciens prophètes », mais bien de visions apocalyptiques qui se développeront dans les livres d'*Hénoch*, de *Daniel*, les apocryphes juifs et les écrits chrétiens. La cessation de l'antique prophétie est ainsi en relation directe avec la naissance de la littérature apocalyptique. De nombreux travaux sur ce sujet ont vu récemment le jour [7]. Nous y renvoyons le lecteur.

A cette évolution qui correspond à la cessation progressive de la grande prophétie s'ajoute un fait lui aussi essentiel, à savoir l'autorité croissante de la Loi mosaïque, la Tôrâ. Vers la fin de la monarchie judéenne, une étape importante avait déjà été franchie sur le chemin de la canonisation de la loi écrite avec la promulgation du Deutéronome. La « Loi de sainteté » (*Lv* 17-26) renforce, elle aussi, l'autorité des textes législatifs divinement inspirés. Prêtre et prophète, Ezéchiel joue un rôle important avec ses disciples dans ce processus où s'insère ce qu'on appelle la « tôrâ d'Ezéchiel » (*Ez* 40-48). C'est Esdras, prêtre et scribe, qui proclame officiellement la Tôrâ de Moïse (*Ne* 8), laquelle devient loi d'État (*Esd* 7, 14 ss) sous le règne du roi perse

---

7. PLÖGER, 1954, 291 ; STECK, 1968, 447 ; NORTH, 1972, 47 ; HANSON, 1975 ; NIDITCH, 1983 ; KNIBB, 1982 ; MÜLLER, 1982, 188 ; CHILTON, 1983, 48.

Artaxerxès, soit Artaxerxès I (464-424), soit plutôt Artaxerxès II (404-359). La septième année d'Artaxerxès II (*Esd* 7, 7 ; cf. 9, 9) serait alors 398, date retenue par beaucoup d'historiens et d'exégètes.

Quoi qu'il en soit, la Tôrâ s'impose alors comme la charte du judaïsme et son autorité ne cessera plus de grandir sous l'impulsion du sacerdoce. Ce régime théocratique, de plus en plus légaliste et ritualiste, s'exprime par exemple dans le code sacrificiel du Lévitique (1-7). La mise par écrit des lois, rites et coutumes d'Israël sonnera le glas de la parole prophétique tout orientée vers l'avenir. Déjà Zacharie met sur un pied d'égalité « la Loi et les paroles » que YHWH avait adressées par son Esprit au moyen des « anciens prophètes » (7, 12). C'est désormais le même Esprit divin qui inspire la Tôrâ dont l'enseignement est assimilé à une parole prophétique (Schäfer, 1972 ; Blenkinsopp, 1983). Selon un proverbe d'époque post-exilique (*Pr* 29, 18) : « Faute de vision, le peuple vit sans frein ; heureux qui observe la Loi. » Selon le sage, l'observance de la Loi suppléerait à la disparition des prophètes ; telle est l'interprétation la plus commune de ce proverbe (*TOB*, A.T., 1975, 1577).

De fait, la Loi se trouve identifiée à la Sagesse chez Ben Sira, et cette Sagesse est charismatique : « Je vais répandre l'instruction *(didaskalion)* comme une prophétie et la transmettrai aux générations futures » (*Si* 24, 33). Déjà Elihu disait : « A la vérité, c'est un esprit dans l'homme, c'est le souffle de Shaddaï qui rend intelligent » (*Jb* 32, 8). Selon Baruch, la Sagesse est le Livre des préceptes de Dieu, la Loi qui subsiste éternellement (4, 1). Ainsi Tôrâ et Sagesse se compénètrent et deviennent l'apanage des « docteurs ou maîtres de la Loi » (*Si* 15, 1). On dira du sage Daniel qu'il a un esprit des dieux (*Dn* 5, 11.14). On lit dans le livre de la Sagesse : « C'est un esprit ami des hommes, que la Sagesse » (*Sg* 1, 6 ; Larcher, 1969, 363). Les nouveaux prophètes que peut susciter la Sagesse sont associés aux « amis de Dieu » (*Sg* 7, 27 ; Larcher, II, 1984, 511). Si telle est l'importance de la Tôrâ, il faut se la rappeler (*Ml* 3, 22), la murmurer jour et nuit (*Ps* 1, 3 ; *Jos* 1, 8) ; elle est la sagesse du simple (*Ps* 19, 8) ; il faut la méditer et l'observer de tout son cœur (*Ps* 119).

Les Targums et les commentaires rabbiniques ne tarissent pas sur l'importance irremplaçable de la Tôrâ dans la vie religieuse d'Israël. Le rabbinisme enseigne la préexistence de la Tôrâ en se fondant sur la création de la Sagesse telle que la décrivent *Pr* 8, 22 et Ben Sira 24, 8. Selon les Targums, la révélation de la Tôrâ au Sinaï contient toute la révélation faite à Israël. Les prophètes ont reçu au Sinaï les messages qu'ils devaient ensuite prophétiser aux générations ultérieures. La prophétie de *Malachie* était déjà avec lui au Sinaï, mais jusque-là il n'avait pas l'autorisation de prophétiser. Il en était de même pour le prophète Isaïe. Tous les prophètes ont reçu du Sinaï leur message, comme tous les sages ont découvert au Sinaï leur sagesse. Selon *Dt* 5, 21, Dieu n'a rien ajouté aux paroles qu'il adressa à Israël assemblé sur la montagne. Prophètes et sages réper-

cutent la bonne nouvelle de la Tôrâ. Il n'y a pas d'autre révélation
à attendre. Rabbi Yohanan cite à ce propos les Ps 29, 4, « Voix de
YHWH dans la force, voix de YHWH dans l'éclat », et 68, 12, « YHWH
a donné un ordre et des messagères sont une grande armée » (Potin,
1971, 251).

Les écrits rabbiniques reprennent tous ces thèmes. Selon *Pirqê
Aboth* (I, 1), ce sont les prophètes qui ont transmis aux hommes de
la grande synagogue la Tôrâ reçue par Moïse au Sinaï. L'*Apocalypse
de Baruch* (44-45) évoque clairement la cessation de la prophétie :
« Baruch est le dernier prophète. Avant sa mort, il chargea le peuple
de prêter l'oreille à la Tôrâ et d'obéir aux sages. » Et plus loin (83,
1-3) : « La période des prophètes est passée, et maintenant Israël n'a
plus rien, sauf Dieu et sa Tôrâ. » De même l'*Apocalypse d'Esdras*
(10, 42 ; 12, 18) : « Esdras est le dernier prophète et sa dernière action
est d'avoir écrit la Tôrâ que ses ennemis avaient brûlée. » Selon le
Seder 'Olam Rab. 30 : « Et le bouc velu, c'est le roi de Grèce (*Dan 8*,
21), c'est-à-dire Alexandre le Macédonien ; jusqu'à ce temps, les prophètes prophétisaient par l'Esprit-Saint. Mais ensuite, incline ton
esprit et écoute les paroles des sages. »

Il est vrai que, dans *Dt* 18, 15.18, Moïse était censé annoncer la
venue d'un prophète comparable à lui-même : « YHWH ton Dieu
suscitera pour toi, au milieu de toi, parmi tes frères, un prophète
comme moi, que vous écouterez. » Ce texte est rarement cité dans
la littérature rabbinique, bien qu'il fasse partie intégrante de la Tôrâ
(Strack-Billerbeck, 1924, II, 479, 626). Il semble en effet contredit par
Dt 34, 10 : « Plus jamais en Israël ne s'est levé un prophète comme
Moïse, lui que YHWH connaissait face à face. » Ajoutons que *Dt* 18,
9 ss semble l'aboutissement de plusieurs interventions rédactionnelles
(García-Lopez, 1984, 289). Cependant on attendait, au temps des
Maccabées, la venue d'un prophète (1 *M* 4, 44 ; 14, 41). Il en était
de même chez les Samaritains (ils l'appelaient Taheb) et les gens
de Qumrân (Dexinger, 1985, 97). Dans le Nouveau Testament, Jésus
est présenté par certains traits comme un nouveau Moïse[8] (Teeple,
1951 ; Brown, 1966, 49 ; de Waard, 1971, 537), dont la venue paraît
avoir réveillé en Israël l'esprit prophétique.

De toute façon, la grande prophétie avait disparu, bien que le
judaïsme hellénisé ait admis la persistance du charisme prophétique,
selon Flavius Josèphe[9]. Il n'en était pas de même dans le judaïsme
palestinien ; la Tôrâ y occupa de plus en plus la place centrale. Mais
il restait l'activité liturgique dans le Temple et pour le Temple ;
c'était l'apanage des lévites-chantres en tout ce qui touchait aux
chants et à la musique sacrée. Ceux-ci avaient conscience d'exercer
encore une certaine activité prophétique, en vue de suppléer à leur

---

8. Cf. p. 30, note 2.
9. *Guerre Juive*, I, 78 ; II, 159 ; III, 351-353, 405 ; *Antiquités*, XIII, 299-300.

façon au silence de la grande prophétie. C'est pourquoi ils s'inspirent tellement des anciens oracles, en particulier « du courant religieux auquel appartiennent aussi bien Jérémie que le Deutéronome » (*BdJ*, 1973, 1080). Ils cherchent ainsi à actualiser la présence de YHWH au milieu de ses fidèles, grâce aux théophanies et aux oracles liturgiques incorporés dans toute la psalmique du second Temple.

CHAPITRE III

LES LÉVITES-CHANTRES
VÉRITABLES PROPHÈTES CULTUELS

L'existence de prophètes cultuels dans le Temple de Jérusalem est affirmée par les uns, niée par les autres. Beaucoup hésitent à se prononcer sur un sujet aussi débattu (Rowley, 1956, 338 ; Jeremias, 1970 ; Ramlot, 1972, 1121 ; Blenkinsopp, 1983). R. de Vaux (1982 [4], II, 252) estime impossible de démontrer l'existence d'une classe de prophètes professionnels dans le Temple. C'est pourquoi une recherche approfondie est ici requise pour pouvoir affirmer que les lévites-chantres jouissaient dans le second Temple d'une inspiration spéciale qui en faisaient de véritables prophètes cultuels, ce qui n'était pas le cas au temps de la monarchie.

Selon S. Mowinckel et bien d'autres exégètes, il y aurait eu dès l'époque des Juges une institution de prophètes cultuels. Ce personnel aurait été attaché aux divers sanctuaires de YHWH à côté des prêtres ; il aurait continué à fonctionner, une fois le Temple construit par Salomon. A. R. Johnson (1962 [2], 1967 [2], 1979) pense que ces prophètes cultuels auraient perdu leur prestige après la destruction du Temple en 587. Les prêtres sadocides et aaronides auraient réagi contre eux en les réduisant au rang de chantres et de musiciens subalternes. A. R. Johnson accepte d'emblée le postulat d'une psalmodie archaïque pré-monarchique, créée par ces prophètes cultuels ; elle aurait eu une influence profonde et continue sur toute la vie religieuse d'Israël. Les oracles des grands prophètes, les écrits deutéronomiques et sacerdotaux dépendraient directement de cette antique liturgie dont le langage traditionnel se retrouverait un peu partout dans la littérature biblique postérieure.

Il en résulterait toute une chronologie des Psaumes. Ainsi le *Ps* 81 daterait de l'époque de Samuel et de Saül, et c'est lui qui aurait inspiré le prophète Jérémie. Les vv. 12-13, « Mon peuple n'a pas écouté ma voix... je les laissai à l'endurcissement de leur cœur, ils marchaient suivant leur conseil », auraient été imités par *Jr* 7, 24 : « Ils n'ont pas écouté ni prêté l'oreille, ils marchaient suivant leur conseil, dans l'endurcissement de leur cœur mauvais. » Jérémie aurait donc emprunté l'un de ses mots préférés, *sherirût*, « l'endurcissement (du cœur) ». Ce mot revient huit fois dans le livre de *Jérémie*, une seule fois dans *Dt* 29, 18. Or la racine *shrr* « être dur » est d'origine araméenne ; dans *Jb* 40, 16, *sharîr*, un hapax, signifie « muscle ». Dans ces conditions, n'est-ce pas plutôt le psalmiste qui dépend ici de Jérémie ?

Il est vrai qu'il ne faudrait pas multiplier *a priori* les dépendances des psaumes par rapport à Jérémie ; il peut s'agir en effet d'un langage commun à une époque avoisinant le temps de l'Exil, quand déjà existait une certaine liturgie psalmique. C'est la critique que l'on peut faire au livre de P.-E. Bonnard, *Le psautier selon Jérémie* (1960 ; cf. Coppens, 1961, 217). De plus, le livre de Jérémie a été retravaillé profondément dans le cadre des écrits deutéronomiques qui n'ont reçu leur forme définitive qu'à l'époque perse. Il n'en demeure pas moins qu'une expression typiquement jérémienne, comme dans *Jr* 7, 24, proviendrait difficilement d'un psaume antérieur de plus de trois siècles et n'apparaîtrait pas déjà dans des écrits plus anciens ; aucun autre prophète n'emploie le mot *sherirût*.

Selon A. R. Johnson (après O. Eissfeldt, 1958), le *Ps* 78 daterait de l'époque de Salomon. L'expression « Saint d'Israël » (v. 41) aurait été déjà courante dans la psalmique salomonienne ; elle aurait été reprise par Isaïe et son école. On peut objecter aussitôt que cette expression ne se retrouve, en dehors du livre d'*Isaïe*, que dans des textes postexiliques (*2 R* 19, 22 ; *Jr* 51, 5 ; *Ps* 71, 22 ; 89, 19 ; 106, 16). On est en droit de se demander pourquoi une telle expression est ailleurs inusitée, alors que des générations de prêtres et de fidèles l'auraient employée dès l'époque salomonienne (van Selms, 1982, 257).

Eissfeldt et Johnson situent le cantique de Moïse (*Dt* 32) bien avant l'époque salomonienne. Il pourrait dater du temps de Samuel, plus précisément lors du désastre infligé à Apheq par les Philistins (*1 S* 4). Cette opinion a été fortement contestée (Tournay, rec. Eissfeldt, *RB* 1960, 121 ; Boston, 1968, 198 ; Carrillo-Alday, 1970, etc.). Cet hymne contient en effet des babylonismes caractéristiques, comme c'est le cas pour le livre d'*Ezéchiel* ; il offre d'étroits contacts avec *Pr* 1-9 (époque post-exilique), *Dt* 1 ss et le livre de *Job*, sans parler du *Ps* 78. Ce compendium de la théologie des grands prophètes aura été ajouté au Deutéronome après l'Exil.

Pour A. R. Johnson, le *Ps* 51 aurait été composé par David à Mahanaïm pendant la révolte de son fils Absalom. Mais le titre « historique » du psaume *Miserere* évoque la visite du prophète Nathan chez David, coupable d'adultère. Comme pour les autres titres « historiques », il s'agit d'une relecture midrashique du psaume où l'on est censé faire parler le Roi-prophète, modèle des Pauvres de YHWH. Ce processus nous indique comment la tradition juive en vint à comprendre les psaumes, mais ne nous donne aucun indice objectif de datation. Le *Ps* 51, on le sait, offre des contacts indiscutables avec les oracles d'Ezéchiel. Comment ce dernier serait-il le seul à s'en inspirer ? Tout indique que son auteur est un disciple du grand prophète (Tournay, 1984, 417). On peut en dire autant pour le *Ps* 60 qui, selon A. R. Johnson, se rapporterait à la capture de l'Arche par les Philistins. Là encore le titre « davidique » se réfère artificiellement à 2 S 8. Mais ce psaume oraculaire semble plutôt convenir à une époque bien déterminée de l'histoire d'Israël (voir p. 139).

Citons encore E. Haglund (1984) qui s'est efforcé de retrouver dans le psautier des allusions historiques fort anciennes ; les *Ps* 105 et 106 se référeraient à des traditions antérieures à celles du Pentateuque, comme pour le *Ps* 78. Cette tentative ne correspond pas à une analyse textuelle approfondie des textes et de leurs parallèles, comme on l'a déjà dit (p. 5).

Il est vrai que certains textes montrent prêtres et prophètes agissant de concert à l'intérieur du Temple (*Jr* 23, 11 ; 26, 7 ss). *Jr* 35, 4 parle d'une chambre du Temple réservée aux fils d'un « homme de Dieu », c'est-à-dire un prophète ; mais il peut s'agir d'un prêtre qui prophétisait. Il est vrai qu'un arrière-plan cultuel semble se dégager de quelques oracles d'Osée (6, 1 ss ; 14, 2-9). R. Vuilleumier (1960) a étudié la tradition cultuelle d'Israël dans la prophétie d'Amos et d'Osée. Un texte comme *Jr* 3, 21 ss suppose l'existence de liturgies pénitentielles lors de jeûnes ou de sacrifices expiatoires (cf. Lipiński, 1969). Mais celles-ci se multiplieront à l'époque post-exilique, ainsi dans *Jonas* (3, 4 ss), *Joël*, les prières de *Ne* 9, 5 ss ; *Esd* 9, 6 ss ; *Ba* 1, 15 ss ; *Dn* 9, 4 ss. Nous verrons qu'il s'agit là effectivement de prières composées par de véritables prophètes cultuels, les prêtres et les lévites-chantres.

Aux temps monarchiques, ce sont les prêtres qui répondent aux supplications des fidèles, en tant que techniciens de l'intercession. Ils donnent des directives oraculaires. Nous en avons un exemple dans la liturgie royale que constitue le diptyque formé par les *Ps* 20 et 21 [1]. Ce sont les prêtres qui rappellent aux fidèles les grands faits de l'histoire du salut, les interventions de Dieu en faveur de son peuple (Childs, 1962 ; Schottroff, 1964). Nous savons aussi que, d'après *Nb* 27, 21 et *Dt* 33, 8, les descendants de Lévi pratiquaient la divination par *urîm* et *tummîm*, sans doute des sortes de dés qui permettaient de répondre par oui ou par non, comme on le voit dans 1 S 14, 41 (texte grec). Cette pratique n'est plus mentionnée après l'Exil que dans *Ex* 28, 30 ; *Esd* 2, 63 ; *Ne* 7, 65 et *Si* 45, 10 (de Pury, I, 1975, 243 ; Auneau, 1984, 1224).

De fait c'est le sacerdoce qui est l'institution par excellence, aux temps monarchiques (Cody, 1969 ; Auneau, 1984, 1203). Les prêtres exerçaient une surveillance sur les exaltés qui jouaient au prophète (*Jr* 29, 26). Entre Gad et Nathan, d'une part, et Isaïe, d'autre part,

---

1. KÜCHLER, 1918, 285 ; BEGRICH, 1934, 81 ; TOURNAY, 1959, 161 ; RAMLOT, 1972, 1122.

les textes ne mentionnent aucun prophète dans le royaume de Juda. C'est dans le royaume du Nord, plus perméable aux influences païennes syro-cananéennes, que l'on trouve les extatiques (cf. Long, 1972, 489). M. Gross (1966, 93) et H. Utzschneider (1980) ont bien montré que chez les grands prophètes il y a toujours, au point de départ de leur mission, un appel individuel, une expérience charismatique *sui generis*. Il ne s'agit pas pour eux d'une fonction sociale, d'une profession héréditaire comme chez les prêtres. Leur autorité ne vient pas du roi qu'ils ne craignent pas de fustiger. Ils demeurent chez eux et non dans le Temple. On les consulte à domicile (*2 R* 5, 9 ; 19, 2 ; *Jr* 37, 3 ; *Ez* 8, 1 ; *Ne* 6, 10). Eux-mêmes combattent les abus des prêtres (*1 S* 2, 29 ; 3, 13 ; *Jr* 5, 31 ; 23, 1), leur ignorance et leur mépris de la Loi (*Os* 4, 6 ; *Jr* 2, 8 ; *Ez* 7, 26 ; 22, 26). Ils combattent les abus du culte officiel, mais non le culte en général. Osée tonne contre le « veau » de Béthel, et Amos contre celui de Dan. Ils condamnent les pratiques idolâtriques et licencieuses. L'emploi des possessifs : vos pèlerinages, vos rassemblements, vos offrandes, vos sacrifices (*Am* 5, 21-22), vos néoménies, vos solennités (*Is* 1, 16) montre bien, comme le souligne H. W. Hertzberg (1950), que ce n'est pas le culte en soi qui est condamné, mais ses déviations.

*
* *

On a voulu voir dans trois prophètes du VIIe siècle avant J.-C. (Nahum, Sophonie et Habacuc) des prophètes cultuels. Le psaume initial de *Nahum* (1, 2-7), composition alphabétique de structure concentrique (autour du v. 5), suggérait de considérer le livret de *Nahum* comme une liturgie célébrée à l'automne de 612, à Jérusalem, au moment de la fête du Nouvel An, pour célébrer la chute de Ninive (Humbert, 1932 ; Schulz, 1973). Mais cette thèse doit être abandonnée, car le texte du psaume initial est rédigé dans un style anthologique, proche des cantiques de Sion post-exiliques et des passages théophaniques (voir p. 111, œuvres des lévites-chantres). La perspective est eschatologique (Jeremias, 1970, 16)[2]. Les éditeurs du corpus prophétique d'époque monarchique ont cherché à l'adapter aux besoins liturgiques de la communauté judéenne, à partir de 515. De là un certain nombre d'additions de type psalmique, comme *Is* 12 qui conclut le « livre de l'Emmanuel », *Is* 33 qui est une liturgie prophétique, les trois doxologies d'*Amos* (4, 14 ; 5, 8 ; 9, 5-6 ; cf. Berg, 1974 ; Cresnhaw, 1975 ; Foresti, 1981), ainsi que les finales d'*Amos* 9 (11-15), de *Michée* 7 (18-20), de *Sophonie* 3 (14-20, malgré Gerleman, 1962, et Kapelrud, 1975).

---

2. Je renonce définitivement à l'hypothèse chronologique proposée dans *RB* 65, 1958, 328-335. Le « psaume » de *Nahum* n'est pas authentique, il est postexilique.

Le problème se pose surtout pour le prophète Habacuc, considéré par J. Jeremias (1970, 85) comme un prophète cultuel en raison de sa « prière » (chap. 3). Cette opinion a été réfutée (Jocken, 1977, 319), car Habacuc s'attaque au roi, ce qui serait inconcevable de la part d'un fonctionnaire du Temple (Vermeylen, rec. Jeremias, *RB*, 1971, 265). Cependant la prière du livre d'*Habacuc* comporte un titre : « De Habacuc le prophète. Sur le ton des lamentations » et une sous-cription « Du maître de chant. Sur instruments à cordes ». Le mot traduit ici par « lamentations » revient au singulier au début de la rubrique du *Ps* 7 : *shiggayôn*, mot rapproché de l'akkadien *shegû*. Selon K. van der Toorn (1985), ce terme serait d'abord une excla-mation, une demande de pardon, comme « Miséricorde ! », et aurait par la suite désigné des prières pénitentielles. Les trois *séla* (vv. 3, 9, 13) accentuent encore l'aspect psalmique de l'ensemble (Sorg, 1969). Selon B. Hemmerdingen (1971, 152), le terme *séla* serait un emprunt d'origine iranienne. Il est certain que la « prière » d'Habacuc fut utilisée dans la liturgie du second Temple et sans doute comme *haftarâ* pour la fête de la Pentecôte (Poton, 1968). En effet, le v. 9 b parle des « serments » ou des « semaines » : *she/abu'ôt* a ici les deux sens. Ce « double entendre » figure dans le livre des *Jubilés* 4, 15. Le v. 9 b se traduit : « Les serments (ou les semaines) sont les flèches (ou les épieux) de la Parole. » Phrase énigmatique faisant peut-être allusion à la commémoration du don de la Tôrâ au Sinaï, le jour de la Pentecôte, ou anniversaire de la ratification solennelle de cette Loi par Israël qui jura de l'observer. En cas de parjure, Israël s'attirait la malédiction divine et la mort (*Ez* 17, 16-19 ; *Lv* 26, 14 ss ; *Dt* 28, 15 ss ; *2 Ch* 15, 13). Les « serments » sont alors pareils à des « épieux » qui transperceront les parjures, comme jadis Sisara. Cette relecture légaliste convenait parfaitement à la Fête de l'Alliance qu'était devenue la Pentecôte ou Fête des Semaines (Seeligman, 1953, 162 ; Le Déaut, 1963, 126 ; de Vaux, 1967, 396).

Le premier stique du v. 9 nous met sur la voie de la solution : « Tu mets à nu ton arc. » Dieu s'apprête à lancer ses flèches, ces pierres de grêle dont il est question ailleurs (*Jos* 10, 11-14 ; *2 S* 5, 24 ; *Dt* 7, 1, etc.). Dieu va crevasser la terre par des torrents, une trombe d'eau va passer et l'Abîme va donner de la voix ; le soleil et la lune vont s'arrêter dans leur demeure à la lueur des flèches divines, les éclairs. Le poète évoque ainsi un terrible orage comme celui qui écrasa les Amorites à Gabaon (*Jos* 10, 11 ss). C'est le nom « amorite », *'mry*, qui devait se lire dans 9 b, au lieu de *'mr ('omer)* « la parole » ; il suffit de restituer un *yod* à la fin du mot ; celui-ci a pu être omis intentionnellement ou en graphie défective (Tournay, *RB*, 1959, 359). Le texte primitif serait donc : *śibba'ta maṭṭôt 'emorî* « tu rassasies de traits l'Amorite ». Le verbe à la deuxième personne a été lu : *she/abu'ôt* « semaines » ou « serments » ; il suffisait de modifier la voca-lisation, d'ailleurs absente à haute époque. La grande victoire de Josué à Gabaon est rappelée par *Is* 28, 17-21 et *Si* 46, 4-6. Dans *Is* 17,

9, LXX a lu « Amorite » au lieu du TM *'amîr* de sens incertain (cf. aussi *BHS*, 1972 ; *Dt* 33, 27). Le Targum avait déjà perçu cette allusion : « De même que tu as fait des signes pour Josué dans la plaine de Gabaon, le soleil et la lune se sont arrêtés dans leur demeure ; ton peuple, par ta Memra (Parole), a triomphé par la force de la victoire, de ta puissance » (Potin, 1971, 168.177).

S'il en est ainsi, cette prière[3] est bien introduite par 2, 20 : « Silence devant lui, terre entière ! » Cette apostrophe avertit les auditeurs de redoubler d'attention pour écouter le poème théophanique qui va suivre. Un silence doit précéder tout oracle divin (*So* 1, 7 ; *Ps* 76, 9 ; *Sg* 18, 14 ; *Ap.* 8, 1). Il est donc indiqué de considérer cette « prière » comme la suite des oracles précédents ; mais elle a été adaptée à la liturgie du second Temple par les lévites-chantres ; elle a pu inspirer d'autres descriptions de théophanies, comme par exemple *Ps* 18, 8 ss.

*
* *

Si l'on ne peut parler d'une institution de prophètes cultuels dans le premier Temple, les textes distinguent cependant trois catégories de chefs spirituels : « Ses chefs (les rois de Juda) jugent pour un pot de vin, ses prêtres enseignent pour un profit, ses prophètes pratiquent la divination pour de l'argent » (*Mi* 3, 11). « Prêtres et prophètes sont troublés par la boisson... ils ont été troublés dans leurs visions, ils ont divagué dans leurs sentences » (*Is* 28, 7). « Les prêtres ne disent pas où est le Seigneur ; les dépositaires de la Loi ne me connaissent pas ; les pasteurs (= les rois) se révoltent contre moi ; les prophètes prophétisent au nom de Ba'al, ils suivent ceux qui ne servent à rien » (*Jr* 2, 8 ; cf. 23, 13.27). « On trouvera toujours la Loi chez les prêtres, des conseils chez les sages, la parole chez les prophètes » (*Jr* 18, 18). « On réclamera une vision au prophète, la Loi fera défaut au prêtre, le conseil aux anciens » (*Ez* 7, 26). Ajoutons que, dans son livret contre les prophètes, Jérémie dénonce les prophètes de Samarie et ceux de Jérusalem, mais sans jamais parler de leurs contacts avec le Temple (*Jr* 23, 9-40). De même *Ez* 13, oracle dirigé contre les faux prophètes.

S. Mowinckel et ses disciples ont donc extrapolé les données des livres des *Chroniques* relatives aux lévites-chantres (Ramlot, 1972, 1125). C'est seulement à partir du second Temple qu'on est en droit de parler de prophètes cultuels à propos des lévites-chantres (Ramlot, 1975, 1146. 1162 ; Curtis, 1979, 277). Certes, ceux-ci auraient pu se réclamer des anciens extatiques mentionnés dans les livres de *Samuel* et des *Rois*, ces « fils de prophètes » (1 *R* 20, 35 ; 2 *R* 2, 3 ss ; *Am* 7, 14)

---

3. Voir p. 71. Signalons la nouvelle étude de T. HIEBERT, *God of my Victory. The Ancient Hymn in Habakkuk 3* (HSM 38), 1986.

qui usaient des mêmes instruments de musique (*1 S* 10, 5 ; cf. *2 S* 6, 5). Mais ces professionnels de l'extase étaient suspects de syncrétisme et dénoncés par les grands prophètes (*Os* 9, 7 ; *Jr* 29, 26, etc.). C'est pourquoi les lévites-chantres se réclament avant tout du roi David, musicien réputé dès son jeune âge (*1 S* 16, 16), inventeur d'instruments de musique, selon *Am* 6, 5 (si « comme David » est bien primitif ; *Am* 5, 23 parle seulement de cantique et de harpes). Tout en continuant d'anciennes traditions musicales attestées dès le temps de l'Exode (*Ex* 15, 20 ; 32, 8), les lévites-chantres ont conscience d'inaugurer une époque nouvelle sous le patronage de David, musicien et prophète (*1 Ch* 23, 5 ; *Ne* 12, 24). Le Chroniste cherche à rehausser le prestige et l'autorité de ces ghildes dont il faisait sans doute partie. Les prêtres sonnent seulement de la trompette (*1 Ch* 15, 24 ; cf. *Nb* 10, 1-10). Les lévites sont mieux disposés à se sanctifier lors de la purification du Temple sous le roi Ezéchias (*2 Ch* 29, 34). Lors de la translation de l'Arche à Jérusalem sous le roi David (*2 S* 6), les lévites n'étaient même pas nommés. On mesure toute la distance parcourue en cinq siècles.

Ces lévites inspirés ont d'ailleurs leurs émules, auteurs de liturgies prophétiques postexiliques comme *Is* 33 (Wildberger, 1982, 1322 ; Vermeylen, I, 1977, 419 ; Murray, 1982, 205). Rien n'empêche de considérer aussi comme prophètes cultuels les auteurs des livres de *Joël*, de la seconde partie du livre de *Zacharie* (9-14) et même du livre de *Jonas*. C'est en effet dans un contexte plus vaste qu'il faut situer la psalmique inspirée postexilique. Les lévites-chantres ne sont pas les seuls à recevoir l'Esprit. Le don de l'Esprit, réservé jadis aux extatiques, aux prophètes, à certains rois comme Saül, David, Salomon, est accordé désormais à toute la communauté des croyants, « royaume de prêtres et nation sainte » (*Ex* 19, 6) : « Vous serez appelés prêtres de YHWH, on vous nommera ministres (officiants) de notre Dieu » (*Is* 61, 6). L'onction sainte, autrefois réservée aux seuls rois (Élisée fait exception, *1 R* 19, 16, en raison sans doute du parallélisme avec l'onction de Jéhu), est désormais donnée aux prêtres (*Ex* 30, 30 ; *Ps* 133, 2 ; *Si* 45, 15, etc. ; Kutsch, 1963). Dans *1 Ch* 29, 22, Salomon et Sadoq reçoivent en même temps l'onction (cf. *Za* 4, 14), alors que dans *1 R* 1, 39, c'est Sadoq qui confère l'onction à Salomon.

Au-delà du sacerdoce, l'onction, comme l'Esprit de YHWH, est désormais l'apanage de toute la communauté. L'oint ou messie peut alors désigner, à l'époque du second Temple, l'ensemble des croyants, les Pauvres de YHWH, comme déjà peut-être dans *Ha* 3, 13 où « le salut de ton peuple » est en parallèle avec « le salut de ton messie ». En tout cas, on a dans le *Ps* 28, 8 le parallélisme entre « peuple » et « messie ». Il pourrait en être de même dans *Is* 61, 1 : « L'Esprit de YHWH est sur moi, YHWH a en effet fait de moi un messie » (Vermeylen, II, 1978, 479)[4]. Texte à rapprocher d'*Is* 42, 1 où Dieu

---

4. Sur *Ps* 84, 10, voir p. 114.

dit qu'il met son Esprit sur son Serviteur, ce personnage où l'on s'accorde de plus en plus à reconnaître une personnification du Reste d'Israël, incluant le prophète lui-même (Mettinger, 1983 ; Tournay, *RB*, 1984, 309).

Plusieurs textes importants parlent d'une effusion collective de l'Esprit divin sur toute la communauté à l'époque du second Temple. Déjà nous lisons dans *Ezéchiel* : « Je mettrai en eux un esprit nouveau » (11, 19 ; cf. *Ps* 51, 11-12 ; *He* 8, 10). « Je mettrai en vous un esprit nouveau... je mettrai en vous mon propre esprit » (36, 26-27). « Je mettrai mon souffle (= mon esprit) en vous pour que vous viviez » (37, 14). « Je ne leur cacherai plus mon visage puisque j'aurai répandu mon esprit sur la maison d'Israël » (39, 29). De même dans le second *Isaïe* : « Je répandrai mon esprit sur ta race et ma bénédiction sur tes descendants » (44, 3). « Et moi, voici mon alliance avec eux, dit YHWH : mon esprit qui est sur toi et mes paroles que j'ai mises dans ta bouche ne s'éloigneront pas de ta bouche, ni de la bouche de ta descendance, ni de la descendance de ta descendance, dit YHWH, dès maintenant et à jamais » (59, 21). Remarquons que l'expression « j'ai mis mes paroles en ta bouche » (aussi dans *Is* 51, 16) évoque le don de prophétie, comme dans bien d'autres textes [5]. C'est ainsi que, malgré le silence de la grande prophétie, la présence de l'Esprit de YHWH assure la permanence de la Parole de Dieu : elle subsistera à jamais (*Is* 40, 8).

Aggée (2, 5) évoque aussi la présence de l'Esprit de YHWH dans « le peuple saint » : « Mon esprit, dit YHWH, se tient au milieu de vous » (cf. *Is* 63, 11 ; *Ne* 9, 20). C'est surtout *Joël* qui annonce cette effusion collective : « Après cela, je répandrai mon Esprit sur toute chair. Vos fils, vos filles prophétiseront, vos vieillards auront des songes, vos jeunes gens auront des visions. Même sur les serviteurs et les servantes, en ce temps-là, je répandrai mon Esprit » (3, 1-5). Cet oracle correspond aux paroles de Moïse dans *Nb* 11, 25-30 et peut être rapproché de *Za* 12, 10 : « Ce jour-là, je répandrai sur la maison de David et sur l'habitant de Jérusalem un esprit de bonne volonté et de supplication. » De même *Is* 32, 15 (postexilique ; Vermeylen, I, 426 ; Wildberger, 1978, 1273) annonce un temps où, « d'en haut, l'esprit sera répandu sur nous ». Les dirigeants de la communauté, prêtres, lévites, scribes, recevront une part importante de l'Esprit. Le descendant davidique, lui, le recevra en plénitude : les six attributs mentionnés dans *Is* 11, 2 ss correspondent à ceux de la Sagesse personnifiée dans *Pr* 8, 12-14, et sont ordonnés à l'exercice du pouvoir royal.

Ainsi se préparait à l'époque du second Temple la dimension pneumatologique et eschatologique de la *qahal* ou assemblée liturgique d'Israël, dirigée par les prêtres et les lévites sous l'inspiration

5. *Dt* 18, 18 ; *1 R* 17, 24 ; *Is* 6, 7 ; *Jr* 1, 9 ; 5, 14 ; 15, 19 ; *2 S* 23, 2 ; *Ez* 2, 8 ; 3, 3 ; *Dn* 10, 16.

de l'Esprit, en attendant le jour de la Pentecôte (*Ac* 2, 5 ss ; 1 *Co* 12, 4 ss ; 1 *P* 4, 10-11).

Véritables prophètes cultuels, les lévites-chantres composent pour toute la communauté des formulaires de prières et d'hymnes dans le style des anciens prophètes, à chanter le jour et même la nuit en l'honneur de la Gloire et du Nom de YHWH. Comme le dit Elihou (*Jb* 35, 10), Dieu inspire et fait éclater la nuit des chants *(zemirôt)* dont l'existence nous est révélée par un certain nombre de psaumes (16, 7 ; 17, 3 ; 42, 9 ; 63, 7 ; 92, 3 ; 119, 62 ; 134, 1). Les lévites officiaient aussi bien la nuit que le jour (1 *Ch* 9, 27-33). Cette prière nocturne se poursuit encore dans le Christianisme et l'Islam. Parmi ces psaumes, certains étaient spécialement destinés aux prêtres et aux lévites du Temple, comme le *Ps* 134.

*
* *

Avant de passer en revue les passages théophaniques et oraculaires des psaumes, on peut déjà signaler quelques traits de style typiquement « prophétique » dans la psalmique du second Temple. Il semble en être ainsi pour l'usage si fréquent de la première personne du singulier, le « moi » dans les psaumes. Certains exégètes y ont vu un moi collectif, le psalmiste se faisant le porte-parole de toute la communauté, comme Jérémie qui s'identifie parfois au peuple (Polk, 1984). D'autres, comme J. H. Eaton (1976/1986), y voient le roi lui-même, thèse réfutée par W. H. Bellinger (1984, 29). D. L. Petersen (1977, 100) a remarqué que ce « moi » fait défaut dans toute la littérature deutéro-prophétique. Dans les psaumes, ce « moi » peut indiquer que les lévites-chantres revendiquaient pour eux-mêmes une autorité quasi prophétique, à l'instar de David, le roi prophète, initiateur de la liturgie. Ainsi pourrait s'expliquer la fréquence du verbe *'amartî* « j'ai dit » (une vingtaine de fois) ou de *wa'anî* « et moi » (souvent au début de strophe et correspondant à *we'attah* « et toi »). Les relectures davidiques du psautier suggéreraient alors de voir dans le « moi » des psaumes la personne même du roi David. Celui-ci est censé s'exprimer dans le style des anciens prophètes, souvent comme Jérémie dans ses « confessions »[6].

Un tel style prophétique apparaît aussi dans les exordes solennels des *Ps* 49 et 78, proches de *Dt* 32, 1-3 et de *Jb* 32, 6 ss. Il se retrouve également dans les psaumes « imprécatoires » où « ceux qui font le mal » sont identifiés aux ennemis de YHWH (*Ps* 139, 21-22). Le « Dieu des vengeances » (*Ps* 94, 1 ; *ThWAT*, 1986, 602) se lèvera au jour du jugement. Quant aux fidèles, les Hasidîm, les pauvres de YHWH, ils doivent s'en remettre à Dieu. Leur arme la plus efficace, *comme* une épée à deux tranchants (Tournay, *RB*, 1985, 349), c'est

6. *Jr* 11, 18-20 ; 15, 11-21 ; 17, 14-18 ; 18, 19-23 ; 20, 7-12.

leur prière psalmique (*Ps* 149, 6). Les puissances du mal sont toujours à l'œuvre : il faut les combattre de cette manière. C'est pourquoi les lévites-chantres prêtent leur voix « prophétique » aux victimes de la violence et de l'impiété, elles qui ne peuvent même pas parler et demander justice. C'est en leur nom que toute la communauté redit ces psaumes « imprécatoires » où personne, remarquons-le, n'est explicitement condamné. Ces psaumes qui risquent, de nos jours, d'offenser la conscience, représentent une exigence de justice, un acte de foi et d'espérance en la toute-puissance et la justice de Dieu[7]. Est-il besoin de rappeler que le premier psaume cité dans le livre des *Actes des Apôtres* est la grande litanie imprécatoire du *Ps* 109 (*Ac* 1, 20), ainsi que le *Ps* 69, 26 à propos de la trahison de Juda (Costacurta, 1983, 538) ?

Les lévites inspirés apprenaient de la sorte à leur peuple à s'en remettre à Dieu au milieu des épreuves et des persécutions, comme jadis le prophète Jérémie ou le roi David. « C'est à la docilité à entrer dans la dimension prophétique de ces psaumes que nous pouvons juger dans quelle mesure nous sommes réellement désireux de ne pas édulcorer notre christianisme » (Mannati, 1966, I, 59). Quand, après les Juifs, les Chrétiens récitent ces psaumes, ils présentent à Dieu, à la suite du Christ, l'immense clameur de tous ceux qui souffrent de l'injustice des hommes et ils laissent à Dieu le soin d'exercer le jugement : « C'est moi qui ferai justice, c'est moi qui rétribuerai, dit le Seigneur » (*Dt* 32, 35 ; *Rm* 12, 19 ; Brueggeman, 1982, 67). Rappelons que dans les livres de prières juives, ces passages imprécatoires sont imprimés en petits caractères ; on ne peut rien omettre de la parole de Dieu. Mais il est de règle que ces textes soient prononcés à voix basse.

---

7. Cf. *La Vie Spirituelle*, CXXII, n° 569 (1970), 291 ; Tournay, *Psautier de Jérusalem*, Le Cerf, 1986, 9 ; Trublet, 1986, col. 2523 ; Ravasi, I, 172 ; II, 234.750.

DEUXIÈME PARTIE

LES THÉOPHANIES DANS LES PSAUMES

Jésus dit à Marthe :
« Ne t'ai-je pas dit que, si tu crois,
tu verras la gloire de Dieu ? » (*Jn* 11, 40)

CHAPITRE PREMIER

ANCIENS RÉCITS DE THÉOPHANIES

A l'époque du second Temple, prêtres, lévites, scribes, fidèles ne cessaient de relire les anciennes Écritures qui relataient les manifestations de YHWH à Abraham et à ses descendants, aux prophètes, chefs, juges et rois d'Israël. Les écrits sacrés présentent deux sortes de manifestations théophaniques : celles où le Dieu Tout-Puissant repousse ses ennemis, oppresseurs de son peuple, et celles où le Dieu de majesté apparaît à ses serviteurs pour leur révéler son Nom et sa Gloire (Grelot, 1962, 366).

Dans son livre sur la théophanie (1965), J. Jeremias rattache les récits théophaniques aux victoires de YHWH sur les puissances du chaos et les ennemis de sa souveraineté. Dieu est un « guerrier » (*Ex* 15, 3) dont les armes sont les éclairs, les grêlons, le tonnerre, le feu, l'éruption volcanique, le tremblement de terre. Chaque théophanie s'accompagne d'une réaction de la nature en émoi (Loewenstamm, 1980, 173). La terreur qu'inspire la divinité est ressentie aussi bien en Israël que dans tout l'ancien Orient. On lit dans une lettre d'el-Amarna (147, 13-15) : « Monseigneur ... qui pousse son cri de guerre dans le ciel comme le dieu Adad, si bien que tout le pays tremble à son cri. »[1]

Il ne faudrait pas trop restreindre la nature de toute théophanie biblique. L'apparition ou venue de YHWH n'est-elle pas une vraie théophanie ? Dieu se rend alors visible et audible à un individu, à un groupe. Il en est ainsi, par exemple, dans les récits de vocation prophétique. Bien que non liées nécessairement à un émoi de la nature, ces théophanies suscitent la crainte et la frayeur, comme dans le cas d'Isaïe (*Is* 6). Il est redoutable pour un mortel de voir et d'entendre le Tout-Puissant : *mysterium tremendum* ! L'homme se sent alors en danger de mort ; le lieu où Dieu se rend présent (Hultgård, 1983, 43)

---

1. Cf. *1 S* 4, 5 ; 14, 15 ; *Am* 8, 8 ; *Is* 14, 16 ; *Jl* 2, 10 ; *Ps* 18, 8, etc.

prend une valeur nouvelle et devient un lieu saint, sacré, la « maison de Dieu », la « terre sainte »[2].

Dans la plupart des récits d'apparition divine aux patriarches, aux prophètes, aux hommes en général, visions et paroles vont de pair. C'est ce qu'indiquent les titres des livres prophétiques de la Bible ou d'autres passages : les mots *dabar* « parole », *maśśa'* ou *ne'ûm* « oracle » sont associés à *ḥazôn* « vision » (ou *ḥazâh* « avoir une vision »). Ainsi 2 S 7, 17 : « C'est selon toutes ses paroles et toutes ses visions que parla Nathan à David. » Il ne faudra pas oublier dans l'exposé qui va suivre ce lien existentiel quand on est amené à traiter séparément les théophanies et les oracles dans les psaumes. Ainsi, dans les *Ps* 12, 6 (p. 130) et 68, 2.8.33 (p. 104), Dieu se lève et prononce ensuite un oracle. Le cas le plus caractéristique est celui du *Ps* 50 (p. 111), le premier psaume asaphite où le prélude théophanique introduit un long oracle. Citons aussi le *Ps* 99 : les peuples et la terre tremblent devant le Roi très saint ; c'est avec lui que dialoguaient Moïse, Aaron et Samuel.

Chaque récit théophanique exigerait une étude à part. L'exégèse critique s'est efforcée de discerner dans les divers récits, souvent composites, plusieurs niveaux rédactionnels et des relectures successives. Rappelons brièvement l'hypothèse documentaire classique : on distingue en général les traditions « yahwistes » (sigle J), « élohistes » (sigle E), « deutéronomiques » (sigle Dt), « sacerdotales » (exiliques et postexiliques, sigle P). Ces problèmes littéraires compliqués n'intéressent qu'indirectement notre exposé. Tout en en tenant compte, on lira ici les textes comme les lisaient, à l'époque perse et hellénistique, les Juifs, et en particulier les lévites-chantres, chargés d'actualiser le message des anciennes Écritures pour mettre en évidence les leçons du passé. Comme le dit le Second Isaïe : « Regardez le rocher d'où vous avez été taillés et le fond de tranchées dont vous avez été tirés ; regardez Abraham votre père, et Sara qui vous a mis au monde » (*Is* 51, 1-2).

Commençons par les théophanies dont furent favorisés les Patriarches (Mölle, 1973). C'est à Sichem que YHWH apparaît à Abram (*Gn* 12, 7), pour la première fois ; mais déjà il lui avait parlé (12, 1) en lui ordonnant de partir de son pays pour un pays inconnu. C'est dans une vision (*Gn* 15, 1 ; verbe *ḥazâh*) que Dieu promet à Abram une nombreuse postérité et une terre, en vertu de l'Alliance conclue entre eux. Pendant la nuit, une torpeur (comme pour Adam, *Gn* 2, 21) tombe sur Abram, un grand effroi avec d'épaisses ténèbres. Un four fumant et une torche de feu passent entre des animaux partagés ; ce rite d'alliance trouverait un écho dans *Jr* 34, 18 et *Ct* 2, 17 (Tournay,

---

2. Cf. *Gn* 28, 17 ; *Ex* 3, 5 ; 19, 12 ; 40, 35 ; *Lv* 16, 2 ; *Nb* 1, 51 ; *Jos* 5, 15 ; *Os* 8, 1 ; 9, 15 ; *Jr.* 12, 7 ; *Za* 2, 16 ; 9, 8 ; *Ps* 114, 2 ; 2 *M* 1, 7. — Souvent Dieu se veut rassurant : « Ne crains pas ! » (Cf. *Gn* 15, 1 ; 21, 17 ; 26, 24 ; 46, 3 ; *Jg* 6, 23 ; *Lc* 1, 30 ; 2, 10). Voir *THAT* 1, 771.

1982, 63). La même symbolique du feu se retrouve dans la vision du buisson ardent (*Ex* 3, 2), dans la colonne de feu au désert (*Ex* 13, 21), sur le mont Sinaï (*Ex* 19, 18), lors des sacrifices d'Aaron (*Lv* 9, 24) et d'Élie (*1 R* 18, 20), dans la vision inaugurale d'Ézéchiel.

Selon la tradition sacerdotale, YHWH apparaît à Abraham pour conclure l'Alliance par le sceau de la circoncision (*Gn* 17, 1). Lors de l'apparition à Mambré (*Gn* 18, 1), YHWH accompagne deux « anges ». Il apparaît à Isaac à Guérar (*Gn* 26, 2), et à Bersabée pendant la nuit (*Gn* 26, 24).

Comme Abraham, qualifié de « prophète » dans *Gn* 20, 7, Jacob est aussi favorisé de plusieurs théophanies. Lors du songe de Béthel (*Gn* 28, 10 ; cf. 31, 13 ; 48, 3), Dieu se tient près de Jacob (v. 13) qui est pris de peur à son réveil (v. 17) ; il dresse comme une stèle la pierre qui lui a servi de chevet et verse de l'huile au sommet, car cette pierre localise la présence divine : c'est *Beit El*, la « maison de Dieu ». Entre temps, Dieu visite Laban l'araméen dans une vision nocturne (*Gn* 31, 24). Après avoir lutté avec un personnage mysté- rieux (un « ange » selon *Os* 12, 5), Jacob déclare au gué du Jabboq qu'il a vu Dieu ; il donne à ce lieu le nom de Peniel, « car dit-il, j'ai vu Dieu face à face et j'ai eu la vie sauve » (*Gn* 32, 31). Peniel représente une étymologie populaire du toponyme Penuel (*Jg* 8, 8 ; *1 R* 12, 25). De même, le nom d'Israël que Jacob reçoit (v. 29) est ici expliqué par le verbe *śara'*, « être fort », étymologie reprise par *Os* 12, 5 (de Pury, II, 1975, 539, 556)[3]. Plus loin (*Gn* 33, 10), Jacob dit à Esaü : « J'ai vu ta face comme on voit la face de Dieu ». Une autre fois, Dieu appa- raît à Jacob à son retour d'Aram ; il le bénit, lui donne le nom d'Israël[4], puis il « remonte d'auprès de lui » (*Gn* 35, 13), expression déjà usitée dans *Gn* 17, 22 à propos d'Abraham. La dernière théophanie dont béné- ficie Jacob est celle de Bersabée, quand Dieu lui dit de descendre en Égypte (*Gn* 46, 3). Dans ce dernier passage, le pluriel du TM, « des visions », pourrait s'expliquer par la fusion des deux traditions « yahwiste » et « élohiste ».

En Israël comme chez les autres peuples sémitiques, le songe ou le rêve procure une certaine rencontre avec la divinité. Ces visions nocturnes sont parfois obtenues par un rite d'incubation ; elles ser- vent de cadre à un message ou un avertissement divin qu'il est sou- vent nécessaire d'interpréter, comme dans le cas des songes de Joseph (*Gn* 44, 4.15 ; cf. *Nb* 22, 9.20 ; *Jb* 7, 14 ; 33, 15 ; *Da* 2, 1, etc.). De nom- breux travaux ont paru sur ce sujet[5], nous n'y insisterons pas.

---

3. E. Puech rapproche le verbe *yasar* « corriger » ; Israël signifierait « Dieu a corrigé / frappé » (Jacob) ; il compare le titre de l'inscription de Deir 'Alla : « Admonitions *(yissurê)* du livre de Balaam, fils de Beor, l'homme qui voit les dieux. » (*Le Monde de la Bible*, 46, 1986, 40).

4. 35, 9 : tradition sacerdotale (Mölle, 1973, 169).

5. Ehrlich, 1953 ; Oppenheim, 1956 ; Lindblom, 1961 ; Lang, 1972 ; Conroy, 1985.

Selon la tradition « élohiste », Dieu communique avec les hommes par l'intermédiaire d'un Ange, l'envoyé, le messager de Dieu. C'est cet Ange qui rencontre Agar (*Gn* 16, 7.13) et lui indique un puits (21, 17), qui à deux reprises (22, 11-15) appelle du ciel Abraham au pays de Moriyya (identifié par *2 Ch* 3, 1 au mont Sion). Au v. 14 (Mölle, 1973, 89), « Abraham nomme ce lieu ' YHWH voit ', aussi dit-on aujourd'hui : ' C'est sur la montagne que YHWH est vu ' » (LXX). Dans le TM, on a la variante « sur la montagne de YHWH, il est vu », retouche intentionnelle puisque l'homme ne peut voir Dieu. C'est l'Ange de Dieu qui précède le vieux serviteur d'Abraham (24, 2), qui parle en songe à Jacob (31, 11-13) et apparaît à Moïse (*Ex* 3, 2). Au désert, Dieu envoie son Ange devant Israël[6] ; cet Ange se déplace pour marcher derrière le peuple (*Ex* 14, 19). Plus tard, c'est encore l'Ange de Dieu qui parle à Balaam (*Nb* 22, 32 ss) et à Josué (*Jos* 5, 13), qui monte de Gilgal (*Jg* 2, 1 ss : texte deutéronomique), s'assied sous le térébinthe d'Ophra pour apparaître à Gédéon (*Jg* 6, 11-22 ; cf. 7, 9) et à la femme de Manoah (*Jg* 13, 3 ss) ; il apparaît aussi au prophète Élie (*1 R* 19, 5-7 ; *2 R* 1, 3.15 ; cf. Carlson, 1969 ; Macholz, 1980). Il s'agit parfois d'un ange exterminateur comme dans l'Exode (*Ex* 12, 23), à Jérusalem (*2 S* 24, 16-17), dans le camp des Assyriens (*2 R* 19, 35 ; *Si* 48, 21). Beaucoup d'autres textes seraient encore à citer. L'Ange de Dieu intervient souvent dans les visions de Zacharie ; il assiste les justes (*Ps* 34, 8 ; 35, 5 ; 91, 11 ; *Mt* 4, 6, etc.). C'est là un personnage caractéristique des théophanies (Guggisberg, 1979 ; *THAT* I, 904 ss ; *ThWAT* IV, 887-904).

Les théophanies se multiplient lors de la sortie d'Égypte et durant la marche des Hébreux dans le désert vers la terre promise. Le temps de l'Exode est un temps privilégié où le Dieu d'Israël manifeste son Nom, sa puissance, sa majesté, par l'intermédiaire de son prophète Moïse (*Os* 12, 14 ; cf. Renaud, *RB* 1986, 510). La première théophanie est celle du buisson ardent (*Ex* 3, 1 ss ; 3, 16 ; 4, 1.5 ; *Dt* 33, 16 ; *Act* 7, 30 ; cf. Mölle, 1973, 56). Dieu a vu, oui, il a vu (noter cette répétition, cf. *1 S* 9, 16) la misère de son peuple et a entendu ses cris. C'est pourquoi il lui révèle son Nom « Je suis ». Lui, l'immuable, l'existant par essence, il descend[7] pour sauver et libérer son peuple, le faire monter vers la terre où ruisselle le lait et le miel (*Ex* 3, 7-8).

Selon la tradition « yahwiste », YHWH marchait avec les Hébreux le jour dans une colonne de nuée[8] pour leur indiquer la route, et la nuit dans une colonne de feu pour les éclairer (cf. *Is* 60, 19-20 ; *Jn* 8, 12). La colonne de nuée se déplaçait (*Ex* 14, 19) et ne se retirait

6. *Ex* 23, 20 ; 32, 34 ; 33, 2 ; *Nb* 20, 16 ; cf. *1 S* 29, 9 ; *2 S* 14, 17 ss ; 19, 28 ; *Is* 63, 9 ; *Ml* 2, 7 ; 3, 1.
7. Motif classique des théophanies : *Ex* 19, 18 ; 33, 9 ; 34, 5 ; *Nb* 11, 17.25 ; 12, 5 ; *Mi* 1, 3 ; *Ps* 18, 10 ; *Is* 31, 4 ; 34, 5 ; 63, 19 ; *Ne* 9, 13. Voir p. 73.
8. Cf. *Ex* 34, 5 ; 40, 36 ; *Nb* 10, 34 ; 14, 14 ; *Dt* 1, 33 ; *1 R* 8, 10 ; *Is* 4, 5 ; *Sg* 10, 17 ; 18, 3 ; *Mt* 17, 5 ; cf. *Jn* 8, 12.

pas le jour devant le peuple, ni la colonne de feu, la nuit (*Ex* 13, 21-22).
Dieu manifestait ainsi sa présence permanente au milieu de son peuple
(*Ex* 19, 9 ; 20, 21). Dieu « regardait » depuis la colonne de feu et de
nuée (14, 24, Holmberg, 1983, 31). Selon un texte postérieur, mais
contenant d'antiques traditions (*Lv* 16, 2.13), c'est le nuage d'encens
et de parfums, dans le sanctuaire, qui symbolise ultérieurement[9]
cette présence divine (Haran 1960, 113). Le Chroniste s'intéresse
beaucoup aux offrandes d'encens (*1 Ch* 6, 34 ; 23, 13 ; 28, 18 : *II Ch* 2,
3 ; 13, 11, etc.). Les psalmistes (18, 10 ; 78, 14 ; 97, 2 ; 105, 39 ; *Ne* 9, 19)
reprennent le motif de la nuée. Selon Ben Sira (24, 4), le trône de la
Sagesse se trouve sur la colonne de nuée (Luzarraga, 1973).

Si nous lisons le récit de la grande théophanie du Sinaï dans les
textes reçus, nous voyons YHWH dire à Moïse qu'il va venir à lui dans
l'épaisseur de la nuée (*Ex* 19, 9). La nature va réagir à sa façon : Dieu
se manifeste dans le cadre d'une sorte d'éruption volcanique selon
les traditions « yahwiste » (19, 18), deutéronomique (*Dt* 4, 11 b-12 a ;
5, 23-24 ; 9, 15) et sacerdotale (*Ex* 24, 15 b-17). Selon J. Koenig (1966,
182 ; 1973, 9), ces traditions judéennes pourraient évoquer le souvenir
d'éruptions volcaniques et de secousses sismiques, fréquentes dans
la région de la mer Rouge ; Koenig rappelle l'éruption volcanique de
1256 à Médine. Quant à la tradition « élohiste », elle décrit cette théophanie comme un orage survenant de la Méditerranée, ce qui arrive
souvent en Palestine (*Ex* 19, 16.19) ; cette tradition est originaire du
nord, de la région de Sichem et de Samarie. Voyant des coups de
tonnerre (littéralement « des voix », *qôlôt*), des lueurs, le son de la
trompe *(shofar)*, la montagne fumante, tout le peuple « prend peur »
(*Ex* 20, 18 : LXX et Sam. ; TM « vit », confusion de deux verbes
hébreux). Dans *Ex* 19, 16, le peuple « tremble » *(ḥrd)*, ainsi que la
montagne au v. 18 ; ce dernier verbe n'apparaît dans aucune autre
théophanie. Le peuple se tient à distance alors que Moïse s'approche
de la nuée obscure où est Dieu (*Ex* 20, 21). « Je te répondis, caché
dans l'orage », lisons-nous dans le *Ps* 81, 8 b. Ce thème de l'ouragan
deviendra un cliché dans beaucoup de textes (*Jr* 23, 19 = 30, 23-24 ;
Jb 38, 1 ; 40, 6 ; *Sg* 5, 21-23).

Tel est le premier grand événement théophanique dans l'histoire
d'Israël. Il aura un retentissement considérable ; cette manifestation
grandiose de la divinité accompagne en effet dans la suite actuelle
du texte de l'Exode le don de la Tôrâ à Israël. Cependant, il faut noter
dès à présent que la tradition de la « montagne de Dieu » ne s'est
développée, semble-t-il, qu'à une époque relativement récente, bien
après la tradition de la sortie d'Égypte. Ainsi J. Jeremias (1965, 154)
pense que la description de la théophanie sinaïtique n'est pas à l'origine des poèmes théophaniques (dont il sera question plus loin). Le
Sinaï était à l'origine présenté comme une région, le lieu méridional
d'où vient YHWH pour guider son peuple vers le pays de Canaan. Il

---

9. Cf. Kjeld NIELSEN, *Incense in Ancient Israel*, VTS 38, 1986.

est en effet remarquable que, sauf *Ml* 3, 22, les prophètes parlent de l'Exode d'Égypte, de Moïse, d'Aaron, de Miriam, du séjour au désert, de l'Alliance avec les pères, des eaux de Mériba, etc., mais non pas du *mont* Sinaï. En dehors des livres de l'*Exode*, du *Lévitique* et des *Nombres*, seul *Ne* 9, 13 mentionne le Sinaï comme la montagne où a été conclue l'Alliance. Selon Th. Booij (1984, 1 ; cf. Maiberger, 1984), le processus de « sinaïtisation » ne débuterait qu'à la fin de la monarchie pour se développer et se préciser dans les écrits de l'école sacerdotale et ultérieurement dans le rabbinisme. La nouvelle version « sinaïtique » aurait été inspirée par une conception de la théophanie telle que la décrivent les poèmes épiques, *Jg* 5, 4-5, *Dt* 33, 2-5 (pp. 66-67). On verra comment les hagiographes du second Temple ont transféré le thème du mont Sinaï, la montagne de Dieu, l'Horeb, à la montagne de Sion, demeure permanente de YHWH, le nouveau Sinaï.

Il convient de s'arrêter ici sur les textes de l'*Exode* où il est question de « voir Dieu », de « voir sa face » (voir p. 119). Dans *Ex* 19, 13, nous lisons : « Quand la trompe retentira, ils monteront sur la montagne. » Mais au v. 21, YHWH dit à Moïse : « Descends et avertis le peuple de ne pas se précipiter (ou : franchir les limites) pour voir YHWH, car beaucoup d'entre eux tomberaient et périraient. » De fait, seul Moïse peut dialoguer directement avec Dieu : « Moïse parlait et Dieu lui répondait par le tonnerre (ou : par une voix, v. 19) ».

C'est dans *Ex* 24, 10-11 que toute une collectivité voit Dieu. Ce texte combine deux présentations de l'Alliance, l'une (yahwiste : 9-11) où l'Alliance est scellée par un joyeux repas en commun, comme pour les alliances entre Isaac et Abimélech (*Gn* 26, 26-31) ou Jacob et Laban (*Gn* 31, 54), l'autre (élohiste : 3-8) dont l'essentiel est le rite du sang répandu sur l'autel et sur le peuple (Noth, 1959, 159). La théophanie (9-11) est ainsi décrite : « Moïse monta ainsi qu'Aaron, Nadav et Avihou, et soixante-dix des anciens d'Israël. Ils virent le Dieu d'Israël. Sous ses pieds, c'était une sorte de pavement de saphir (ou lazulite, cf. Gradwohl, 1963, 32), aussi limpide que le ciel même. Sur ces privilégiés des fils d'Israël, il ne porta pas la main ; ils contemplèrent (verbe *ḥazâh*) Dieu, ils mangèrent et ils burent. »

Dans la version des LXX, nous lisons : « Ils virent le lieu où se tenait le Dieu d'Israël, personne ne manqua à l'appel parmi les privilégiés d'Israël, et ils furent vus dans le lieu de Dieu ». Des manuscrits samaritains ont « et ils furent pris (*aleph* ajouté au début du verbe *ḥazâh*) au lieu où ils contemplèrent. » Dans le Targum, la phrase « et ils virent le Dieu d'Israël » est transformée en « et ils virent la gloire du Dieu d'Israël ». On voit que les versions ont édulcoré le texte. L'exégèse rabbinique applique ici la règle attribuée à R. Juda ben Ilaï, élève de R. Aqiba (*Tos. Meg.* 4, 41 ; *Qidd.* 49 a) : « Celui qui traduit absolument littéralement est un faussaire ; celui qui ajoute quelque chose est un blasphémateur. Le rabbin donne comme exemple la phrase « et ils virent le Dieu d'Israël ». On ne peut traduire littéralement, car personne ne peut voir Dieu ; on ne peut pas non plus remplacer le mot « Dieu » par « anges », car ce serait un blasphème, une créature étant substituée au créateur. Cette règle peut remonter plus haut que le IIe siècle (Le Déaut, 1966, 43 ; Potin, I, 1971, 153). On aurait une application de cette règle dans *Jn* 12, 41 : « Isaïe dit cela (*Is* 6, 9 ss) parce qu'il eut (variante : quand il eut) la vision de sa gloire (du Christ)... ». On rapproche ici *Jn* 8, 56 : Abraham a vu le « Jour » de Jésus et il fut dans la joie.

Le texte primitif d'*Ex* 24, 9 est une exception au principe général qu'on ne peut voir Dieu sans mourir [10]. Il en était déjà ainsi de Jacob à Penuel (*Gn* 32, 31). Moïse doit se voiler la face (*Ex* 3, 6), Élie aussi (*1 R* 19, 13) et même les Séraphins (*Is* 6, 2). Toute représentation de la divinité était absolument interdite en Israël [11]. On ne peut pas non plus d'ailleurs écouter la voix de Dieu sans risquer de mourir (*Ex* 20, 29 ; *Dt* 4, 33 ; 5, 26). C'est pourquoi, en plusieurs textes où il est question de « voir Dieu », la forme verbale transitive *(qal)* est corrigée par les scribes et remplacée par la forme passive *(nifal)* « être vu » [12]. Les versions diffèrent ici souvent du TM. Ainsi le lévite coraïte s'écrie dans le *Ps* 42, 3 : « Quand irai-je et verrai-je la face de Dieu ? » Des manuscrits hébreux ainsi que la version syriaque et le Targum ont « verrai-je », alors que le TM a « je serai vu », c'est-à-dire « je paraîtrai ». De nombreux travaux ont été consacrés au thème de la vision de la face de Dieu (Graf Baudissin, 1915 ; Nötscher, 1924 ; *ThWNT* 6, 1959, 769 ; Reindl, 1970 ; Fritsch, 1982). Nous y renvoyons le lecteur.

La fin du chapitre 24 de l'*Exode*, vv. 15 b-18 a, addition d'origine sacerdotale postexilique, ne met plus en scène directement YHWH, mais sa Gloire, sa majesté royale, ce qui marque une étape nouvelle dans la théologie du judaïsme (voir p. 89).

Les chapitres 32-34 de l'*Exode* combinent les traditions « yahviste » et « élohiste » (Moberly, 1983, 83). La péricope 33, 7-11 est considérée comme pré-deutéronomique ; ce serait l'un des textes les plus anciens qui parlent de la Tente de Réunion ou de la Rencontre (Noth, 1959, 209 ; Görg, 1967, 59 ; Mann, 1977 ; Haran, 1978, 260). Cette Tente servait au désert de sanctuaire provisoire à l'Arche d'Alliance ; Josué y était attaché d'après le v. 11. Voici le texte : « [7] Moïse prenait la Tente, la plantait pour lui (Dieu ? Moïse ? l'Arche ?) hors du camp à bonne distance et l'appelait ' la Tente de la Rencontre '. Quiconque voulait rechercher *(biqqesh)* YHWH sortait vers la Tente de la Rencontre qui était en dehors du camp... [9] Quand Moïse entrait dans la Tente, la

---

10. *Ex* 19, 21 ; 33, 20 ; *Lv* 16, 2 ; *Nb* 4, 20 ; *Jg* 6 ,22-23 ; *1 S* 6, 20 ; *Is* 6, 5.

11. *Ex* 20, 4.23 ; 34, 17 ; *Lv* 19, 4 ; 26, 1 ; *Dt* 4, 15-20 ; 5, 8 ; 27, 15 ; *Os* 8, 6.

12. *Ex* 23, 15.17 ; 34, 20.23-24 ; *1 S* 1, 22 ; *Dt* 16, 16 ; 31, 11 ; *Is* 1, 12 ; cf. *Ps* 42, 3 ; 84, 8 (p. 114) ; *Nb* 14, 14. Voir Mölle, 1973 ; McKane, 1974, 53-68. — Selon *1 Jn* 1, 18, « nul n'a jamais vu Dieu. »

colonne de nuée descendait, se tenait à l'entrée de la Tente et (Il) parlait avec Moïse... [11] YHWH parlait à Moïse face à face comme on se parle d'homme à homme. »

L'expression « face à face » apparaît dans d'autres récits théophaniques (*Gn* 32, 31 : Jacob ; *Jg* 6, 22 : Gédéon). On lit dans *Dt* 5, 4 : « YHWH a parlé avec vous face à face sur la montagne, au milieu du feu. » Il est vrai que la vision de Jacob eut lieu la nuit et que Gédéon vit seulement l'Ange de YHWH. C'est dans la nuée que Moïse vit Dieu face à face. « Il ne s'est plus levé un prophète comme Moïse — affirme *Dt* 34, 10 —, lui que YHWH connaissait face à face. » Selon *Si* 45, 5, Dieu donna à Moïse face à face les commandements (LXX) ; le texte hébreu édulcore : « Il lui donna entre les mains les commandements. »

La suite d'*Ex* 33, qui comporte des traits deutéronomiques comme le « repos » (v. 14) et le Nom (v. 19), restreint la portée de l'expression « face à face ». « Si tu ne viens pas toi-même (littér. : si ce n'est pas ta face qui vient), dit Moïse au v. 15, ne nous fais pas monter d'ici. » Et Moïse poursuit au v. 18 : « Fais-moi voir ta Gloire. » Dieu lui répond : « [19] Je ferai passer devant toi toute ma beauté et je proclamerai devant toi le Nom de YHWH. Je fais grâce à qui je fais grâce, et j'ai pitié de qui j'ai pitié. [20] Mais tu ne peux pas voir ma face, car l'homme ne peut me voir et vivre. » [21] YHWH dit : « Voici un lieu près de moi. Toi, tu te tiendras sur le rocher. [22] Alors, quand 'passera' ma Gloire, je te mettrai dans le creux du rocher et, de ma main, je t'abriterai tant que je 'passerai'. [23] Puis j'écarterai ma main et tu me verras de dos, mais ma face, on ne peut pas la voir. » On a remarqué le parallélisme établi entre la Gloire et la Beauté de YHWH ; le mot *ṭûb*, traduit ici par beauté, est aussi traduit « mes bienfaits » *(TOB)* ; mais d'autres textes, en particulier le *Ps* 27, 13 (p. 96), suggèrent le sens de beauté ; l'adjectif *ṭôb* a les deux sens de bonté et de beauté [13].

Un autre texte attribué à la tradition « élohiste » (*Nb* 12, 1 ss) insiste sur l'intimité des rapports entre Dieu et Moïse. Ce texte a pu être retouché par l'école sacerdotale ; M. Noth (1966, 83) pense que le stique « et il voit la forme de YHWH » est une addition ; mais J. S. Kselman (1976, 500) a montré que ce passage a une structure concentrique. Comme dans *Ex* 33, 7, la Tente de la Rencontre est située hors du camp. Moïse, Aaron et Miriam y vont tous les trois. Aaron et Miryam se plaignent que Dieu parle seulement à Moïse. « N'a-t-il pas parlé à nous aussi ? » Voici ce que Dieu leur répond :

[6] Écoutez donc mes paroles :
s'il y a parmi vous un prophète,
c'est en vision que je me révèle à lui,
c'est en songe que je lui parle.

---

13. Cf. *Os* 10, 11 ; *Nb* 24, 5 ; *Is* 33, 17 ; *Za* 9, 17 ; *Si* 42, 14. Voir BARRE, 1986, 100.

⁷ Il n'en est pas ainsi de mon serviteur Moïse ;
  il est l'homme de confiance pour toute ma maison [14].
⁸ C'est bouche à bouche que lui parle,
  par une vision et non en énigmes ;
  et il voit la forme de YHWH.
  Comment osez-vous parler
  contre mon serviteur Moïse ?

Le mot « forme » (tᵉmunâ) est assez imprécis ; il est rendu par « gloire » dans les versions grecque et syriaque. La « forme » de YHWH n'est pas sa face ; c'est seulement sa silhouette que l'on peut apercevoir de dos (cf. *Jr* 18, 17), comme dans le texte précédent, *Ex* 33, 23. L'auteur du *Ps* 17, 15 reprend ce terme (voir p. 92).

La dernière théophanie concernant Moïse est mentionnée à la fin du Deutéronome (31, 14-15 ; Mölle, 1973, 131) dans un texte rattaché à la tradition « élohiste ». Moïse approche de sa mort et Dieu le convoque avec Josué dans la Tente de la Rencontre. Moïse et Josué s'y présentent et YHWH se fait voir dans la Tente, dans la colonne de nuée qui se dressait à l'entrée de la Tente. C'est ici la seule mention de la Tente dans le Deutéronome. Cette Tente est comme une première ébauche du Temple à venir ; on pouvait y rencontrer Dieu, l'appeler par son Nom et recevoir ses ordres. C'était pour Israël le temps des « fiançailles » entre lui et YHWH, comme le rappellent les prophètes Osée, Jérémie et Ézéchiel.

C'est dans la Tente de la Rencontre que devait se trouver l'Arche d'Alliance (Maier, 1965 ; Schmitt, 1972 ; Cross, 1981) avec les tables de la Loi (*Ex* 25, 16 ; *Dt* 10, 5). Elle disparut dans l'incendie du Temple, peut-être même déjà sous le règne du roi impie Manassé, selon M. Haran (1978, 246 ; Schmitt, 145). Cette disparition est rappelée dans *Jr* 3, 16 et *2 M* 2, 4-5. Dans le Pentateuque, le livre des Nombres est le seul à présenter l'Arche comme une sorte de guide pour Israël, à l'instar de la colonne de nuée. Dans *Nb* 10, 33, l'Arche part devant le peuple pour une marche de trois jours, afin de reconnaître l'endroit où il pourra camper (v. 33). La nuée de YHWH les couvrait pendant le jour quand ils quittaient le campement (v. 34). Quand l'Arche partait, Moïse disait : « Lève-toi, YHWH ! Que tes ennemis se dispersent, que tes adversaires s'enfuient devant toi ! (v. 35) » Cette sorte d'antienne figure au début du *Ps* 68 ; elle est reprise dans la liturgie prophétique d'*Is* 33, 3. Quand l'Arche faisait halte, Moïse disait : « Reviens, YHWH... » (v. 36). Le texte est incertain (Tournay, 1982, 81, n. 35) ; la LXX lit le v. 34 après le v. 36. Ces versets sont placés dans le TM entre des *nun* renversés, ce qui semble indiquer un

14. Il s'agit de la « maison de YHWH ». Cf. *Os* 8, 1 ; 9, 15 ; *Jr* 12, 7 ; *Za* 9, 8 ; *Ps* 114, 2.

trouble textuel. Ils sont rattachés à la tradition « élohiste ». Dans la tradition sacerdotale, l'Arche demeure au milieu du peuple et lui assure la victoire (*Nb* 14, 44).

Le temps de l'Exode s'achève au passage du Jourdain. Là encore, l'Arche d'Alliance est à l'origine de la grande théophanie qui permet à Israël de passer la rivière à pied sec (*Jos* 3, 9 ss) et de conquérir ensuite Jéricho (*Jos* 6 ; Langlamet, 1969, 104). Qu'il suffise de rappeler ces textes pour montrer combien les Juifs d'époque perse avaient conscience de cette présence divine au milieu d'eux.

Les « guerres de l'Arche » (*1 S* 4-6) et la translation de l'Arche à Jérusalem en témoignent aussi de façon remarquable. Cette présence redoutable du Dieu d'Israël, chef de guerre, sauveur de son peuple, provoqua la mort de Uzza, fils d'Abinadab (*2 S* 6, 7 ; cf. *1 S* 6, 19). Dans ce dernier texte, le mot *šal* est à rapprocher de l'araméen *šl'* « se tromper, être coupable de faute, de négligence », comme l'akkadien *šelû*. Uzza ne devait pas toucher à l'Arche de la force de YHWH comme l'appelle le *Ps* 132, 8 (= *2 Ch* 6, 41), ou « sa force » (*Ps* 78, 61).

A Samuel, Dieu se révèle en songe (Gnuse, 1984) près de l'Arche, à Silo (*1 S* 3, 3 ss) : il continue d'apparaître à Silo (v. 21). C'est alors que se rencontre pour la première fois l'expression « YHWH Sabaôth qui siège sur les Chérubins ». Une fois transportée à Sion, l'Arche devient l'escabeau, le marchepied, la base du trône de YHWH, comme le disent les *Ps* 99, 5 et 132, 7. Dans le Temple de Salomon, l'Arche était placée sous les ailes de deux Chérubins (*1 R* 8, 6), dans le *debîr* (nommé une seule fois dans le psautier : *Ps* 28, 2). Les Chérubins étaient placés côte-à-côte, ailes étendues jusqu'à toucher les deux murs latéraux du *debîr*. Ils mesuraient chacun 5 m de haut et 5 m d'envergure (*2 R* 6, 23-24), c'est-à-dire 10 m à eux deux, ce qui était la largeur du Saint des Saints (*1 R* 6, 20). Ils étaient sculptés en bois recouvert d'or et d'argent, et plaqués sur le mur du fond. Selon les conceptions iconographiques syro-phéniciennes, ils étaient censés former la base du trône sur lequel siégeait invisiblement YHWH. T. N. D. Mettinger (1982) décrit plusieurs représentations très significatives. Sur le sarcophage d'Ahiram, à Byblos, un dieu ou un roi est assis sur un trône supporté par deux sphinx ailés. Le site de Megiddo, en Galilée, a livré une plaque d'ivoire de 26 cm où figure un prince sur un trône avec sphinx (2,6 cm sur 1,7 cm). A Ougarit, il y avait parmi les cérémonies la « monstrance » des statues divines ; le roi présidait. Rien de tel à Jérusalem où toute représentation de la divinité était interdite. L'Arche et les Chérubins symbolisaient à leur façon la mystérieuse présence de Dieu. Tout le culte se célébrait « devant YHWH », expression fréquemment employée, surtout dans le Deutéronome [15]. Il y avait ainsi dans le *debîr* une sorte de théophanie per-

---

15. *Dt* 12, 7.18 ; 14, 23.26 ; 15, 20 ; 16, 11 ; 18, 7 ; *2 R* 19, 15 ; *1 Ch* 17, 16 ; *Ps* 61, 8.

manente de YHWH, présent au milieu de son peuple (Haran, 1978 ; De Vaux, 1967, 231 ; Schmitt, 145).

A partir de 515, l'Arche fut remplacée dans le second Temple par la *kapporet* ou « propitiatoire », peut-être l'ancien support de l'Arche [16]. C'était une grande plaque en or massif avec deux petits Chérubins en or, formant saillie aux deux extrémités. Ils se faisaient face et regardaient le propitiatoire selon *Ex* 25, 17-21. Mais les vv. 21-22 bloquent à tort Arche et propitiatoire, lequel aurait été placé au-dessus de l'Arche (*Lv* 16, 2 ; *Nb* 7, 89). Le texte d'origine sacerdotale d'*Ex* 25 a fait un amalgame entre ces deux réalités (de Tarragon, 1981, 5). Le jour du Kippour (Expiation, le 10 Tishri), le grand prêtre aspergeait le propitiatoire pour faire l'expiation des péchés et des impuretés d'Israël. Ce rite, inconnu au temps de la monarchie, l'est encore à l'époque d'Esdras, car c'est seulement le 24ᵉ jour du mois de Tishri qu'a lieu une cérémonie expiatoire (*Ne* 8-9).

L'expression « YHWH qui siège sur les Chérubins » (*2 S* 6, 2 ; *1 Ch* 13, 6) a été reprise dans la psalmique (*Ps* 80, 2 ; 99, 1 ; *2 R* 19, 15 = *Is* 37, 16). C'est Ézéchiel qui exploite à sa manière le thème des Chérubins, décrits par lui à la manière des *kāribu*, gardiens des sanctuaires mésopotamiens. Ces êtres hybrides ailés deviennent pour lui des montures divines qui personnifient les nuées orageuses. Dans *Ez* 10, 18, le trône des Chérubins est sans Arche et mobile avec le char céleste, la *merkaba* (Halperin, 1980 ; Newsom, 1985, 48). Cette imagerie qu'on retrouve dans le *Ps* 18, 11 correspond à celle qui fait de YHWH le « chevaucheur des nuées » (*Dt* 33, 16 ; *Is* 19, 1 ; *Is* 66, 15 ; *Ps* 65, 12 ; 104, 3), expression dérivée de l'ougaritique *rkb 'rpt* et appliquée au grand Ba'al phénicien, dieu de l'orage et de la pluie. Dans le *Ps* 68, 5, le « chevaucheur des nuées » *('rpt)* devient le « chevaucheur des steppes » *('rbwt)* du désert du Sinaï, grâce à une paronomase.

L'expression YHWH *Sabaôt* « YHWH des armées » est appliquée à YHWH pour la première fois à Silo (*1 S* 4, 4) et revient 12 fois dans le livre de *Samuel* (histoire de l'Arche). On la trouve 9 fois dans *Amos*, 56 fois dans la première partie d'*Isaïe* (1-39) et 82 fois dans le TM de *Jérémie*. Dans ce dernier livre, il s'agit probablement d'additions postexiliques, car la version des LXX n'a que 10 mentions de YHWH *Sabaôt* (Jansen, 1973, 75, 162 ; Gefter, 1977 ; Mettinger, 1982, 12 ; Cazelles, 1984, 1123). Ces additions sont sans doute à mettre en relation avec la fréquence de cette expression chez les prophètes du retour : *Aggée* (14 fois), *Zacharie* (53 fois), *Malachie* (24 fois). Nous la retrouvons 15 fois dans 8 psaumes, spécialement dans les refrains des *Ps* 46, 80 et 84 [17]. Cette expression est absente du Code sacerdotal, du

---

16. Dans *ZAW* 89, 1977, 155, M. Görg rapproche *kapporet* de l'égyptien *kp(n)rdwj* « plante du pied (de Dieu) » (cf. *Ez* 43, 7).

17. *Ps* 24, 10 ; 46, 6.8.12 ; 48, 9 ; 59, 6 ; 69, 7 ; 80, 5.8.15 ; 84, 2.4.9.13 ; 89, 9 (Veijola, 1982, 91) ; cf. *1 Ch* 17, 24.

Deutéronome et de tout le reste du Pentateuque, de *Josué* et des *Juges* ; elle ne figure pas non plus dans *Ézéchiel* (Zimmerli, 1983, 558). De toute façon, elle ne peut pas être un indice d'antiquité pour tel ou tel psaume ; bien au contraire, étant donné sa fréquence à partir du début du second Temple en 515, chez *Aggée* et *Zacharie* 1-8.

C'est le chef de l'armée de YHWH qui apparaît à Josué (*Jos* 5, 13-15). Michée fils de Yimla voit YHWH assis sur son trône, et toute l'armée des cieux debout près de lui, à sa droite et à gauche (*1 R* 22, 18). Isaïe voit dans le Temple le Seigneur assis sur un trône très élevé et entend les Séraphins célébrer le Dieu *Sabaôt*, trois fois saint ; le prophète déclare qu'il a vu le Roi YHWH *Sabaôt* (*Is* 6, 3.5). Ce texte auquel font écho *Is* 51, 15 et surtout 52, 7 (« ton Dieu règne ») affirme la royauté de YHWH sur Israël ; le roi d'Israël est son vassal (de Vaux, 1967, 287). On sait l'importance de ce thème essentiel, si souvent traité de nos jours (Lipiński, 1965 ; Langlamet, *RB* 1970, 176). A Ougarit aussi, le dieu Ba'al est roi (III AB A, 33 ; Caquot, 1979, 139). En Israël, c'est à partir de la disparition de la monarchie que la royauté de YHWH sera célébrée avec éclat, particulièrement dans la psalmique. O. Campanova (1984) a récemment insisté sur l'interprétation eschatologique des psaumes qui célèbrent YHWH comme Roi. Tout en trônant dans le ciel [18], YHWH a fait de Sion son trône terrestre : elle est le « trône de YHWH » [19]. Là se rejoignent ciel et terre ; là, Dieu a trouvé le « lieu de son repos », là résident sa Gloire qu'Ézéchiel voit revenir de Babylonie (43, 2), et son Nom (*1 R* 8, 29 ; *Dt* 12, 11, etc.). Dès le début de sa prophétie, le second Isaïe annonçait que toute chair verrait la Gloire de YHWH (*Is* 40, 5), alors qu'au Sinaï, seul Israël l'avait entrevue. Alors que la nature réagissait à sa manière par le feu, l'orage, etc., désormais, elle se réjouira comme le disent les clausules hymniques du second Isaïe (42, 10-12 ; 44, 23 ; 49, 13 ; 55, 12). Les psaumes du Règne de YHWH (47 ; 95-100) développeront ce thème.

On verra plus loin (p. 79) que les écrits deutéronomiques ont exploité les paronomases entre *shem* « le Nom », *sham* « là », *shalôm* « la paix », *Yerushalem* « Jérusalem » (Tournay, *RB* 1983, 9.329). Un autre rapprochement entre *Sinaï* et *Sion* a fait de cette dernière le nouveau Sinaï, thème repris plus tard par les targumistes (Le Déaut, 1963, 162). Le diacre Étienne substitue à l'Horeb le Temple de Jérusalem, « ce lieu-même » (*Ac* 7, 7). C'est là que Dieu se manifeste désormais, principalement au cours des célébrations de la Pâque, de la Pentecôte, des Tentes. C'est là qu'il est venu (*Dt* 33, 2), qu'il vient (*Ha* 3, 3 ; *Za* 2, 14 ; *Ps* 50, 2) et qu'il viendra (*Ps* 96, 13 ; 98, 9, etc.) pour instaurer son Règne, sauver les siens, juger les hommes (Schnutenhaus, 1964, 14 ; *ThWAT*, I, 1975, 562). Toute la liturgie du

---

18. *Is* 66, 1 ; *Ps* 9, 8 ; 11, 4 ; 29, 10 ; 89, 15 ; 93, 2 ; 97, 1-2 ; 102, 13 ; 103, 19 ; *Ac* 7, 49,etc.
19. *Jr* 3, 17 ; 14, 21 ; 17, 12 ; *Ez* 43, 7 ; cf. *Ap* 11, 19 ; 22, 3.

Temple de Jérusalem devient le lieu des théophanies cultuelles. C'est dans ce contexte qu'il convient de relire le prologue d'*Is* 2, 2-5 (*Mi* 4, 1-3), si proche des oracles d'*Is* 60-62. H. Wildberger maintient ce prologue aux temps monarchiques. Mais B. Renaud (1977, 150) a montré que ce texte est d'origine postexilique ; bien que de style oraculaire, il a une perspective cultuelle. Le vieux thème de la montagne du dieu El est démythisé et appliqué au mont Sion, comme dans *Ez* 20, 40 ; 40, 2 ; 43, 12 et le *Ps* 48, 3 (Loretz, 1984, 63). C'est là que Dieu habitera pour toujours, au milieu de son peuple (Congar, 1958, 15 ; Metzger, 1970, 139 ; Clifford, 1972 ; Weinfeld, 1981, 505). Ce n'est plus du Sinaï, « c'est de Sion que sortira la Tôrâ, et de Jérusalem, la Parole du Seigneur ».

CHAPITRE II

ANCIENS POÈMES THÉOPHANIQUES

Les merveilleuses interventions de YHWH en faveur de son peuple n'ont pas manqué d'inspirer les poètes hébreux. La Bible nous a conservé d'admirables spécimens de cette antique poésie qui n'a rien perdu aujourd'hui de son souffle lyrique. Il s'agissait de célébrer le triomphe de YHWH sur ses ennemis qui étaient aussi ceux de son peuple : Égyptiens, Cananéens, Assyriens, Babyloniens. Dieu montre ordinairement sa puissance par des tempêtes et des inondations providentielles, en ouvrant les vannes de l'océan céleste ou celles des fleuves et de la mer (Kloos, 1986). Le poète hébreu transfère ainsi sur YHWH les attributs du Ba'al syro-cananéen ou de son équivalent mésopotamien, Adad [1].

Ces poèmes ont fait l'objet de maintes études. S'ils sont cités ici, c'est pour permettre de mieux les comparer à d'autres textes plus récents qui s'en sont inspirés. Ces vieux poèmes étaient devenus le patrimoine littéraire d'Israël, comme le prouve l'existence de recueils tels que le *Livre des Guerres de YHWH* (*Nb* 21, 14) ou le *Livre du Juste*. On trouvait dans ce dernier l'élégie sur Saül et Jonathan (*2 S* 1, 16 ss) et le couplet de Salomon sur le Temple (*2 R* 8, 53). La version grecque suppose ici l'hébreu *shîr*, le « chant », au lieu de *yashar*, le « juste » (deux lettres permutées) ; c'était peut-être le titre primitif du recueil. On y trouve encore l'adjuration de Josué lors du combat contre les cinq rois amorites (*Jos* 10, 12) :

> Soleil, arrête-toi sur Gabaôn,
> et toi, lune, sur la vallée d'Ayalôn !

Dieu avait dit à Josué : « Ne crains pas, car je te les ai livrés, aucun d'eux ne tiendra devant toi » (v. 8). Effectivement le poète poursuit :

> Le soleil s'arrêta, la lune s'immobilisa
> jusqu'à ce que la nation se fût vengée de ses ennemis.

---

1. Cf. *1 S* 7, 10 ; 12, 17-18 ; *Ex* 9, 18 ss ; *Jb* 38, 22 ss ; *Ps* 29 (p. 102), etc.

La suite est en prose rythmée : « Cela n'est-il pas écrit dans le *Livre du Juste* ? Le soleil s'immobilisa au milieu des cieux ; il ne se hâta pas de se coucher pendant près d'un jour entier. Ni avant ni après, il n'y eut de jour comparable à ce jour où YHWH obéit à un homme, car YHWH combattait pour Israël » (vv. 13-14).

YHWH avait lancé du ciel d'énormes grêlons : « Il en mourut plus sous les grêlons que sous le tranchant de l'épée des Israélites » (v. 11). Cet épisode fut souvent rappelé [2]. La littérature assyrienne parle aussi de ces « pierres », projetées par le dieu Adad (Thureau-Dangin, 1912 ; *The Assyrian Dict.*, A I, 1964, 60). Tous ces textes s'apparentent à l'épopée (de Vaux, 1971, I, 580 ; Woudstra, 174 ; Sawyer, 1972, 139). Un rédacteur a pris au pied de la lettre, dans l'incantation lancée par Josué, le distique aux deux membres parallèles. En réalité, un terrible orage eut lieu, obscurcissant longtemps le ciel, et une poche d'eau creva, accompagnée de gros grêlons.

C'est le même style dans le *Cantique de Débora* : « Du haut du ciel, les étoiles ont combattu ; de leurs orbites, elles ont combattu contre Sisara. Le torrent de Quishôn les a balayés » (*Jg* 5, 20-21). Ce cantique qui mentionne Séir et Édom, semble être assez proche des événements, la victoire des tribus du nord sur les Cananéens à Taanak, aux « eaux de Megiddo » (*Jg* 5, 19), peut-être vers le milieu du XIIᵉ siècle avant J.-C.

Après le prélude hymnique (vv. 2-3), le poète évoque la théophanie au désert (vv. 4-5) :

4 YHWH, à ta sortie de Séir,
   à ton départ du plateau d'Édom,
   la terre trembla, les cieux aussi ruisselèrent [3],
   les nuées aussi ruisselèrent en eaux ;
5 les montagnes fondirent [4] devant la face de YHWH (c'est le Sinaï)
   devant la face de YHWH, le Dieu d'Israël.

Cette strophe est imitée dans le *Ps* 68, 8-9 (collection « élohiste ») :

8 O Dieu, quand tu sortis à la tête de ton peuple,
   quand tu foulas le désert, 9 la terre trembla,
   les cieux aussi ruisselèrent devant la face de Dieu (c'est le Sinaï),
   devant la face du Dieu, le Dieu d'Israël.

Les mots « c'est (ou : celui) du Sinaï » ont suscité bien des hypothèses ; on a voulu les expliquer en recourant à divers dialectes sémitiques (Lipiński, 1967, 185 ; Globe, 1974, 168). Il est plus simple de supposer qu'un glossateur a voulu préciser le lieu de cette grande théophanie en se référant à *Ex* 19, 16-19. Les scribes sacerdotaux, rappelons-le (voir p. 56), ont favorisé un processus qui situe sur le mont Sinaï bien des événements du temps de l'Exode ; on en a ici un

---

2. *Ha* 3, 9-11 ; *Is* 18, 17.21 ; 30, 30 ; *Ez* 13, 11 ; 38, 22 ; *Si* 46, 4-6 ; cf. *Ap* 11, 19 ; 16, 21.
3. Le grec a « ont chancelé » (Vogt, 1965, 207).
4. Le grec et *Is* 63, 19 ont « ont tremblé ».

exemple. Ajoutons que les deux mots ajoutés brisent le rythme de quatre accents du grand vers épique dans chacune des deux strophes.

Le thème de la « sortie de Dieu » (Schnutenhaus, 1964, 2) est emprunté au vocabulaire militaire. Lors des plaies d'Égypte (*Ex* 11, 4), Dieu déclare : « Je sortirai du milieu de l'Égypte. » Le *Ps* 81, 6 b fait allusion à ce texte ; « C'est une loi pour Israël..., une instruction qu'il a mis en Joseph, quand il sortit *contre* la terre d'Égypte. » Des versions ont compris à tort que c'est Joseph qui sort *de* l'Égypte. Dans *1 S* 8, 20, le peuple dit à Samuel : « Notre roi nous jugera, il sortira à notre tête et combattra nos combats. » Dieu dit à David : « YHWH sortira devant toi pour battre l'armée philistine » (*2 S* 5, 24). Ce thème de la sortie de Dieu revient dans *Ha* 3, 13 (p. 72) et dans beaucoup d'autres textes [5].

Le psaume qui encadre les *Bénédictions de Moïse* (*Dt* 33, 1-5, 26-29) célèbre, lui aussi, la marche victorieuse de YHWH à la tête de son peuple (*Dt* 1, 30) depuis la région du Sinaï jusqu'à la Transjordanie, face à la Terre promise. Cet ensemble pourrait dater du temps du roi Jéroboam II (première moitié du VIIIe siècle ; Tournay, *RB* 1958, 182 ; 1975, 282). I. C. Seeligman (1964, 75) propose une date plus ancienne ; H. Rouillard (1985, 228) propose le temps de Josias. Voici les deux premières strophes de ce psaume :

[2] YHWH est venu du Sinaï,
il a brillé pour eux depuis Séir,
il a resplendi depuis le mont Parân.
il est arrivé à Mériba de Cadès
depuis son midi jusqu'aux Rampes, pour eux.

[3] Père chérissant les ancêtres [6],
tous les saints sont dans ta main [7] ;
mais tu fis mourir tous les adultes [8],
car ils se récrièrent contre tes ordres.

Malgré le mauvais état du TM et les divergences des versions, ce prélude décrit la venue de Dieu sous la forme d'un phénomène lumineux évoquant sans doute la colonne de feu de l'Exode. Comparé à un astre brillant ou au soleil levant, Dieu avance et resplendit, motif repris dans les Psaumes (50, 2 ; 80, 2 ; 94, 1), *Is* 60, 1 et *Ml* 3, 20. Les « rampes » [9] sont les pentes du mont Pisgah à l'est du Jourdain.

---

5. *Ps* 44, 10 ; 60, 12 ; *Mi* 1, 3 ; 7, 15 ; *Is* 26, 21 ; *Jg* 4, 14 ; *2 S* 5, 24 ; *Za* 14, 3.

6. Lire *'ab* « père » (Pentateuque Samaritain), au lieu de *'af* « oui » (TM). Le beth a été spirantisé dans la prononciation. Moïse est censé s'adresser à YHWH comme aux vv. 7-11 ; Israël est l'enfant de YHWH, celui-ci est son père (*Ex* 4, 22 ; *Dt* 8, 5 ; *Os* 11, 1 ; *Is* 1, 2 ; *Jr* 3, 19 ; *Dt* 32, 6 ; *Is* 63, 16 ; *Ml* 1, 16, etc.). « Il aimait tes pères » (*Dt* 4, 37).

7. Thème repris au v. 27. Les bras divins soutiennent Israël comme un vautour ses petits (*Ex* 19, 4 ; *Dt* 32, 11) ; Dieu le porte comme on porte un fils (*Dt* 1, 31). Cf. *Ps* 68, 20 b.

8. Lire *w^ehamattâ kôl raglî yiś^eû*... (cf. *Nb* 11, 21 ; 14, 3.32, etc.). TM corrompu : « Ils étaient prostrés (?) à tes pieds ; il recueille (?) ce qui vient de ta parole. » Le texte primitif, déplaisant pour la communauté, a été retouché, sans parler des fautes de scribes.

9. Cf. *Dt* 3, 17 ; 4, 49 ; *Jos* 12, 3 ; 13, 20. G. RENDSBURG (1980, 81) rapproche l'hébreu *'šdt* de l'ougaritique *išdym* (*UT* 8 : 9).

Le début du Deutéronome (1, 1-2 : postexilique) mentionne les noms de Parân, Horeb, Séir, Cadès-Barné. *Nb* 13, 26 (texte sacerdotal) mentionne Parân et Cadès-Barné ; *Gen* 14, 6 mentionne Séir, Parân et Cadès. Mériba apparaît dans la bénédiction de Lévi (*Dt* 33, 8) et dans *Dt* 32, 51. Le TM « les myriades de sainteté », au lieu de Mériba de Cadès, provient d'une relecture peut-être suggérée par la mention des « saints » au v. 3 b et les « myriades d'Éphraïm » (v. 17). Le livre d'*Hénoch* (1, 9) identifie ces myriades de sainteté aux milices angéliques, texte cité dans l'épître de *Jude* (v. 14).

Après les bénédictions des onze tribus (Siméon est omis), la seconde partie de l'hymne psalmique (26-29) célèbre en quatre strophes la protection divine sur Israël, appelé *Yeshurûn*, diminutif de *yashar* « le juste » (*Dt* 32, 15 ; *Is* 44, 2 ; *Si* 37, 25). Dieu est incomparable comme sauveur de son peuple (Labuschagne, 1966). Lui qui « chevauche les nuées », il abrite son peuple et étend sur lui ses bras. Le macarisme final, avec la paronomase *'ashreka Yiśra'el*, « Bienheureux, Israël », est commenté par la suite : c'est YHWH qui fournit à son peuple ses armes défensives (le bouclier) et offensives (l'épée) qui lui permettront de vaincre.

> [26] Sans égal est le Dieu de Yeshouroun [10],
>   il chevauche les cieux à ton secours
>   et les nuées dans sa majesté.
> [27] Le Dieu d'autrefois est un refuge
>   au-dessous de ses bras séculaires ;
>   il a chassé devant toi l'ennemi
>   et ordonne : Extermine !
>
> [28] Israël habite en sécurité,
>   la source [11] de Jacob est à l'écart
>   pour un pays de froment et de vin nouveau,
>   son ciel même distille la rosée.
>
> [29] Heureux es-tu, Israël ! Qui est comme toi,
>   peuple sauvé par YHWH ?
>   YHWH est ton bouclier secourable
>   et il dirige [12] ton épée majestueuse.
>   Tes ennemis voudront te tromper,
>   mais toi, tu marcheras sur leur dos [13].

Le *cantique de Moïse* (*Exode* 15), est un chant épique de victoire qui développe l'antienne de sa sœur Miriam (15, 21) :

> Chantez pour YHWH : il est sublime, il est superbe,
> il a jeté à la mer cheval et cavalier.

Ces deux vers ont un rythme binaire de 2 + 2 accents. Le vers de 4 accents avec césure médiane correspond à l'alexandrin français ;

10. On suit les versions. TM : Sans égal est Dieu, Yeshouroun.
    11. Mot non traduit par LXX. Texte peut-être imité par *Ps* 68, 27 b (Tournay, *RB* 1966, 425). On propose des corrections (cf. *Is* 13, 22). On rapproche *Ps* 87, 7.
    12. *'ishsher* (*Is* 3, 11 ; 9, 15 ; *Pr* 23, 19). *TM* corrompu. Le verbe ne peut signifier « bénir » (DAHOOD, *Bib.*, 1963, 298). On propose aussi « et Shaddaï ».
    13. *TOB* traduit « les hauteurs de leur pays ». Cf. *Ha* 3, 19 ; *Is* 58, 14 ; *Ps* 18, 34 ; *Am* 4, 13 ; *Mi* 1, 3 (DESCOVI, 1961, 235 ; CRENSHAW, 1972, 39 ; WHITLEY, 1979, 125).

c'est le grand vers épique, ample et majestueux. Composé sans doute vers la fin de l'époque monarchique, ce chant peut dater de la Pâque du roi Josias (*2 R* 23, 21 ; Tournay, *RB*, 1958, 335 ; 1974, 118 ; 1978, 147). E. Zenger (1981, 472) pense au VIIIᵉ siècle, et H. Strauss (1985, 103), à une composition postexilique, tandis que d'autres tiennent pour une date très ancienne (Cross, 1973 ; Miller, 1973 ; Norin, 1977 ; Johnson, 1979, 30). Cependant, ce chant pascal convient bien à l'époque où fut promulgué le Livre de l'Alliance ou de la Loi, identifié aux sections législatives du Deutéronome. On discerne en effet dans ce poème des traits deutéronomiques. Il débute (v. 3) par le thème du Nom de YHWH (voir p. 76) et s'achève sur le thème du sanctuaire unique, résidence de YHWH sur le mont Sion (v. 17). Le thème du bras étendu (vv. 6, 12, 16, 17), anthropomorphisme si fréquent dans les écrits deutéronomiques [14], rappelle *Dt* 33, 27. Par ailleurs, le poète semble ici transposer l'ancien mythe cananéen de la victoire de Ba'al sur la mer (C. Kloos, 1986, 139).

Les vv. 6-8 et 10-13 décrivent l'intervention merveilleuse de YHWH pour sauver son peuple. Il s'agit ici d'une véritable théophanie, et non seulement d'une épiphanie comme le pense C. Westermann (1963, 74). Selon cet auteur, il faudrait distinguer l'épiphanie où Dieu se manifeste pour sauver les siens, et la théophanie où il se manifeste à un médiateur chargé de parler au peuple. Cette distinction ne semble pas s'imposer (Jeremias, 1965, 1 ; Mettinger, 1982, 116), surtout dans le cas d'*Ex* 15, manifestation privilégiée de la toute-puissance et de la bonté divine envers Israël (v. 13). La mer et la terre obéissent à leur Créateur et engloutissent les Égyptiens (vv. 10, 12 ; de Vaux, I, 1971, 363). Beaucoup de psalmistes se sont inspirés de cet hymne (48, 5-7 ; 68, 17 ; 77, 14 ss ; 86, 8 ; 96, 10 ; 105, 43 ; 106, 12 ; Jdt 16). Le v. 2 est cité à la fin du « livre de l'Emmanuel » (*Is* 12, 2) et par le *Ps* 118, 14. Ajoutons encore *Sg* 10, 20-21 et *Ap* 15, 2. Élément mythique, le *tehôm*, l'abîme (v. 8), intervient (Batto, 1983, 27 ; Kloos, 1986). Mais il n'est pas question de traversée des eaux par Israël (thème sacerdotal).

¹ Je chanterai pour YHWH :
il a jeté à la mer

Il est sublime, il est superbe,
cheval et cavalier.

² il est ma force, il est mon chant,
il est mon Dieu et je l'admire,
³ YHWH est le guerrier des combats,

je lui dois mon salut,
Dieu de mon père et je l'exalte.
son Nom, c'est YHWH.

⁴ Les chars du Pharaon (et son
armée) ¹⁵,
leurs combattants d'élite
⁵ L'abîme les recouvre,

il les a précipités dans la mer,
ont sombré dans la mer des Joncs.
ils descendent (comme la pierre) ¹⁶ au
fond des eaux.

---

14. *Ex* 6, 6 ; 7, 19 ; *Dt* 4, 34 ; 5, 15 ; 7, 8.19 ; 9, 29 ; 11, 2 ; 26, 8 ; *1 R* 8, 42 ; *Is* 9, 11.16.20 ; *Ez* 20, 33 ; *Ps* 136, 12. Cf. BIARD, 1960.

15. Addition tirée du récit sacerdotal en prose, 14, 4.9.17.28, auquel appartient aussi 15, 19.

16. Harmonisation possible avec la prière sacerdotale de *Ne* 9, 11.

6 Ta main droite, YHWH,   magnifique en sa force,
  ta main droite, YHWH,   écrase l'ennemi.
7 Sublime à l'infini,   tu abats tes adversaires,
  (tu déchaîne ta fureur   qui les brûle comme du chaume) [17].

8 Au souffle de tes narines,   les eaux s'amoncellent,
  les flots se dressent   comme une digue,
  les abîmes se figent   au cœur de la mer.

9 L'ennemi disait :   « Je poursuivrai, j'atteindrai,
  je partagerai le butin,   je l'aurai en abondance,
  je tirerai mon épée,   je ferai main basse. »

7b (Tu déchaînes ta fureur   qui les brûle comme du chaume).
10 Tu souffles ton haleine,   la mer les recouvre,
   ils s'abîment comme du plomb dans les eaux redoutables.

11 Qui est comme toi   parmi les dieux, YHWH,
   qui est comme toi,   magnifique en sainteté,
   formidable en exploits,   auteur de prodiges ?

12 Tu étends ta main droite,   la terre les avale,
13 Tu conduis par ton amour   ce peuple que tu as racheté,
   tu le guides avec force   vers ta sainte demeure.

14 Les peuples ont entendu,   ils frémissent !
   Un frisson a secoué   les habitants de Philistie,
15 ils sont pris de panique,   les princes d'Édom,

   La terreur secoue   les puissants de Moab,
   les habitants de Canaan   sont tous consternés,
16 la crainte et l'épouvante   tombent sur eux.

   Sous la vigueur de ton bras, ils se taisent pétrifiés,
   jusqu'à ce que passe   ton peuple, YHWH,
   jusqu'à ce que passe   le peuple que tu as acquis.

17 Tu les amènes et les plantes sur la montagne, ton héritage,
   le lieu dont tu as fait,   YHWH, ta résidence,
   le sanctuaire, YHWH,   qu'ont préparé tes mains.

18 YHWH règnera   pour les siècles des siècles.

Postérieure au cantique de Moïse, la *Prière d'Habacuc* (*Ha* 3) évoque aussi le passage de la mer Rouge, mais avec beaucoup d'autres interventions théophaniques de YHWH, comme la victoire de Josué sur les Amorites à Gabaon et les victoires du temps des Juges. On a déjà expliqué comment cette prière avait été adaptée à la liturgie de la fête de la Pentecôte (p. 43). La description théophanique débute au v. 3. Dieu « vient » depuis le sud de la Palestine, et sa Gloire remplit la terre ; il est le Saint qui fait trembler la terre et les nations païennes. Au v. 7, Kushân fait penser au roi d'Aram des deux Fleuves, vaincu par le Juge Othniel (*Jg* 3, 8.10). On en a aussi rapproché le nom des tribus Kashû, nommées dans les lettres d'el-Amarna ; le Pharaon envoie des groupes de Habiru vivre dans les villes de Kashû

---

17. Stique sans doute anticipé par suite de la ressemblance entre les débuts des vv. 8 et 10 ; replacé avant le v. 10, il complète le tristique. On a ailleurs des strophes tristiques, y compris les vv. 1 et 18 qui encadrent tout le poème.

(Cazelles, 1973, 13). Midiân nous renvoie à la geste de Gédéon (*Jg* 6, 1 ss). La suite évoque la victoire sur les Amorites, et indirectement le passage de la mer Rouge et celui du Jourdain. Les vv. 13-14 font penser à la mort de Sisera dont le crâne fut transpercé par Yaël (*Jg* 5, 26 ; cf. *Nb* 24, 17 ; *Ps* 68, 22 ; 110, 5-6). C'est un orage qui fit déborder le torrent du Quishôn et provoqua l'enlisement des chars de Sisera dans les marais de la région (encore visibles aujourd'hui). Au v. 5 b, Reshef, l'un des noms du dieu du tonnerre, a été traduit ici « la foudre » (Yadin, 1985, 259).

Les versions divergent assez du TM ; certains préfèrent le texte supposé par le manuscrit grec Barberini (Good, 1959, 11 ; Baars, 1965, 381 ; Fohrer, 1985, 159). Cette version parle au v. 13 c de la Mort, hébreu *môt,* au lieu du TM *mibbeit* « de la maison ». On traduit alors : « Tu frappes la tête de Môt, le criminel. » On aurait ici une allusion au mythe cananéen de Ba'al et de son adversaire Môt. D'autres allusions mythologiques seraient aussi perceptibles selon C.-A. Keller (1971, 172). Mais le texte hébreu se prête mieux aux allusions bibliques signalées ci-dessus. Les psaumes 68, 14 et 83, 10 reprendront ces évocations historiques.

2 « YHWH, j'ai entendu parler de toi,
  devant ton œuvre, YHWH, j'ai craint.
  Dans le cours des années, fais-la revivre,
  dans le cours des années, fais-la connaître.
  Quand tu frémis de colère,
  souviens-toi d'avoir pitié.

3 Dieu vient de Témân,
  et le Saint, du mont de Parân ;
  sa majesté couvre les cieux,
  sa gloire emplit la terre.

4 Son éclat est pareil à la lumière,
  deux rayons lui sortent des mains.
  Là se tient cachée sa puissance
6e (à lui, les antiques parcours) [18].

5 Devant lui marche la peste
  et la foudre sort sur ses pas.
6 Il s'arrête, il secoue la terre,
  il toise et bouleverse les nations.
  Les monts séculaires se disloquent,
  les collines antiques s'effondrent ( ).

7 Je vois les tentes de Koushân sous le fléau ;
  en Midiân, les pavillons sont en émoi.
8 YHWH s'est-il irrité contre les fleuves ?
  Ta fureur s'adresse-t-elle à la mer,
  pour que tu montes sur tes chevaux,
  sur tes chars victorieux ?

---

18. Stique sans doute décalé dans le TM à la fin du v. 6 par attirance du mot '*olam* (collines antiques / antiques parcours).

⁹ Tu mets à nu ton arc,
  tu cribles de traits ' l'Amorite ' ;
  tu ravines le sol par des torrents.
¹⁰ Les montagnes te voient et frémissent ;
  passe une trombe d'eau,
  l'abîme fait entendre sa voix.

  Là-haut le soleil a retiré ses mains,
¹¹ la lune s'est arrêtée en sa demeure ;
  ils s'évanouissent à l'éclat de tes flèches,
  à la lueur des éclairs de ta lance.
¹² Avec fureur tu arpentes la terre,
  avec colère tu piétines les nations :
¹³ tu es sorti pour sauver ton peuple
  et pour sauver ton messie.

  Tu frappes à la tête la maison de l'impie,
  tu en sapes les assises jusqu'au roc [19] ;
¹⁴ tu perces de traits le chef de ses bandes
  qui se ruaient pour nous disperser,
  se flattant de dévorer en secret le pauvre.
¹⁵ Tu as foulé de tes [20] chevaux la mer,
  le remous [21] des grandes eaux.

¹⁶ J'ai entendu et mes entrailles frémissent,
  à cette voix, mes lèvres balbutient ;
  la carie me pénètre les os,
  l'émoi me coupe les jarrets.
  J'attends en silence le jour d'angoisse :
  il se lèvera sur le peuple qui nous pille.

¹⁷ Plus de bourgeons sur le figuier,
  dans les vignes, plus de récolte ;
  l'olivier ne porte qu'un fruit trompeur,
  les cultures ne donnent rien à manger ;
  l'enclos est vidé de ses brebis,
  plus de bétail dans les étables.

¹⁸ Et moi, je bondis de joie en YHWH,
  j'exulte en Dieu, mon sauveur [19] et ma force [22] ;
  il me rend aussi agile que les biches,
  il me fait marcher sur les hauteurs [23].

D'autres textes théophaniques d'époque monarchique, mais de moindre importance, sont à citer. Voici le début du livre de *Michée* (1, 3-4), prélude à la mise en accusation d'Israël et à la sentence de jugement contre Samarie. Ce texte doit être antérieur à la prise de Samarie par les Assyriens en 721 (Renaud, 1977, 12). Selon Jeremias (1965, 11), il reflète bien la structure primitive de ce genre littéraire qu'est la théophanie avec ses deux éléments : la venue de YHWH

---

19. « roc » correction ; TM « cou ». Même confusion graphique dans *Ps* 75, 6 b.

20. On propose « ses chevaux » (du Pharaon !). TM aurait été harmonisé avec 8 c ; on peut confondre *caph* final et *waw*.

21. On traduit aussi « de la boue » dans l'infini des eaux.

22. TM ajoute « YHWH Adonaï (est ma force) ». Addition liturgique. Texte mal coupé.

23. TM « mes hauteurs » (dittographie du *yod* ? cf. LXX). On a pu harmoniser ce texte avec *Ps* 18, 34, à l'époque maccabéenne, pour insister sur le droit d'Israël à occuper la zone montagneuse. *Dt* 32, 13 et *Is* 58, 14 : « les hauteurs du pays » (cf. p. 68, n. 13).

d'un lieu déterminé, ici sa demeure céleste, et la réaction violente de la nature à son approche :

> ³ Voici que YHWH sort de sa demeure,
>   il descend, il marche sur les hauteurs de la terre.
> ⁴ Les montagnes fondent devant lui,
>   les vallées se fendent
>   comme la cire devant le feu,
>   comme l'eau qui coule sur une pente.

Noter que 4 c suit 4 a tandis que 4 d suit 4 b. Les parallèles sont nombreux. Dieu marche sur les hauteurs ou les hauts lieux *(bâmôt)* de la terre comme dans *Ha* 3, 19, etc. Les vallées se fendent comme dans *Ha* 3, 9, telle la cire devant le feu, image reprise dans le *Ps* 68, 3. Le thème de la « descente » de Dieu, comme celui de sa venue ou de sa sortie, relève du style des théophanies. La tradition « yahwiste » parle déjà de la descente de YHWH lors de la Tour de Babel (*Gn* 11, 5) ou de la punition de Sodome et Gomorrhe (*Gn* 18, 21). Dieu descend aussi dans la Nuée de l'Exode ou quand il se manifeste à Sion. Ainsi dans *Is* 31, 4 : « Comme gronde le lion, le lionceau après sa proie, c'est ainsi que YHWH Sabaôt descendra sur (ou : contre) la montagne de Sion, sur sa colline, pour y faire la guerre. » Cet oracle à double sens (Vermeylen, I, 1977, 421) a pu être complété pour obtenir un sens favorable. De même dans *Is* 63, 19 b (post-exilique) : « Ah ! Si tu déchirais les cieux, si tu descendais, devant toi les montagnes seraient secouées (cf. *Jg* 5, 5), comme le feu enflamme les taillis ; devant toi les païens trembleraient... Tu descendrais, les montagnes seraient secouées devant toi. » Citons encore *Is* 34, 5 : « Mon épée est ivre dans les cieux ; voici qu'elle descend sur Édom. » De même le *Ps* 18, 10 : « Il inclina les cieux et descendit. » (Voir p. 106 ; Mettinger, 1982, 33, 86).

Le prologue du livre d'*Amos* (1, 2) use d'images semblables :

> De Sion, YHWH rugit,
> et de Jérusalem, il donne de la voix.
> Les pâturages des bergers sont désolés
> et la crête du Carmel, desséchée.

Ce texte anthologique (cf. *Ps* 18, 14 ; 46, 7 ; 68, 34 ; 104, 7 ; *Is* 30, 30, etc. ; Vermeylen, II, 1978, 521) est repris dans *Jr* 25, 30 avec une variante : « d'en haut, depuis sa demeure sainte ». Le jugement va dès lors s'exercer contre le monde païen comme dans *Jl* 4, 16 où ce texte réapparaît. Il est probable qu'*Am* 1, 2 est l'œuvre d'un rédacteur qui se serait inspiré d'*Am* 3, 4 (le lion qui rugit) et 9, 3 (le Carmel), ainsi que de *Jr* 2, 15 (mêmes verbes), peu avant ou peu après la destruction de Jérusalem en 587. Dans le reste du livre d'*Amos*, le langage de la théophanie coïncide avec le thème de la guerre sainte (Crenshaw, 1968, 203). Ainsi *Am* 5, 17 « je passerai au milieu de toi » rappelle *Ex* 12, 12 : « Cette nuit-là, je parcourrai l'Égypte ». L'idéologie religieuse de la guerre était commune à tout l'ancien Orient. Dans l'Ancien Testament, il s'agit des « guerres de YHWH », ce qui a donné lieu à l'idéologie de la « guerre sainte » comme on le voit dans les écrits de Qumrân (von Rad, 1951/1965 ; Weippert, 1972, 460 ; Jones, *VT*, 1975, 642).

Toutes ces descriptions de théophanies, en prose comme en poésie, ne sont pas isolées dans l'hymnologie et la littérature du Proche-Orient. Les rapprochements ne manquent pas avec les textes syro-mésopotamiens et égyptiens. Prophètes, psalmistes, historiographes subissaient l'influence de l'environnement, avec ses mythes religieux et sa riche symbolique iconographique. Sans négliger ces contacts, on doit reconnaître l'originalité des théophanies bibliques. Dieu, l'unique, est le maître des forces obscures de la nature et du chaos : nuées du ciel, eaux des mers, monstres marins, etc. La terre tremble à son approche. Dieu se manifeste pour écraser les peuples païens et déli-vrer son peuple. Comme on l'a déjà dit, c'est à partir du temps de l'Exil, quand Israël se trouve dispersé dans le monde païen, qu'une symbiose littéraire se produit. Les allusions aux mythes orientaux se font plus nombreuses (Stolz, 1970, 60 ; Keel, 1978 ; Kratz, 1979 ; Ringgren, 1981, 383). Mais il s'agit alors de clichés totalement démy-thisés, purifiés de tout relent polythéiste. En aucun cas, ces traits empruntés aux peuples voisins ne peuvent être interprétés comme des indices de datation ancienne. Toujours intéressants aux yeux de l'his-torien des religions, ils n'ont qu'une valeur secondaire pour le théo-logien biblique et le croyant.

CHAPITRE III

LES THÉOPHANIES DU NOM DIVIN

Les anciens récits et poèmes théophaniques qui rappelaient les interventions de YHWH en faveur de son peuple étaient relus et récités au cours des célébrations liturgiques qui en actualisaient la réalité passée. A l'époque de la monarchie, fidèles et pèlerins célébraient chaque année dans le Temple les trois grandes fêtes : Pâque, les Semaines (ou Pentecôte), les Tentes (Soukkôt). Le rituel devait « représenter » au sens fort l'histoire du salut pour susciter en Israël les sentiments de la continuelle présence de YHWH au milieu de son peuple et la pérennité de ses promesses. Certains rites n'étaient pas sans rappeler des cérémonies païennes, mais ils prenaient en Israël un sens particulier, irréductible à toute idéologie polythéiste.

Comment YHWH pouvait-il continuer à se manifester dans le Temple de Jérusalem ? C'était par la proclamation solennelle de son Nom et la présence mystérieuse de sa Gloire. G. von Rad (1950, 430) et A. Weiser (1950, 523) ont montré comment le chapitre 33 de l'Exode (voir p. 58) fondait toute une étiologie cultuelle, représentée dans la psalmique. Si l'on ne peut voir Dieu face à face, hôtes permanents ou occasionnels du Temple peuvent rencontrer Dieu chez lui, se prosterner devant sa Gloire, invoquer son Nom, dans une expérience théophanique authentique. Sont alors évoqués les hauts faits de YHWH, les grands moments de l'histoire du salut (Schottroff, 1964). Il est vraisemblable que ces représentations liturgiques ont dû influencer les récits des événements qu'elles commémoraient (Beyerlin, 1961 ; H.-P. Müller, 1964, 183). L'historien doit en tenir compte. Cependant, il est légitime d'analyser ces textes dans leur teneur définitive pour y retrouver la pensée religieuse qu'ils recélaient pour les fidèles du second Temple.

L'existence de ces théophanies cultuelles est admise par beaucoup d'exégètes (S. Mowinckel, A. Weiser, O. Kaiser, W. Beyerlin, etc.). Selon J. Jeremias (1965, 121.146), elles peuvent avoir comme *Sitz im*

Leben primitif les chants de victoire (cités dans le chapitre précédent) où Israël célèbre le Jour de YHWH (cf. Mettinger, 1982, 32 ; Gonçalves, 1986, 244).

*
**

Dans la mentalité des Sémites, le *nom* évoque le mystère de la personnalité, il est le substitut du moi incommunicable, son expression sonore, sa manifestation sociale [1]. A plus forte raison quand il s'agit de la divinité (Grether, 1934 ; Tillich, 1960, 55 ; Besnard, 1962 ; Lévêque, 1970, 148 ; de Vaux, 1983, 48). Le culte et la célébration des noms de divinités sont attestés dans l'hymnologie de tout l'Ancien Orient : Mésopotamie (Schulz, 1931, 895), Syro-Palestine, Asie mineure. En Égypte, le nom définit les qualités et la puissance des dieux, si bien que ceux-ci possédaient plusieurs noms. De là les formules fréquentes « en ton nom... », « en ta qualité de... » (Barucq-Daumas, 1980, 536). Il y avait des noms secrets pour le dieu suprême : « On tomberait à l'instant mort d'effroi si on prononçait ce nom, intentionnellement ou non. Aucun dieu ne sait l'appeler par ce nom, Baï-caché (*'mn*) est son nom, tant il est mystérieux. » (Hymne à Amon, *ibid.*, 124). Dans la magie, l'évocation du nom divin était essentielle ; savoir le nom du dieu, c'était disposer de sa puissance, avoir prise sur lui. En Israël où toute magie est proscrite, où l'image plastique de la divinité est prohibée, le nom divin acquiert une importance particulière. Il équivaut à une image non seulement sonore, mais visuelle en jouant le rôle d'un double de l'essence divine. Le tétragramme sacré YHWH s'écrit, mais il ne se prononcera plus à une certaine époque ; il devient une sorte d'hypostase comme l'Esprit ou la Sagesse. A partir de l'Exil, le Nom de YHWH équivaut à YHWH (Horst, 1947, 19 ; van der Woude, 1976, 956 ; Hayward, 1981) [2]. Les Israélites évitent de prononcer les noms des dieux païens, ce qui leur donnerait une apparence de réalité (*Ex* 23, 13) ; ils les défigurent à plaisir, comme Ba'al qui devient *Boshet* « Honte » (*2 S* 2, 8 ; 4, 4 ; 11, 21, etc.). Mais prononcer le Nom divin, l'invoquer, le proclamer, c'est actualiser la présence de YHWH parmi les siens dans un contexte de théophanie cultuelle, et c'est là l'un des actes les plus importants du culte (Mettinger, 1982, 125). Comme l'écrit F. Horst, Dieu s'identifie avec son Nom : le Nom est l'*Aussen-Ich* de Dieu.

Selon la tradition « yahviste », le Nom de YHWH fut invoqué pour la première fois par les descendants de Seth (*Gn* 4, 26), proches des Moabites selon *Nb* 24, 17. D'après *Gn* 13, 4, Abram qui avait élevé un autel entre Béthel et Aï fit là une invocation au Nom de YHWH, et de même à Bersabée (21, 33). Isaac l'imita (26, 25). Mais selon les

---

1. Ainsi dans *Ex* 31, 2 ; *Nb* 1, 17 ; *Is* 41, 25 ; 45, 3 ; *Lc* 1, 63 ; *Jn* 3, 18.
2. Cf. *Ps* 7, 18 ; 9, 11 ; 18, 50 ; 68, 5 ; 74, 7 ; 86, 12 ; 92, 2 ; *Is* 25, 1 ; 26, 8 ; 56, 6 ; *Ml* 3, 16, etc.

traditions « élohistes » et « sacerdotales », c'est à Moïse que Dieu révéla pour la première fois son Nom (*Ex* 3, 14 ; 6, 3). Il proclama son Nom à Moïse (33, 19) en ajoutant la formule souvent reprise dans les écrits deutéronomiques et postexiliques, en particulier dans la psalmique[3] : « YHWH, Dieu miséricordieux et bienveillant, lent à la colère, plein de fidélité et de loyauté... » (34, 6 ; K. H. Sakenfield, 1978, 122). Ce commentaire du Nom sacré équivaut à une description des « mœurs divines » ; il définit le comportement du Dieu de l'Alliance envers Israël, son « premier-né » (*Ex* 4, 22).

Dans le Code de l'Alliance (*Ex* 23, 20-21), Dieu dit à Israël : « Je vais envoyer un ange devant toi pour te garder. Entends ma voix... car mon Nom est en lui. » Cet ange détient toute son autorité de Dieu lui-même qui, au début du Code (20, 24), affirme qu'il est présent en tout lieu où l'on invoque son Nom : « En tout lieu où je ferai rappeler mon Nom, je viendrai vers toi et je te bénirai. » Texte fondamental, remarque N. Lohfink (1984, 297), car il est peut-être à l'origine des formules qui expriment la centralisation du culte. L'invocation du Nom de YHWH actualise la présence du Dieu qui, tout en demeurant invisible, reste si proche des siens (*Dt* 4, 7 ; 30, 14 ; cf. *Ps* 148, 14), au milieu de son peuple (*Dt* 6, 15 ; 7, 21 ; *Ez* 37, 26), son bien propre, son héritage, sa possession, sa part personnelle[4], le peuple qui porte son Nom (*Si* 36, 11).

C'est ce qu'exprime la formule : « Mon Nom est prononcé sur Israël »[5]. Prononcer son propre nom sur quelqu'un ou quelque chose, c'est affirmer une propriété exclusive comme si on opposait son cachet ou sa signature (*2 S* 12, 28 ; *Ps* 49, 12 ; *Is* 4, 1). Mentionnons ici la bénédiction sacerdotale que récitaient Aaron et ses fils (*Nb* 6, 24-27 ; H. Jagersma, 1982, 131). Ils prononçaient trois fois le nom de YHWH ; la formule s'achevait ainsi : « Qu'ils apposent mon Nom sur les fils d'Israël, et moi, je les bénirai. » Cette bénédiction qui a inspiré le *Ps* 67 (Auneau, 1984, 1241), est selon K. Seybold (1979, 264) le thème central des Psaumes des « Montées ». Sa formulation pouvait s'appliquer à l'Arche (*2 S* 6, 2 = *1 Ch* 13, 6 ; cf. *Jr* 7, 12), au Temple[6], à la ville de Jérusalem[7]. Dans une perspective universaliste, la finale postexilique d'*Am* 9, 12, reprise dans *Ac* 15, 16-17, applique cette formule à Édom et aux nations païennes « sur lesquelles mon Nom a

---

3. *Nb* 14, 18 ; *Dt* 4, 31 ; 5, 9-10 ; *Jr* 3, 12 ; *Is* 57, 15 ; 63, 7 ; *Jl* 2, 13 ; *Jon* 4, 2 ; *Na* 1, 3 ; *Esd* 9,13 ; *Ne* 9,17.31 ; *2 Ch* 30, 9 ; *Ps* 78, 38 ; 86, 15 ; 103, 8 ; 111, 4 ; 116, 5 ; 145, 8.

4. *Ex* 19, 5 ; *Dt* 7, 6 ; 14, 2.21 ; 26, 18 ; *Ps* 135, 4 ; *Ml* 3, 17.

5. *Dt*. 28, 10 ; *Jr* 14, 9 ; 15, 16 ; *Is* 43, 7 ; 44, 5 ; 63, 19 ; *2 Ch* 7, 14 ; cf. *Ap*. 7, 3 ; 14, 1.

6. *1 R* 8, 43 = *2 Ch* 6, 33 ; *Jr* 7, 10-11.14.30 ; 32, 34 ; 34, 15 ; *1 M* 7, 37 ; *Ba* 2, 26.

7. *Is* 1, 26 ; 60, 14 ; 62, 4.12 ; *Jr* 25, 29 ; 33, 16 ; *Za* 8, 3 ; *Dn* 9, 18-19 ; *Ba* 4, 30 ; 5, 4. Sur deux amulettes d'argent récemment découvertes à Jérusalem et datées du VIIe s. avant J.-C., G. Barkay a lu le texte de la bénédiction sacerdotale. *Ketef Hinnom, A Treasure Facing Jerusalem's Walls*, The Israel Museum, Jerusalem, 1986, 29-30.

été prononcé », c'est-à-dire : « J'en suis le Seigneur, en tant que Roi de l'univers ».

Ce thème apparaît déjà curieusement au XIVe siècle avant J.-C. à propos de Jérusalem dans la lettre 287 d'el-Amarna (lignes 60-63). Abdi-Hépa, prince de Jérusalem, écrit au pharaon Akhénaton pour qu'il envoie vite ses archers pour sauver Jérusalem, la ville où le roi « a établi son nom pour toujours. » (de Vaux, 1971, 105 ; *THAT* 2, 1976, 954).

En relation avec la loi deutéronomique de centralisation du culte à Jérusalem, vers la fin de la monarchie, diverses formules expriment le lien essentiel qui existe entre le Nom sacré et le sanctuaire du Temple (de Vaux, 1967, 219 ; Weippert, 1980, 76). Les plus longues formules seraient les plus anciennes. Rappelons le début du Cantique de Moïse et de Miriam : « YHWH est un guerrier, YHWH est son Nom. » (*Ex* 15, 3). Ce texte est repris au début du cantique de Judith (16, 2). Voici ces formules :

« Le lieu que YHWH ton Dieu choisira pour y faire demeurer son Nom. »[8]

« Le lieu que YHWH ton/votre Dieu choisira pour y mettre son Nom » (*Dt* 12, 5.21 ; 14, 23) : le Temple (*1 R* 9, 3 ; 2 R 21, 7 = 2 Ch 33, 7), Jérusalem (*1 R* 11, 36 ; 14, 21 = 2 Ch 12, 13 ; 2 R 21, 4).

« Une maison où serait mon Nom » (*1 R* 8, 16 = 2 Ch 6, 5 ; *1 R* 8, 29 ; 2 R 23, 27 = 2 Ch 7, 16). Il s'agit de Jérusalem dans 2 R 21, 4.7 ; 2 Ch 6, 5 ; 33, 4.

« Une maison pour le Nom de YHWH (*2 S* 7, 13 ; *1 R* 3, 2 ; 5, 17.19 ; 8, 17-18.20.44.48).

« La maison que j'ai consacré à mon Nom » (*1 R* 9, 7 ; 2 Ch 7, 16.20 ; 20, 8).

Des formules voisines, *leshakken shemî sham*, *laśum shemî sham*, etc.[9], exploitent ainsi dans les écrits deutéronomiques un jeu de mot, très mnémotechnique, qui apparaît déjà dans la tradition « yahviste ». En dressant sa tente entre Béthel et Aï (*Gn* 13, 4 ; cf. 21, 33 ; 26, 25), Abraham invoque là *(sham)* le Nom *(shem)* de YHWH. Ce jeu de mot est attesté dans *2 S* 6, 2 par une trentaine de manuscrits massorétiques, appuyés par la version syriaque. Selon le texte reçu, on « fait monter depuis Ba'alê-Yehuda (*mishsham* « de là ») l'Arche de Dieu sur laquelle a été prononcée un nom, le Nom *(shem shem)* de YHWH Sabaôt qui siège sur les Chérubins. » Absent de la Septante, ce doublet surprend ; on peut restituer ici *sham* « là » en adoptant la leçon des manuscrits hébreux. Un scribe ou copiste a sans doute cherché à éliminer l'existence d'un lieu de culte hétérodoxe, dénommé d'après Ba'al, où l'on aurait vénéré l'Arche

---

8. *Dt* 12, 21 ; 14, 23 ; 16, 2.6.11 ; *Jr* 7, 12 ; *Esd* 6, 12 (araméen) ; *Ne* 1, 9.

9. *Dt* 12, 5-7.11.21 ; 14, 23-24 ; 16, 2.6.11 ; 26, 2 ; *1 R* 8, 16.29 ; 9, 3 ; 11, 36 ; 14, 21 ; 2 R 23, 27 ; 2 Ch 6, 5-6 ; 7, 16 ; 12, 13 ; *Esd* 6, 12 ; *Ne* 1, 9.

sainte. La localité Ba'alê-Yehuda (*1 Ch* 13, 6) n'est autre, en effet, que Qiryat-Ba'al, appelé aussi Qiryat-Yearîm (*Jos* 15, 60 ; 18, 14 ; *Ps* 132, 6) où l'Arche demeura quelque temps (*1 S* 7, 1).

La loi deutéronomique de l'unité de sanctuaire entraînait la suppression des sanctuaires périphériques, du moins en principe, car les découvertes archéologiques révèlent la persistance de cultes hétérodoxes dénoncés par les prophètes. Comme le rappelle *Jr* 7, 12, le sanctuaire de Silo (*1 S* 1, 3) où Dieu avait jadis fait habiter son Nom (*shemî sham*) fut détruit par les Philistins (*Ps* 78, 60) comme le sera un jour le Temple de Sion (« celui qui porte mon Nom », *Jr* 7, 13).

La paronomase est encore renforcée dans *1 R* 8, 29 (= *2 Ch* 6, 20) par l'infinitif *lishmo'a* « pour entendre » : « Mon Nom sera là pour entendre la prière. » Mais c'est l'adverbe *sham* « là » qui prend dans ces textes un sens tout particulier. Ainsi en est-il dans *Ez* 20, 28-29. Le prophète reproche aux Israélites leurs pratiques idolâtriques dans les mêmes termes que *1 R* 3, 2 : « Le peuple se confiait aux hauts lieux, car on n'avait pas encore bâti en ce temps une maison pour le Nom de YHWH. » Ézéchiel prononce alors cet oracle : « *Là*, ils ont offert des sacrifices, *là* ils ont présenté leurs offrandes irritantes, *là* ils ont déposé leurs parfums apaisants, *là* ils ont versé leurs libations. Et je leur ai dit : ' Qu'est-ce que le haut lieu *(bamâ)* où vous allez *(habba'îm) là ?* ' Et ils l'ont appelé du nom *(shem)* de Bamâ jusqu'à ce jour. » Ézéchiel multiplie ici les jeux de mots ironiques à partir du mot *bamâ* et de la paronomase *sham/ shem*. De même dans 43, 7 : « C'est *là* que j'habiterai au milieu des fils d'Israël pour toujours. La maison d'Israël ne souillera plus mon saint Nom. »

Ces paronomases se développent avec le nom propre *Yerushalem* « Jérusalem » et son étymologie courante à partir de *shalôm*, la « *paix* », *shalem* « pacifié, intact, complet, prospère ». Selon *Ez* 40, 1, au début de la « Tôrâ », Ézéchiel est emmené par Dieu *là-bas* sur une haute montagne où est édifiée Jérusalem, agrandie et idéalisée. A la fin de cette même « Tôrâ » (48, 35), nous lisons : « A partir de ce jour, le nom de la ville sera YHWH-*shammah* », c'est-à-dire « YHWH est *là* ». C'est *là* que se rassembleront les nations pour le Jugement, lisons-nous dans *Jl* 4, 11-12.

Un texte postexilique du livre de Jérémie (3, 17) fait écho à Ézéchiel à propos de la disparition de l'Arche en 587 : « Dans l'avenir, on appellera Jérusalem ' Trône de YHWH ' ; toutes les nations convergeront vers elle au Nom de YHWH, à Jérusalem. » Les trois derniers mots, absents des LXX, sont parfois considérés comme une addition, mais très significative. On retrouve ici le thème de la montée des nations païennes vers Jérusalem, devenue la métropole religieuse de l'humanité, comme on le voit dans le *Ps* 87.

Plusieurs psaumes exploitent les paronomases faites à partir du nom de Jérusalem, parfois abrégé en Shalem. Ainsi dans le *Ps* 76, 2-4 qui peut faire allusion à la levée inopinée du siège de Jérusalem, en 701, par l'armée de Sennachérib : « En Israël, grand est son Nom *(shem)* ;

sa tente s'est fixée en Shalem... Là *(sham)*, il a brisé les éclairs de
l'arc. » Le *Ps* 122 accumule les jeux de mots sur le nom de Jérusalem : « Jérusalem, c'est là *(sham)* que montent les tribus... pour
rendre grâce au Nom *(shem)* de YHWH. Car ils sont là *(sham)*, les
trônes... Appelez la paix sur Jérusalem *(sha'alû shalôm Yᵉrushalem)*,
que reposent *(yishlayû)*, ceux qui t'aiment ! Advienne la paix... le
repos *(shalwâ)*... Je dirai : La Paix soit chez toi ! ». Le thème de
Jérusalem, cité de paix *(shalôm)* apparaît aussi dans *Gn* 14, 18 ; *Ez* 16,
16 ; *Tb* 13, 15 ; *Jdt* 4, 4 ; *He* 7, 2 (Durham, 1983, 48).

Ces textes montrent que l'adverbe *sham* « là » en est venu à désigner indirectement Jérusalem, demeure de YHWH. Les psalmistes
affectionnent ce mot pour évoquer la délivrance de la ville sainte.
« Là, un tremblement les saisit » *(Ps* 48, 7 ; cf. 46, 9). — « Là, ils se
sont mis à trembler » *(Ps* 14, 5 = 53, 6). — « Là, ils sont tombés, les
malfaisants » *(Ps* 36, 13 ; Tournay, 1983, 8 et 329). — Et plus généralement : « Là, notre joie est en lui » *(Ps* 66, 6 ; les vv. 2 et 4 célèbrent
le *shem* ; Crüsemann, 1969, 181). — « Dieu sauvera Sion..., là on habitera, les amants de son Nom y demeureront » *(Ps* 69, 36-37). — « Là,
je ferai germer une corne pour David » *(Ps* 132, 17).

En plus de la psalmique, citons *Is* 33, 20-21 : « Que tes yeux voient
Jérusalem. C'est là que YHWH vous montre sa puissance. » — *Is* 65,
9: « Mes serviteurs habitent là. » — *Is* 65, 20 : « Là, plus de nouveau-
né... » — *Joël* 4, 12 : « ... la vallée de Josaphat ! C'est là que je siègerai pour juger » (cf. *So* 1, 14). Citons encore un texte de la Grotte 4
(col. IV, 2-4) de Qumrân, tiré des « Paroles des luminaires » : « Ta
demeure (?) ... repos (?) en Jéru(salem, la ville que) tu as choisie parmi
toute la terre pour que (to)n (nom) s'y trouve à jamais. » Il est question aux lignes 12-13 de Sion et de la paix *(shalôm)* (Carmignac, 2,
1963, 304 ; Baillet, 1982, 143).

Ces textes d'inspiration deutéronomique ne sont pas antérieurs à
la fin de l'époque monarchique. T. N. D. Mettinger (1982, 61) s'est
appliqué à replacer dans leur contexte les formules *lᵉshakken/ lašum
shemî sham*, etc., en distinguant plusieurs niveaux rédactionnels. La
discussion est ouverte (McBride, 1969 ; McConville, 1979, 149).

Ce qu'il importe de remarquer, c'est toute une doctrine théologique concernant le Nom divin qui se développe ainsi. La vénération
et la proclamation du Nom ineffable équivalent à une sorte de manifestation théophanique de la divinité.

On peut déjà le voir dans la liturgie royale des *Ps* 20 et 21, prière
et action de grâces pour le roi à l'occasion de son couronnement ou
de l'anniversaire de cet événement : « Qu'il te protège, le Nom du
Dieu de Jacob ! » (20, 2 ; cf. 44, 5-6). — « Qu'au Nom de notre Dieu,
nous pavoisions » (20, 6). — « A nous d'invoquer le Nom de YHWH
notre Dieu » (20, 8). Cette liturgie est sans doute contemporaine du
chant de victoire d'*Ex* 15 qui débute au v. 3 par une proclamation du
Nom de YHWH, ainsi que de *So* 3, 12 où Dieu annonce que le Reste
d'Israël cherchera refuge dans le Nom de YHWH (Tournay, 1959, 161).

A partir de l'Exil, la proclamation et l'invocation du Nom divin occupent une place éminente dans l'hymnologie et la prière d'Israël [10]. Ainsi dès le début du Cantique de Moïse (*Dt* 32, 3) (Carrillo Alday, 1970 ; Strauss, 1985, 103) : « Je proclamerai le Nom de YHWH. » Nous lisons dans le *Ps* 89 (Veijola, 1982), lui aussi exilique : « Le Tabor et l'Hermon à ton Nom crient de joie » (v. 13), et plus loin « En ton Nom, ils (le peuple) jubilent tout le jour » (v. 17). De même, dans la grande supplication d'*Is* 63, 7-64, 11 : « Dieu s'est fait un Nom éternel » (v. 12), « un Nom glorieux » (v. 14). « Notre Rédempteur, tel est son Nom depuis toujours » (v. 16). « Nous sommes depuis longtemps des gens sur qui tu ne règnes plus et qui ne portent plus ton Nom » (v. 19). « Ah ! si tu déchirais les cieux et descendais ... pour faire connaître ton Nom à tes adversaires » (63, 19 ; 64, 1). « Plus personne pour invoquer ton Nom » (v. 6). Dans le livre d'Ézéchiel, nous trouvons plus de trente fois l'expression « à cause de ton Nom » [11]. Déjà dans la prière de Jérémie (14, 7.21), elle figure aussi dans *Is* 48, 9 ; *Jl* 2, 17, et devient un leit-motiv dans la psalmique (Dreyfus, 1979, 240) [12].

Dans *Is* 30, 27, le Nom de YHWH est au centre d'une théophanie dont le texte définitif doit être d'époque postexilique (Vermeylen, I, 1977, 417 ; II, 1978, 720). « Voici venir le Nom de YHWH ; sa colère est ardente, pesante sa menace, ses lèvres débordent d'indignation, sa langue est un feu dévorant, son souffle est un torrent qui déborde et monte jusqu'au cou. » La suite évoque la fête nocturne et joyeuse (sans doute pour la Pâque ; cf. Gonçalves, 1986, 301.472) où l'on allait vers la montagne de YHWH, Rocher d'Israël, qui fait entendre sa voix majestueuse (= le tonnerre) dans la flamme, la pluie et la grêle. Ce texte anthologique rappelle *Ps* 18, 13-14 ; 105, 32 : 148, 8 ; *Ez* 9, 24, sans parler d'*Is* 26, 1 ss.

Dans *Ex* 9, 16, Dieu dit à Moïse : « Voici pourquoi je t'ai maintenu pour te faire voir ma face, afin qu'on publie mon Nom par toute la terre. » Ce texte, repris dans *Rm* 9, 17, ne doit pas appartenir à la tradition « yahviste ». C'est un commentaire théologique de la septième plaie, la grêle ; un rédacteur a voulu souligner l'importance de cet événement (Noth, 1959, 62). La grêle était déjà mentionnée à la fin de l'oracle d'*Is* 30, 30, cité auparavant. La publication du Nom divin par tout l'univers est un thème fréquent dans la psalmique [13].

Rappelons aussi que la seconde partie du livre d'*Isaïe* met en relief ce thème du Nom divin : « C'est moi, YHWH, tel est mon Nom, et ma Gloire, je ne la donnerai pas à un autre » (42, 8 ; cf. 28, 11). Nom et Gloire sont associés dans *Is* 43, 7 et 59, 19, comme dans

10. *Ps* 79, 6 ; 80, 19 ; 99, 6 ; 105, 1 ; 116, 4.13.17 ; *Is* 41, 25 ; 45, 3 ; *1 R* 18, 24-25 ; *Jl* 3, 5 ; *Za* 13, 9, etc.

11. *Ez* 20, 9.14.22.44 ; 36, 21.22 ; 39, 25, etc. ; *Dn* 3, 34.43.

12. *Ps* 23, 3 ; 25, 11 ; 31, 4 ; 79, 9 ; 105, 8 ; 109, 21 ; 143, 11.

13. 8, 2 ; 22, 23 ; 102, 22 ; 113, 3 ; 148, 13 ; cf. *Ml* 1, 11-14.

26, 13.15 ; *Dt* 28, 58 ; *Ml* 2, 2. La fin d'*Is* 40-55 s'achève par ces mots :
« Ce sera pour YHWH un renom » (55, 13). Dieu fendit les eaux de la
Mer rouge « pour se faire un renom éternel » (63, 12).

La proclamation du Nom de YHWH s'accompagne parfois d'une
bénédiction (Lévêque, I, 1970, 202 ; *ThWAT* I, 1973, 829 ss). « Bénir
le Nom », expression courante dans la liturgie juive, se trouve dans
Jb 1, 21 et apparaît dans le colophon du 3e livre des psaumes (72, 19),
dans les *Ps* 103, 1 ; 113, 2 ; 145, 1 ; *Tb* 8, 5 ; 11, 14. On bénissait « au
Nom de YHWH » comme au nom d'Élohim ou de tout autre nom
divin. C'était l'office des prêtres (*Dt* 10, 6 ; 21, 5 ; *1 Ch* 23, 13). Aux
temps hellénistiques, le Grand Prêtre pouvait prononcer le Nom
sacré, YHWH, pour le Kippour (*Si* 50, 20-21 ; *Yoma* 3, 8 ; 6, 2) avant de
redescendre de l'autel (*Lv* 9, 22), en élevant les mains sur le peuple
assemblé, pour le bénir (van Cangh-van Esbroeck, 1980, 311 ; Bauer,
1984, 84). C'était là une théophanie liturgique qui concluait la cérémonie.

A l'opposé, on pouvait profaner le saint Nom, selon l'expression
fréquente du Lévitique et du livre d'Ézéchiel [14], ainsi que *Jr* 34, 16 et
Am 2, 7 (Vermeylen, II, 1978, 536 ; Martin-Achard, 1984, 131). On pouvait aussi mépriser et outrager le Nom (*Ps* 74, 10.18).

Les psalmistes exploitent de multiples façons ce thème du Nom,
symbole quasi sacramentel du Dieu ineffable avec qui peut dialoguer
le croyant. Plus de 60 psaumes en font mention : psalmodier le Nom
(7, 18 ; 18, 50 ; 92, 2), invoquer le Nom (75, 2, TM corrigé ; 80, 19 ;
cf. *Is* 26, 13 ; *Lm* 3, 55 ; *Jdt* 16, 1), louer le Nom (69, 31 ; 74, 21 ; 113,
1.3 ; 145, 2 ; cf. *1 Ch* 29, 13) [15], exalter le nom (34, 4), rendre grâce au
Nom (44, 9 ; 54, 8 ; 140, 14), annoncer le Nom (22, 23 ; cf. 102, 22 ;
Jn 17, 6), craindre le Nom (61, 6 ; 86, 11 ; 102, 16 ; cf. *Is* 59, 19, TM ;
Ml 3, 16.20), connaître le Nom (9, 11 ; 91, 14), être sauvé par le Nom
(54, 3 ; 124, 8 ; cf. 91, 14-16), aimer le Nom (5, 12 ; 69, 37 ; 119, 132 ;
Is 56, 6), ne pas oublier le Nom (44, 21), chercher le Nom (83, 17). On
a aussi « sanctifier le Nom », car ce Nom est saint [16] et redoutable
(111, 9). Dans *Ez* 36, 23, Dieu déclare : « Je montrerai la sainteté de
mon grand Nom qui a été profané parmi les nations, mon Nom que
vous avez profané au milieu d'elles ; alors les nations connaîtront
que je suis YHWH — oracle du Seigneur YHWH — quand j'aurai
montré ma sainteté en vous sous leurs yeux. » Sanctifier le Nom,
c'est manifester combien grand est ce Nom (*Ps* 76, 2 ; 99, 3 ; *Ml* 1, 11 ;
Jos 7, 9 ; *Tb* 11, 14), éternel (*Ps* 135, 13), bon (*Ps* 52, 11 ; 54, 8), beau
(135, 3 ; cf. *Ps* 27, 13 ; 90, 17 ; Avishur, *UF* 8, 1976, 6), redoutable
(*Ps* 99, 3 ; 111, 9 ; *Dt* 28, 58 ; *Ml* 1, 14), grand et puissant (*Jr* 10, 6).

---

14. *Lv* 18, 21 ; 19, 12 ; 20, 3 ; 21, 6 ; 22, 2.32 ; *Is* 48, 11 (versions) ; *Ez* 20, 9.14.22.39 ;
36, 20-23.

15. Formule très usitée dans les textes de Qumrân.

16. *Is* 29, 23 ; 57, 15 ; *Ps* 33 ,21 ; 99, 3 ; 103, 1 ; 105, 3 ; 106, 47 ; 111, 9 ; 145, 21 ;
Tb 13, 11. Cf. *Lc* 1, 49 ; 11, 2 ; *Mt* 6, 9.

Une expression voisine est « glorifier le Nom » (*Ps* 86, 9.12 ; *Is* 24, 15 ; cf. *Jn* 12, 28 ; *Ap* 15, 4), d'où l'expression « pour la gloire de son Nom » (Dreyfus, *Vie Spirituelle*, 1962, 523) [17]. Nom et Gloire, associés dans l'hymnologie, évoquent une manifestation théophanique du Dieu invisible qui, dans le culte, se rend à la fois visible et audible (*Ps* 63, 3-5 ; 102, 16-17.22 ; 111, 2-4).

Le *Ps* 8 occupe ici une place à part, car il exprime toute une théo-logie du Nom divin (Tournay, *RB*, 1971, 18 ; Loretz, *UF* 1971, 104 ; Rudolph, 1977, 388 ; Beyerlin, *ZThK* 1976, 1). Le refrain qualifie le Nom de superbe, puissant *('addîr)*, épithète appliquée à Dieu dans les *Ps* 76, 5 ; 93, 4 et *Is* 33, 21. C'est le seul psaume où Dieu est inter-pellé partout à la deuxième personne (Crüsemann, 1969, 289.300), comme dans la prière de David (*1 Ch* 29, 10-19). Les contacts nom-breux avec des écrits postexiliques [18] permettent de situer le *Ps* 8 à l'époque perse. Ce Nom prestigieux redit *(tinnâ* ; TM obscur) la majesté divine, supra-céleste, par la bouche des enfants et des tout petits ; Dieu a fait de son Nom une citadelle contre tous ses rivaux (les faux dieux, les mécréants) pour vaincre ennemis et rebelles. La métaphore du lieu fort est appliquée aussi au Nom divin dans *Pr* 18, 10 : « Une tour forte, le Nom de YHWH. » Dès l'éveil de leur cons-cience et leurs premiers balbutiements, les jeunes israélites appren-nent à redire le Nom sacré, celui de leur Père céleste et de leur Sauveur. Ils sont ainsi déjà initiés à la liturgie du Temple, comme dans le *Ps* 148, 12 et *Jl* 2, 16. Adoptés par YHWH, créés à son image et ressemblance, ils participent en quelque sorte à sa gloire pour exercer la souveraineté sur l'univers, et explicitement sur tous les êtres vivants.

Dès lors, on comprend mieux la force que devait avoir une prière comme « Souviens-toi de ton Nom » (*Ba* 3, 5). Même la nuit, le fidèle se souvient du Nom divin (*Ps* 119, 55.147.148).

Notons la fréquence de la mention du Nom dans le recueil asa-phite (*Ps* 74, 75, 76, 79, 80, 83). C'est un thème favori de ces lévites qui formèrent le premier groupe de chantres à partir de la reprise du culte en 515 dans le second Temple. Ils dépendent ainsi de la tra-dition deutéronomique qui insiste sur ce rappel du Nom, signe et substitut du Dieu caché, réellement mais invisiblement présent parmi son peuple.

La lecture *(qerê) Adonaï* « Seigneur » remplaça peu à peu la lec-ture directe du tétragramme sacré YHWH *(ketîb)* (Hovard, 1977, 63 ; Scholem, 1981). Dans la collection « élohiste » du psautier (42-83), on a 200 fois *Élohim* « Dieu », contre 44 fois YHWH. D'autres appel-latifs divins (Freedmann, 1976, 55 ; Vigano, 1976) apparaissent dans

---

17. *Ps* 29, 2 (96, 8) ; 66, 2 ; 72, 19 ; 79, 9 ; *Mi* 5, 3 ; *Ne* 9, 5 ; cf. *Ps* 48, 11 ; 102, 16 ; 105, 3 ; 115, 1 ; *Ml* 2, 2.
18. *Ne* 9, 5 ; 10, 30 ; *Jl* 1, 20 ; 2, 16.22 ; 4, 15-17 ; *Jb* 7, 17 ; *Ml* 1, 11, etc.

la psalmique avec *El, Élohim, Éloah* (Lévêque, I, 1970, 163)[19]. Citons aussi *Shaddaï* (*Ps* 68, 15 ; 91, 1), fréquent dans les livres de Job et de Ruth ; c'est le nom du Dieu des patriarches dans la tradition sacerdotale ; il figure déjà dans *Gn* 49, 25 avec *El*, et dans *Nb* 24, 4.16 avec *Élyôn* (Rouillard, 1985, 416) ; il apparaît dans *Ez* 1, 24 ; *Is* 13, 6 ; *Jl* 1, 15. *Élyôn*, nom d'origine ougaritique, signifie le Très-Haut, le Sublime ; il s'applique à Ba'al (Lack, 1962, 44). Il apparaît dans le *Ps* 21, 8 (fin de la monarchie) et dans 22 autres psaumes, ainsi que dans des textes postexiliques (*Dt* 32, 8 ; *Lm* 3, 35.38 ; *Is* 14, 14 ; *Gn* 14, 18 ; *Si* 7, 9.15 ; 41, 4, etc. ; relecture euphémistique dans *1 R* 9, 8). On propose de restituer ce nom divin dans *Dt* 33, 12 (LXX traduit « Dieu »), *1 S* 2, 10 (Tournay, 1981, 566), les *Ps* 7, 9 et 106, 7. On trouve encore cet appellatif dans *2 M* 3, 31, Sira grec et des inscriptions juives. Plus tard, eu égard à la transcendance divine, on ira jusqu'à parler du Ciel (Abel-Starcky, 1961, 14)[20], du Lieu (*Est* 4, 14), du Béni (*Mc* 14, 61), du Puissant (*Mt* 26, 64). Le Nom divin est incommunicable (*Sg* 14, 21) et ne doit pas même être prononcé (Moore, I, 1927, 423 ; Larcher, III, 1985, 824).

Dans le Nouveau Testament (*ThWNT*, 1954, 268 ; Dupont, 1960, 544), c'est la personne de Jésus qui reçoit le Nom jusqu'ici réservé à Dieu seul : le Seigneur (en grec *kurios*). « Avant qu'Abraham existât, je Suis », déclare Jésus (*Jn* 8, 58, cf. 24.28 ; 13, 19). Selon *Ph* 2, 9-11, Dieu a donné à Jésus le Nom qui est au-dessus de tout nom, non seulement dans ce siècle-ci, ajoute *Ep* 1, 21, mais encore dans les siècles à venir. Le Nom que Jésus a reçu en héritage est incomparable à celui des anges (*He* 1, 4). Il est vraiment le Christ Seigneur (*Ac* 2, 21.36 ; 3, 16). C'est pour ce Nom que les Apôtres souffrent (*Ac* 5, 40-41 ; 21, 13 ; *1 P* 4, 14 ; *3 Jn* 7) et c'est ce Nom qu'ils annoncent (*Ac* 4, 10 ss ; 5, 28.40 ; 8, 12 ; 9, 14 ss ; 11, 20). Les chrétiens sont ceux qui invoquent le Nom de Jésus (*Ac* 2, 38 ; 4, 12 ; 9, 21 ; 22, 16 ; *1 Co* 1, 2 ; *2 Tm* 2, 22). Le baptême est donné au Nom de Jésus et on le reçoit en invoquant le Nom du Seigneur Jésus. La puissance de ce Nom se manifeste en faveur de celui qui croit en lui (*Ac* 19, 13 ss ; *Mt* 8, 10). C'est au Nom de Jésus que se produisent les miracles relatés dans les Actes des Apôtres (3, 6 ; 4, 7 ; 16, 18 ; 19, 13 ; cf. *Lc* 9, 49 ; 10, 17). Et c'est en son Nom que les chrétiens doivent adresser leurs prières à Dieu (*Jn* 14, 13 ; 15, 6 ; 16, 24). C'est en croyant que Jésus est le Christ, le Fils de Dieu, qu'ils auront la vie en son Nom (*Jn* 20, 31).

---

19. *Dt* 32, 15.17 ; *Ha* 3, 3 ; *Ps* 18, 32 ; 50, 22 ; 114, 7 ; 139, 9 ; *Pr* 30, 5 ; *Ne* 9, 17 ; *1 R* 8, 9 (relecture) ; *Job* 41 fois ; etc.
20. *1 M* 2, 21 ; 3, 18.50 ; 4, 10.24.40 ; 12, 15 ; 16, 3 ; *Dn* 4, 23 ; *Mt* 3, 2.

CHAPITRE IV

LES THÉOPHANIES DE LA GLOIRE DIVINE

Les deux thèmes du Nom et de la Gloire sont étroitement liés. Mais alors que les théophanies du Nom divin mettent l'accent sur la transcendance du Dieu invisible qui trône dans le ciel (*Dt* 4, 36 ; *Is* 66, 1 ; *Ps* 11, 4, etc.), les théophanies de la Gloire *(kabôd)* de YHWH, autrement dit de sa Majesté divine, mettent plutôt l'accent sur l'immanence de Dieu, présent au milieu de son peuple en tant que Roi, Pasteur, Sauveur (Stein, 1939 ; Rendtorff, 1961, 26 ; *ThWAT* 4, 1982, 23).

La Gloire de YHWH est toujours mise en relation avec un lieu saint à partir du temps de l'Exode : le campement dans le désert, le Sinaï, Silo (*1 S* 4, 21), Jérusalem. Au temps de l'Exode, Dieu manifeste sa Gloire hors du camp israélite. La Tente de la Rencontre se trouve en effet en dehors du camp et non à l'intérieur (*Ex* 33, 7 ss ; *Nb* 1, 14 ss ; 17, 24 ss). Dieu descend dans la nuée pour parler à Moïse à l'entrée de la Tente qui sert aux consultations oraculaires. La théophanie a lieu à l'entrée et prend fin quand la nuée se retire (Haran, 1960, 50 ; Mettinger, 1982, 80).

La nuée accompagne les théophanies de la Gloire. Dans les textes anciens, il s'agit d'une nuée épaisse, obscure, d'une nuée d'orage, pleine d'eau prête à se déverser sur la terre et à la fertiliser. L'imagerie du dieu cananéen de l'orage est ici démythisée tout en évoquant le sens primitif du mot *kabôd* « pesanteur, épaisseur ». Une telle nuée est une bénédiction pour le pays, surtout en automne après l'été brûlant[1]. On comprend pourquoi les fêtes d'automne, au mois de Tishri, revêtaient une telle importance et pourquoi on y célébrait la Gloire de YHWH. Ce n'est pas sans raison que le *Ps* 29 qui décrit l'orage divin s'achève par l'acclamation : Gloire ! (v. 9). Beaucoup de psaumes sont à mettre en relation avec les célébrations du mois de Tishri (Nouvel

---

1. *Dt* 11, 14 ; 28, 12 ; *Ag* 1, 10-11 ; *Za* 8, 12 ; 14, 17 ; *Jl* 2, 23, etc.

An, Kippour, Tentes ; cf. Springer, 1979) : la saison des pluies s'ouvre généralement en Judée par un orage. Ce n'est pas par hasard que la tradition sacerdotale relie étroitement le thème de la Gloire à celui de l'orage.

Parmi les théophanies de la Gloire divine, celle que décrit le prophète Isaïe (*Is* 6) et qui eut lieu vers 740 avant J.-C., occupe une place à part. Déjà le prophète Michée, fils de Yimla, avait vu YHWH assis sur un trône et toute l'armée des cieux debout auprès de lui, à sa droite et à sa gauche (*1 R* 22, 19). Isaïe, lui, voit YHWH assis sur un trône très élevé (Greenfield, 1985, 193), tandis que sa traîne remplissait le sanctuaire. Des Séraphins se tenaient au-dessus de lui et se criaient l'un à l'autre : « Saint, saint, saint est YHWH Sabaôt ; sa Gloire remplit toute la terre. » Isaïe s'écrie qu'il est perdu, car il a vu de ses yeux le Roi YHWH Sabaôt. La Gloire divine est ici la majesté du Roi d'Israël (*1 S* 8, 7 ; 12, 12 ; *Ex* 15, 18, etc.). Le sanctuaire était plein de fumée, équivalent de la nuée qui remplissait la Tente au désert (*Ex* 40, 34 ; cf. 19, 16) et le Temple de Salomon (*1 R* 8, 10-12 ; *Ez* 10, 4 ; Wildberger, I, 1972 ,244 ; Cazelles, 1984, 1411). Mais ici, il est dit que la Gloire remplit toute la terre. Cette expression peut toutefois être prise ici au sens restreint : il s'agit alors du pays d'Israël, et non de l'univers. On peut rapprocher *Nb* 14, 21-23 attribué à la tradition mixte yahviste-élohiste : « Aussi vrai que je suis vivant, aussi vrai que la Gloire de YHWH remplit toute la terre, tous ces hommes qui ont vu ma Gloire et les signes que j'ai produits en Égypte et dans le désert et qui m'ont mis à l'épreuve dix fois déjà, en ne m'écoutant pas, aucun d'eux, je le jure, ne verra le pays que j'ai promis à leurs pères. » De même *Jos* 3, 10 parle du « Dieu vivant », et 3, 11.13 du « Seigneur de toute la terre » (Langlamet, 1969, 113). Dans l'inscription de Beit Lei (vers 700), on lit : « YHWH est le Dieu de toute la terre ; les montagnes de Juda sont à lui, au Dieu de Jérusalem » (Naveh, 1963, 84 ; Lemaire, 1976, 559). L'expression « toute la terre » désigne seulement tout le pays d'Israël, la terre promise. De même dans *Hab* 2, 14 : « Le pays sera rempli de la connaissance de la Gloire de YHWH, comme les eaux couvrent le fond de la mer. » *Is* 11, 9 reprend ce texte en omettant « la Gloire » (Vermeylen, I, 1977, 275).

C'est avec Ézéchiel que la doctrine de la Gloire de YHWH acquiert une nouvelle dimension. L'horizon s'est agrandi. Ézéchiel reçoit sa vision inaugurale en Babylonie, près du fleuve Kébar, bien loin du Temple détruit. C'était un vent de tempête, un gros nuage, un feu jaillissant avec une clarté tout autour ; l'aspect de cette lueur était celui d'un arc-en-ciel, un jour de pluie, tel était l'aspect de la clarté environnante, c'était la ressemblance de la Gloire de YHWH, nous dit le prophète (*Éz* 1, 28). De plus, cette Gloire était mobile ; les Chérubins ne sont plus seulement les soutiens du trône divin, mais les propulseurs du char céleste, la *merkabâ* (*Si* 49, 8 ; Greenberg, 1983). Toute une imagerie syro-mésopotamienne est ici évoquée, en particulier le motif du char du dieu de l'orage (Vanel, 1965), qui apparaît dans *Dt* 33, 26 ; *Is* 66, 15 et la psalmique (18, 11 ; 65, 12 ; 68, 18 ; 104, 3). Ézéchiel voit la Gloire quitter le Temple (11, 22-24). Quand elle y reviendra (43, 2-5), elle « remplira » à nouveau le Temple (44, 4). Le bruit des « animaux » ressemblait à celui des grandes eaux, la voix de Shaddaï (1, 24 ; 43, 2). Cette Gloire présentait un aspect lumineux, éclatant, fulgurant, analogue au halo *(melammu)* dont étaient entourés les divinités et les rois babyloniens (Cassin, 1968 ; Keel, 1977 ; Marböck, 1981, 109). Le thème de la lumière et du feu se prolongera après Ézéchiel dans toute la tradition sacerdotale (Westermann, 1974, 116 ; 1978, 19, 169). Quant à la mobilité de cette Gloire, elle assurait l'ubiquité de cette présence divine qui devait accompagner les exilés. Elle se manifestera parmi les nations. Dans la prophétie contre Gog, Dieu dit qu'il mettra sa Gloire parmi les peuples, car tous les peuples verront le jugement qu'il exécutera et la main qu'il posera sur elles (*Ez* 39, 21). YHWH sera glorifié au milieu de Sion, le nombril de la terre (38, 12). Même en Sidon, il manifestera en elle sa sainteté (28, 22). A la suite d'Isaïe, Ézéchiel insiste sur la sainteté divine : Dieu est saint (39, 7) ; son Nom est saint (20, 29 ; 36, 20-22 ; 39, 7 ; 43, 7-8) ; Dieu habite sa sainte montagne (20, 40 ; 28, 14), dans son lieu saint (42, 13). L'Arche ayant disparu, le Temple rebâti sera l'emplacement du trône de YHWH, la place de ses pieds (*Ez* 43, 7) ; le sanctuaire jouera le rôle de l'Arche, comme l'indique aussi *Jr* 3, 16-17. C'est là que YHWH manifestera sa sainteté en Israël au milieu des nations (39, 27).

Cet universalisme centralisé à Sion est le thème essentiel de la seconde partie du livre d'*Isaïe*. Le prologue (*Is* 40, 1-8) qui s'inspire de la vision inaugurale d'Isaïe (Tournay, *RB*, 1971, 288) fait dialoguer deux voix correspondant aux deux Séraphins. Comme le dit *Is* 40, 5, la Gloire de YHWH se révèlera et toute chair, d'un coup[2] « la verra ; car la bouche de YHWH a parlé. » Dieu se glorifiera en ramenant son peuple de l'Exil (Elliger, 1970, 20) ; il se glorifiera (verbe *p'r*) dans son Serviteur. R. Lack (1973) a montré que le thème de la Gloire structure toute la fin du livre d'*Isaïe*. Ainsi, même le désert et la steppe aride verront la Gloire de YHWH, la splendeur du Dieu d'Israël (*Is* 35, 2). Mais une telle théophanie ne suscitera plus l'émoi et la terreur comme au temps de l'Exode (*He* 12, 18-21) ; ce sera au contraire l'exultation de toute la nature : montagnes, collines et forêts crieront de joie (*Is* 44, 23 ; 49, 13 ; 55, 12), thème repris dans la psalmique (*Ps* 89, 13 ; 96, 11-12 ; 98, 7-8).

YHWH Sabaôt, le créateur et l'époux de la Jérusalem nouvelle, est le Dieu de toute la terre (*Is* 54, 5). Cette dernière expression est à entendre cette fois au sens universel comme dans *Ha* 3, 3 d : « La terre est pleine de la Gloire (divine) », *Mi* 4, 13 « le Seigneur de toute

---

2. Littéralement : ensemble, à la fois, en même temps. Cet adverbe est fréquent dans *Is* 40 ss.

la terre » (cf. *Za* 4, 14 ; 6, 5 ; *Jdt* 2, 5 ; *Ap* 11, 4), et le colophon du troisième livre du psautier : « Béni soit à jamais son Nom de Gloire, toute
la terre est remplie de sa Gloire » (*Ps* 72, 19). La fin du livre d'Isaïe
développe ces vastes perspectives. La Gloire de YHWH s'est levée sur
Sion, la cité glorieuse, et toutes les nations marcheront vers cette
lumière (*Is* 60, 1-3). Tous les rois verront cette Gloire (*Is* 62, 2). « On
annoncera la Gloire de YHWH parmi les nations qui ne l'ont jamais
vue » (*Is* 66, 19). Ces perspectives théophaniques se retrouvent dans
toute la psalmique : « Tous les peuples verront sa Gloire »
(*Ps* 97, 6). — « Tous les rois de la terre verront ta Gloire : quand
YHWH rebâtira Sion, il sera vu dans sa Gloire » (*Ps* 102, 16-17). Le
texte massorétique a ici édulcoré le verbe « verront » (conservé dans
des manuscrits) en « craindront » (*yod* ajouté). La même retouche
apparaît dans *Is* 59, 19 : « Alors on « verra (manuscrits : on « crain-
dra ») depuis le couchant le Nom de YHWH, et depuis le soleil levant,
sa Gloire. » Si les Israélites ne peuvent « voir » Dieu, comment les
païens le verraient-ils ?

Comme l'avait annoncé *Ez* 44, 4, la Gloire divine remplit le
nouveau Temple, en 515, selon Aggée (2, 7 ; cf. *Si* 36, 13), et cette
Gloire dépassera l'ancienne (2, 9). Le psalmiste insiste : « La
Gloire habitera notre terre » (85, 10). Dieu réside ainsi à Sion au
milieu de son peuple (*Ex* 25, 8 ; 29, 45-46). Il est pour Jérusalem une
muraille de feu tout autour ; il est vraiment sa Gloire (*Za* 2, 9 ; *Ap* 21,
11). Selon un texte postexilique, *Is* 11, 10 : Pour la « racine de Jessé »
d'où sortira le rejeton messianique, « la Gloire sera son séjour. »
Selon la « grande apocalypse » du livre d'*Isaïe* : Là, Dieu règnera dans
sa Gloire en présence des Anciens (*Is* 24, 23) ; il donnera un abri
contre la pluie, un ombrage contre la chaleur (25, 4) ; il préparera à
Sion, le nouveau Sinaï, un festin pour tous les peuples (25, 6). Sans
doute à partir du début de l'ère hellénistique, ces textes reprennent
Ex 24, 9-11 (Wildberger, III, 1978, 899, 960) et correspondent à *Is* 4,
5-6 qui peut faire allusion à la fête des Soukkôt (Tentes) : Dieu créera
en tout lieu de la montagne de Sion, sur les assemblées de Sion, une
nuée le jour, et la nuit, une fumée avec l'éclat d'un feu de flammes.
Et au-dessus de tout, la Gloire (de YHWH) sera un dais, une hutte de
feuillage, donnant de l'ombre le jour de grande chaleur, et servant de
refuge et d'abri contre l'orage et la pluie. Comme *Is* 25, 4, cette addition postexilique au livre d'*Isaïe* reprend les motifs des théophanies
de l'Exode : fumée, nuée, feu, avec en plus l'image du dais nuptial
qui évoque la conclusion de la Nouvelle Alliance prédite par *Os* 2, 21-22
(cf. *Jl* 2, 16 ; *Ps* 19, 5 ; *Ap* 7, 15 ; 15, 8).

C'est dans ce contexte qu'il faut situer deux passages de l'Exode :
16, 6 ss et 24, 15 b-18 a. Selon *Ex* 16, 6 ss, Moïse et Aaron annoncent
que la communauté des Israélites mécontents verra au matin la Gloire
de YHWH, quand Dieu donnera la manne au peuple pour le rassasier.
En se retournant vers le désert, la communauté aperçoit la Gloire de

YHWH qui apparaît dans la nuée (v. 10). Selon *Ex* 24, 15 ss, « la nuée couvrit la montagne ; la Gloire de YHWH demeura sur le mont Sinaï et la nuée le couvrit pendant six jours. (Dieu) appela Moïse le septième jour du milieu de la nuée. La Gloire de YHWH apparaissait aux fils d'Israël sous l'aspect d'un feu dévorant, au sommet de la montagne. Moïse pénétra dans la nuée et il gravit la montagne. » La nuée et la Gloire recouvrirent la montagne, comme plus tard elles remplirent la Tente de la Rencontre et le sanctuaire de Sion. On ne peut qu'admirer ici la cohérence de tous ces textes de l'école sacerdotale de Jérusalem. C'est le thème de la Gloire divine qui encadre (*Ex* 24, 16-17 ; 40, 34-35) les sections où le rédacteur sacerdotal décrit les prescriptions relatives au culte dans le désert (25-31) et leur exécution (35-40).

Provenant de ces mêmes milieux, *Lv* 9 décrit avec précision ce qu'on entendait par « théophanie rituelle » (Elliger, 1966, 121 ; Snaith, 1967 ; Mölle, 1973, 191 ; Porter, 1976 ; Wenham, 1978). Tout se passe, en effet, comme si on se trouvait dans le Temple de Jérusalem. Ce chapitre a un vocabulaire spécial et on a proposé d'en faire la suite d'*Ex* 40. Selon M. Noth (1962, 67), on aurait là le début de l'écrit « sacerdotal » primitif. Huit jours après la consécration d'Aaron et des premiers prêtres, des sacrifices doivent être offerts par eux ; plusieurs animaux, une offrande pétrie à l'huile. Moïse déclare ensuite : « C'est aujourd'hui que YHWH va vous apparaître (v. 4 ; les versions ont ici un participe). On amène devant la Tente de la Rencontre tout ce que Moïse avait prescrit. Puis toute la communauté s'approche et se tient debout devant YHWH. Moïse dit : « Voici ce que YHWH vous a ordonné de faire, afin que vous apparaisse *(weyera')* la Gloire de YHWH » (v. 6). Suit la description du rituel des sacrifices (vv. 8-22). Ensuite Aaron élève les mains au-dessus du peuple et le bénit, puis il redescend, ayant terminé d'offrir les sacrifices. Le texte ajoute : « Moïse et Aaron entrent dans la Tente de la Rencontre, puis en ressortent pour bénir tout le peuple. Alors la Gloire de YHWH apparaît *(wayyera')* à tout le peuple. Un feu sort de devant YHWH et dévore sur l'autel l'holocauste et les graisses. Tout le peuple voit *(wayyare')* cela, ils crient de joie et se prosternent » (vv. 22-24).

Le rédacteur sacerdotal aura transposé aux temps mosaïques le rituel du second Temple. Il entend bien décrire ici une théophanie liturgique, car il insiste sur la manifestation de la Gloire de YHWH devant tout le peuple (cf. *Nb* 14, 10 ; 16, 19, 17, 7 ; 20, 6). Cette théophanie, avec le feu, sanctionne les sacrifices, et plus généralement l'institution du sacerdoce aaronide. Au feu de l'autel (vv. 10, 14, 17, 20) correspond le feu divin (v. 24) ; il en fut ainsi en présence d'Abraham (*Gn* 15, 17), de Gédéon (*Jg* 6, 21), de Manoah (*Jg* 13, 20), de Salomon (*1 R* 8, 38 ; *1 Ch* 21, 26 ; *2 Ch* 7, 1), d'Élie (*1 R* 18, 38), d'Amos qui voit le Seigneur debout sur l'autel des sacrifices, dans le feu (*Am* 9, 1). C'est ce feu divin qui dévore les fils d'Aaron, Nadab et Abihu (*Lv* 10, 2), péricope qui suit *Lv* 9. C'est aussi lui qui accompagne les visions d'Isaïe (les « Séraphins » sont les « brûlants ») et d'Ézéchiel. Dans *Ex* 24, 17, l'aspect *(mar'eh)* de la Gloire de YHWH, pour les Israélites, était celui d'un « feu dévorant ».

La Gloire est ici proche du peuple ; elle n'apparaît plus dans la nuée, sur une montagne, de loin (cf. *Jr* 31, 3 ; Feuillet, 1962, 122 ; Thomson, 1980, 565). Tout le monde l'aperçoit avec le feu ; on crie joyeusement. Il en est de même dans le *Ps* 29, 2 et 9 c : on se prosterne, on acclame, on crie : Gloire ! (cf. *Za* 4, 7 ; *Is* 24, 26 ; *Ez* 3, 12 est incertain). Ces clameurs sont suivies de la bénédiction. On disait : « Chantez à la Gloire de son Nom, rendez-lui la louange de gloire » *(Ps* 66, 2)[3]. On redoublait d'acclamations rituelles, la *t^eru'â*. Ce vieux cri de guerre — long roulement guttural *(resh + aïn)* — est devenu un rite liturgique essentiel, comme on le voit dans de nombreux textes et surtout dans les psaumes[4]. C'est ainsi que le Dieu d'Israël devait être « glorifié » *(Lv* 10, 3), comme Moïse le dit à Aaron dans un distique assonancé :

> « Par ceux qui m'approchent, je veux être sanctifié,
> à la face de tout le peuple, je veux être glorifié. »

C'est dans le livre des Psaumes que le mot *kabôd* « gloire » revient le plus souvent (48 fois). Ben Sira l'emploi aussi souvent. On le trouve 112 fois à Qumrân, dont 51 fois dans les Hymnes *(ThWAT* 4, 1984, 39). C'est rarement une graphie noble pour *kabed* « le foie », organe des pensées et des sentiments *(Gn* 49, 6 ; *Lm* 2, 11 ; *Ps* 7, 6 ; 16, 2). Dans le *Ps* 57, 9 (= 108, 2), *k^ebedî* « mon esprit » (littér. « foie ») est en parallèle avec « mon cœur ». A Ougarit, *lb* « cœur » est en parallèle avec *kbd* « foie/esprit ». Dans le *Ps* 30, 13 a, *kabôd* sans suffixe est le sujet de deux verbes ; le suffixe *yod* « mon », attesté par LXX, a pu tomber par haplographie : « ' Mon ' cœur te chantera sans plus se taire. » Le terme *kabôd* peut s'appliquer aux hommes, images de Dieu *(Ps* 8, 6 ; *Si* 49, 16), aux riches *(Ps* 49, 17-18), aux justes *(Ps* 3, 3 ; 4, 2 ; 50, 15 ; 62, 8 ; 91, 15 ; 112, 9 ; 149, 5), aux rois *(Ps* 21, 6 ; 45, 4.14). Appliqué à Dieu, ce mot implique une nuance d'excellence et de supériorité : c'est la majesté divine. Appliqués aussi à Dieu, les termes *hod*[5], *hadar*[6], *tif'eret*[7], *nogah*[8], impliquent l'idée de splendeur et

---

3. Cf. *Ps* 115, 1 ; 138, 5 ; *Is* 24, 15 ; 42, 12 ; *Jr* 13, 16 ; *Jos* 7, 19, etc.
4. *Ps* 27, 6 ; 33, 3 ; 47, 6 ; 89, 16 ; 98, 6 ; 150, 5 ; *Jos* 6, 5.20 ; *1 S* 4, 4-8 ; *Jr* 4, 19 ; 29, 2 ; *Am* 1, 14 ; 2, 2 ; *So* 1, 16 ; *Ex* 32, 17 ; *Lv* 23, 24 ; *Nb* 23, 21 (ROUILLARD, 1985, 287) ; 29, 1 ; 31, 6 ; *Esd* 3, 11-13 ; *1 Ch* 15, 28 ; *2 Ch* 13, 12 ; 15, 15 ; *Jb* 33, 26 (HUMBERT, 1946).
5. *Ps* 8, 12 ; 148, 13 ; *Ha* 3, 3 ; *Jr* 37, 22 ; *Si* 10, 5.
6. *Ps* 29, 4 ; 90, 16 ; *Ez* 16, 14 ; *Mi* 2, 9 ; *Is* 35, 2.
7. *Ps* 71, 8 ; 89, 18 ; 96, 6 ; cf. *1 Ch* 29, 11 ; *Is* 42, 16, etc.
8. *Ps* 18, 13 ; *Ha* 3, 4 ; *Ez* 10, 4.

d'éclat. On a souvent le couple *hod/hadar*[9] ; avec *kabôd* dans *Ps* 145,
5.12. E. de Meyer (1980, 225) a proposé de voir dans *kabôd* une sorte
de nom divin et de traduire « le glorieux ». Mais *kabôd* est un attribut divin comme *ga'ôn* (*Ex* 15, 7 ; *Is* 2, 10.19.21 ; 24, 14 ; *Am* 6, 8 ;
Mi 5, 3) ou *ge'ût* (*Is* 12, 5 ; 26, 10 ; *Ps* 93, 1).

Si le thème de la Gloire de YHWH tient une si grande place
dans la psalmique, c'est que les lévites-chantres insistent sur la présence de la Gloire, même après la disparition de l'Arche, dans le
second Temple, là où les fidèles viennent invoquer le Nom divin, voir
la face de Dieu dans une théophanie cultuelle authentique. Quels que
soient les divers genres littéraires (hymnes, prières, exhortations, bénédictions, etc.), les psaumes reflètent ainsi une expérience concrète,
vécue, celle d'une rencontre et d'un dialogue avec Dieu (Terrien, 1978,
278).

Ainsi en est-il pour le *Ps* 63 dont voici le début :

> [2] Dieu, toi mon Dieu, je te cherche dès l'aube,
>   mon âme a soif de toi,
>   après toi languit ma chair,
>   terre aride, altérée, sans eau.
> [3] C'est alors que je t'ai vu au sanctuaire,
>   en contemplant ta force et ta Gloire.

Cette strophe est suivie de deux autres triades (4-6 ; 7-9) et de
deux couplets. Selon le titre, « De David. Quand il était dans le désert
de Juda », c'est David qui est ici censé parler. La « terre aride »
évoque l'aridité spirituelle du fidèle, pris d'un désir intense de rencontrer Dieu ; c'est dans cet état qu'il se présente dans le sanctuaire pour
« voir » la Gloire de YHWH. Il s'agit bien là d'une véritable théophanie (Mettinger, 1982, 121), mais d'ordre mystique, dans un cadre rituel
et liturgique. Le psalmiste peut alors affirmer : « Ton amour *(ḥesed)*
vaut mieux que la vie. » Le *ḥesed* peut revêtir ici un double sens :
l'amour que ressent le lévite-chantre envers Dieu, son sauveur et pro-
tecteur, et aussi l'amour que Dieu lui porte. Les deux couplets de la
fin se rapportent à David, supposé dans le désert de Juda (*1 S* 25-26),
le domaine des chacals. C'est le « roi » qui trouve en Dieu sa joie. Le
serment dont il est ensuite question rappelle celui de *1 S* 25, 26 :
« Par la vie de YHWH et ta propre vie », déclare Abigayil. On a
rapproché cette finale d'*Is* 65, 12-16 où se trouvent aussi les thèmes
du serment (par le Dieu de vérité), de la « part » de l'épée, de la joie
des serviteurs de YHWH et de la mort de ses ennemis.

Gémissant et pleurant, un lévite coraïte exprime à sa façon
(*Ps* 42, 2-3) son désir de voir la face de Dieu, le Dieu vivant dont parle
Dt 5, 26 :

---

9. *Ps* 96, 6 ; 104, 1 ; 111, 3 ; *Jb* 40, 10 ; *1 Ch* 16, 36.

2 Comme languit une biche après l'eau vive,
  ainsi languit mon âme vers toi, mon Dieu.
3 Mon âme a soif de Dieu, du Dieu vivant ;
  quand pourrai-je aller voir la face de Dieu ?

L'expression « voir la face du roi, ou de la divinité » est fort ancienne. On lit dans la lettre 147, 59 d'el-Amarna : « Quand verrai-je la face du roi mon seigneur ? » Et dans la lettre 169, 5-10 : « Tu me donnes la vie et tu me donnes la mort : je regarde vers ta face. » De même dans les lettres 165, 7 et 166, 6-8. En akkadien, *amâru pân ili* signifie « paraître devant une divinité » ; *dagâlu panâ* « observer la face » signifie « être soumis à quelqu'un » (*THAT* 2, 1976, 458).

Menacé par des ennemis, un autre psalmiste témoigne d'un même état d'âme ; il cherche la face de son Dieu (*Ps* 143, 6-8). L'en tête « de David » est précisée par la Septante : « Quand son fils (Absalom) le poursuivait », à cause du v. 3 (même relecture pour le *Ps* 3) :

6 Je tends les mains vers toi,
  me voici devant toi comme une terre assoiffée.
7 Vite, réponds-moi, YHWH,
  je suis à bout de souffle ;
  ne me cache pas ta face :
  je serai de ceux qui tombent dans la fosse.
8 Fais que j'entende au matin ton amour,
  car je compte sur toi.

Certes, on ne peut voir Dieu sans mourir et toute image divine est prohibée (*Dt* 5, 8 ; *Ex* 15, 16, etc.). Selon *Dt* 4, 15, le peuple d'Israël n'a vu aucune forme ou silhouette *(t^emunâ)* divine le jour où YHWH a parlé à l'Horeb au milieu du feu. Cependant les psalmistes cherchent à exprimer leur désir intense et leur soif ardente de voir la face de Dieu ou du moins le reflet de sa majesté, de sa Gloire, dans une expérience analogue à celle de Moïse (*Ex* 33, 23 ; *Nb* 12, 8) ou à celle des Anciens (*Ex* 24, 11).

Ainsi l'auteur du *Ps* 17 fait parler David, le roi persécuté, pour implorer l'intervention divine. Cette prière s'achève sur le souhait suivant : « Moi, dans la justice (ou : c'est justice), je contemplerai ta face, que je me rassasie au réveil de ta *t^emunâ* » (17, 15 ; Tournay, 1949, 489 ; van der Ploeg, 1965, 273). Les versions explicitent ainsi : « Quand sera vue ta Gloire » (LXX) ; « Je verrai l'aspect *(s^ebar)* de ta face, je serai rassasié, quand je me réveillerai, de la Gloire de ta face » (Targum). Dans *Nb* 12, 8, *t^emunâ* est aussi rendu par Gloire dans les versions. Le contexte est différent dans *Jb* 4, 16 : Éliphaz reçoit une révélation et entend une voix (comme Élie), il aperçoit une *t^emunâ* (LXX *morphè*) qu'il ne reconnaît pas (Lévêque, I, 1970, 260).

Dans le *Ps* 17, « David » demande à Dieu de se lever pour régler le sort de ses ennemis et son propre sort, dans la justice. Ses ennemis pourront se rassasier seulement grâce au profit qu'ils tirent de la vie (ou « qui, dans la vie, ont leur part de ce monde »). Quant à lui, il ne pourra se rassasier que de la vie de son Dieu qui lui fera justice, comme il l'a déjà dit au début du psaume : « De ta face me viendra la sentence, tes yeux contempleront l'équité » (1-2). Le mot ṣedeq (15), « justice » reprend en inclusion le v. 1 : « Justice, Seigneur, écoute ! » Mais de quel réveil s'agit-il au v. 15 ? Celui de Dieu invité à se lever (comme dans les *Ps* 35, 23 ; 44, 24 ; 59, 6 ; cf. *1 R* 18, 27, etc.) ou celui du fidèle comme Salomon à Gabaon (*1 R* 3, 13) ? Le psalmiste disait au v. 3 : « Tu me visites la nuit ». Plusieurs exégètes voient ici une allusion à un rite d'incubation dans le Temple. D'autres y voient une allusion à la résurrection et situent le texte aux temps macca-béens (*Dn* 12, 2 ; *2 M* 7, 14). C'est sans doute l'interprétation du Targum qui comprend « quand je me réveillerai », par opposition au sommeil éternel (*Jr* 51, 39.57 ; *Ps* 76, 6 ; *Jb* 14, 12). Mais on peut enten-dre le « réveil » au sens symbolique de salut et de libération, comme « l'aurore » ou la « lumière ». Plusieurs niveaux de sens sont pos-sibles et le texte reste ouvert.

Les *Ps* 16 et 17 ont de grandes affinités de style et de pensée, pré-cisément à propos de la présence divine souhaitée par le fidèle. Dans le *Ps* 16, le lévite dont YHWH est la « part » et la « coupe » (5 a), son « héritage » (6 b), affirme que Dieu, son refuge et son bonheur, ne consentira pas à l'abandonner au Shéol et à la fosse (10 b). Ce der-nier mot est traduit par « corruption » dans les versions (cf. *Ac* 2, 25-28 ; 13, 35) ; un tel sens est attesté à Qumrân. Le psalmiste ajoute que Dieu l'a instruit du « chemin de vie », expression empruntée par les sages d'Israël à leurs collègues égyptiens (Couroyer, 1949, 412 ; van Uden, 1980, 386). Il en résultera pour lui un rassasiement de joies (cf. *Ps* 45, 16) avec (ou : devant) la face de Dieu, et des délices éter-nelles dans la main droite de Dieu. LXX traduit « avec ta face », mais le Targum, « devant ta face », autrement dit « en ta présence ». La traduction « en ta main droite » est confirmée par le parallèle, *Pr* 3, 16 : « En ta droite, longueur de jours, en ta gauche, richesse et gloire » (cf. *Is* 44, 20). La particule *beth* a rarement le sens locatif « à (ta droite) » (cf. *Gn* 8, 13). On aurait ici la particule *lamed* comme dans les *Ps* 109, 31 et 110, 1, ou *min* comme au v. 8 b « à ma droite ». Dans le *Ps* 17, 7, *beth* a le sens instrumental « par (ta droite) ». Le mot « délices » reprend 6 a « avec délices ». Il s'agit d'un bonheur illimité, pour toujours (même adverbe dans *Ps* 13, 2 ; 49, 20 ; 74, 3), d'un complet rassasiement comme dans le *Ps* 17, 15. Ce thème évo-que le festin eschatologique dont parlent *Ps* 22, 27 ; *Is* 25, 6 ; 65, 13 ; *Pr* 9, 1 (cf. *Mt* 8, 11). C'est à juste titre que Kraus, Weiser, Deissler parlent ici de théophanie véritable, source de bonheur infini, alors qu'il ne s'agit que d'un bonheur ponctuel dans *Lv* 9, 24 (voir p. 89).

Le *Ps* 16 a été relu dans le cadre de la vie de David errant. On aura rapproché *1 S* 26, 19 ss qui contient des expressions sembla-bles : héritage de YHWH, dieux étrangers, loin de la présence de YHWH, le sang (Tournay, 1956, 502). C'est aussi par ce processus de

« relecture davidique » qu'on pourrait sans doute expliquer la rubrique mystérieuse *miktam* qui reparaît du début des *Ps* 56 à 60, tous munis de titres « historiques » se rapportant à David persécuté, type de tous les Pauvres de YHWH. Il s'agirait de prières « secrètes », à réciter à mots « couverts » (c'est le sens de *ktm* ; cf. *Jr* 2, 22 ; akkadien, arabe), à mi-voix, pour ne pas provoquer les païens et les ennemis d'Israël (Tournay, 1957, 202 ; 1964, 10 ; voir p. 48). C'était compréhensible en temps de persécution quand les Juifs devaient se cacher pour pratiquer leur religion. On peut citer ici le *Ps* 74, 20-21 : « On s'entasse dans les cachettes du pays, ces retraites forcées ». Ainsi les *Ps* 16 et 17 offraient un texte « ouvert » aux croyants qui purent les adapter à des situations critiques et même y voir une pierre d'attente dans la croyance à la résurrection des justes, dès les temps maccabéens.

On peut en dire autant du *Ps* 11 dont le dernier verset semble envisager une véritable théophanie. Le psalmiste est l'hôte de YHWH ; si Dieu trône dans le ciel, il est ici-bas un abri pour les siens ; de là-haut, il contemple les hommes, alors que les impies prétendent que Dieu ne voit rien (*Ps* 10, 11 ; *Ez* 9, 9 ; *Jb* 22, 13, etc.). Ce thème du regard divin se retrouve partout dans l'A.T. [10] et très souvent dans les psaumes [11] (Oppenheim, 1968, 173 ; Petersen, 1984, 225). Dieu infligera aux impies le châtiment qui fut celui de Sodome et de Gomorrhe ; il est juste et il aime une conduite juste : « Sa face contemplera l'homme droit » (7 b). LXX traduit ici « la droiture » *(yosher)* ; mais le Targum inverse la phrase : « Les hommes droits verront l'aspect *(sᵉbar)* de sa face », ce qui rejoint *Ps* 17, 15. De fait, la forme hapax du TM *panêmô (pnymw)* suscite le doute, bien que le TM rejoigne *Ps* 17, 2 : « Tes yeux (LXX : mes yeux) contemplent la droiture. » On aura pu harmoniser ces deux textes en vertu du principe que personne ne peut voir Dieu ; il suffisait de transposer le *mem* à la fin du stique, au lieu de lire le pluriel *yesharîm* « les hommes droits » (Tournay, 1946, 363 ; Mannati, 1979, 222).

D'autres textes psalmiques parlent de la vision de Dieu comme d'une récompense offerte aux fidèles. Ainsi la fin du *Ps* 140 : « Oui, les justes rendront grâce à ton Nom, les hommes droits demeureront devant ta face (= en ta présence) » (v. 14). Le premier stique a son équivalent dans le *Ps* 142, 8. Le second est à rapprocher du *Ps* 61, 8 : « Qu'il (= le roi) demeure (ou : siège) toujours devant Dieu. » Le Targum édulcore 140, 14 b : « Les hommes droits revien-

---

10. *Am* 9, 4 ; *Os* 14, 9 ; *Jr* 12, 3 ; 24, 6 ; *Ha* 1, 13 ; *Ez* 5, 11 ; 7, 4.9 ; 8, 18 ; 9, 10 ; 20, 17 ; *Ex* 3, 7 ; *Dt* 11, 12 ; 26, 15 ; *1 R* 8, 29 ; *Esd* 5, 5 ; *Jb* 28, 24 ; 31, 4 ; 34, 21 ; *2 Ch* 16, 9 ; 24, 22 ; *Za* 4, 10 ; 9, 9 ; 12, 4 ; *Is* 57, 18 ; 59, 15.
11. *Ps* 10, 14 ; 14, 2 ; 17, 2 ; 18, 25 ; 25, 18-19 ; 32, 8 ; 33, 18 ; 34, 16 ; 59, 5 ; 66, 7 ; 74, 20 ; 80, 15 ; 102, 20 ; 104, 32, 113, 6 ; 119, 132 ; 142, 5.

dront (verbe *shûb*) pour prier devant toi ». Retouche intentionnelle
avec omission du *yod* initial.

On peut entrevoir aussi dans le *Ps* 27 une théophanie rituelle. Le
psalmiste assure que YHWH est sa lumière, thème repris ailleurs
(*Ps* 18, 29 ; 36, 10 ; 43, 3 ; 75, 5 ; *Is* 10, 17 ; *Mi* 7, 8). On lit dans une
inscription ammonite : « Milkom est lumière » (Puech, 1985, 24). Le
psalmiste dit que la seule chose qu'il recherche, c'est d'être toujours
l'hôte de YHWH pour contempler la beauté de YHWH et visiter son
palais (v. 4). Le mot *no'am* est traduit ici par « beauté », avec le verbe
hazah « contempler », plutôt que « douceur » (*Ps* 90, 17) (Avishur,
1976, 16 ; Levenson, 1985, 61). On peut rapprocher *Is* 33, 10 (liturgie
postexilique) : « Tes yeux contempleront le roi dans sa beauté. »

Noter que dans le *Ps* 26, 8, LXX a lu *no'am* au lieu de *me'ôn*
« demeure » (permutation de consonnes). En dehors d'Israël, *no'am*
est une épithète de divinité ou de héros (Knutson, 1981, 495).

Le lévite-chantre verra la beauté de YHWH lors de sa « visite »
(verbe *bqsh* « rechercher, fréquenter » ; cf. *Ez* 34, 11-12 ; 39, 14 ;
Lv 27, 33) dans le sanctuaire de Jérusalem. C'est là qu'il trouvera un
refuge sûr, car Dieu le cachera « au secret de sa tente » élevée sur
le roc sacré. Il chante alors un psaume pour YHWH : « Mon cœur
redit ta parole : 'Cherchez ma face'. C'est ta face, YHWH, que je
cherche, ne me cache pas ta face. » Dieu est en effet un Dieu « caché »
(*Is* 44, 5 ; *Ps* 89, 47) ; innombrables sont les textes où il est dit que
Dieu cache sa face et dissimule sa présence (*THAT* 2, 1976, 180, 453 ;
Balentine, 1983). Quant à l'expression « chercher la face de Dieu »
ou simplement « chercher Dieu », si fréquente dans les Psaumes et
les livres des Chroniques [12], elle équivaut à consulter Dieu (*Os* 5, 15 ;
Ex 33, 7 ; *2 S* 12, 16 ; 21, 1), le rencontrer comme on obtient une
audience d'un roi (*1 R* 10, 24 ; *Pr* 29, 26). On a rapproché un texte
égyptien : « Amon, grand Seigneur pour qui le cherche, si toutefois (?)
on le trouve » (Barucq-Daumas, 1980, 206). C'est ainsi que les pèlerins (*Dt* 16, 16 ; 31, 11), comme les lévites (*Ps* 24, 6 ; 27, 8 ; 105,
4 = *1 Ch* 16, 11), viennent voir la face de Dieu à Jérusalem.

L'auteur du *Ps* 27 sait que Dieu l'accueillera mieux que le feraient
ses propres parents (cf. *Os* 11 ; *Jr* 31, 9 ; *Is* 44, 21 ; 49, 15). Dieu le
délivrera des faux témoins qui le calomnient. Il achève en disant :
« Ne suis-je pas sûr de voir la bonté de YHWH sur la terre des
vivants ! » (v. 13). Le premier mot de ce verset, *lulê*, de sens discuté,
a pu être ajouté comme le suggèrent les points extraordinaires qui
l'encadrent dans le TM ; omis par des manuscrits hébreux et des
versions grecques, ce mot peut correspondre à l'akkadien *lû lâ* « que
ne pas... » et équivaloir à « sûrement » [13]. Le mot *tûb* « bonté »

---

12. *ThWAT* 1, 313.754 ; Segalla, 1980, 191 ; Diez Mermo, 1982, 129 ; Vanlier Hunter,
1982 ; Tournay, 182, 52.
13. Cf. *Ps* 94, 17 ; 106, 23 ; 119, 92 ; 124, 1. Cf. *HAL* 498 b. *Is* 33, 17 est négatif : « Je ne
verrai plus YHWH sur la terre des vivants. »

(cf. *Ps* 25, 7 ; 31, 20 ; 145, 7) pourrait aussi être traduit par « beauté » comme *no'am* au v. 4. La traduction « les biens » (Mannati, 1969, 488) ne s'impose pas. La « terre des vivants » (von Rad, 1958, 239) n'est pas seulement la terre de Canaan promise à Israël, mais celle où réside le Dieu vivant et où l'on peut le bénir, le louer, recevoir ses faveurs et demeurer en sa présence [14]. Le Targum interprète « la terre de la vie éternelle », allusion à l'immortalité des croyants. Le *Ps* 27, 13 suggère au moins une théophanie rituelle dans le sanctuaire, ce qui rejoint *Ex* 33, 19 (p. 58) : « Je ferai passer devant toi toute ma beauté... » Le titre l'attribue à David ; LXX ajoute « avant d'avoir été sacré (= oint) », par référence à sa vie errante sans cesse menacée par Saül. Dieu ne peut abandonner son protégé ; celui-ci doit demeurer fort et courageux comme l'y invite le dernier verset : « Espère en YHWH, prend cœur et prends courage, espère en YHWH », texte qui rappelle *Dt* 3, 28 ; 31, 7 ; *Jos* 1, 6.9 (à propos de Josué) et *Dt* 31, 6 (à propos de tout Israël).

C'est dans le cadre d'une théophanie liturgique qu'on peut aussi rendre compte du *Ps* 24 qui a suscité tant d'hypothèses [15]. Sous sa forme actuelle, bipartite, il constitue un dialogue (2-3, 8-10) avec interrogation et réponse. Deux voix, deux chœurs se répondraient comme dans le *Ps* 118, 19-20 : il s'agirait d'une liturgie processionnelle effectuée lors de la translation de l'Arche sous David, nommé dans le titre (*2 S* 6, 12 ss). Mais la première partie doit être post-exilique, proche du *Ps* 15 et d'*Is* 33, 15-16.22. Le mot *tebel* (v. 1) n'apparaît que dans des textes postexiliques (voir p. 106). Ce premier volet s'achève ainsi : « Telle est la race de ceux qui le cherchent, qui recherchent ta face, Dieu de Jacob » (2 mss ; syriaque. LXX : la face du Dieu de Jacob. Targ. : sa face, Jacob). Le changement de personnes, fréquent en poésie, a occasionné ces variantes. On a un vers distique de six accents avec double césure (2 + 2 +2 accents). Selon le texte reçu, ceux qui recherchent la face de Dieu pourraient être des prosélytes (*Za* 8, 23 ; *Is* 56, 3-8).

Aux vv. 7 et 9, les portails du Temple sont interpellés : il leur faut élever leurs frontons pour permettre l'entrée du « Roi de Gloire ». Cette expression qu'on retrouve dans la Règle de la Guerre à Qumrân (col. 12, 8 et 19, 1) est répétée cinq fois et peut être rapprochée du « Dieu de gloire » (*Ps* 29, 3 ; cf. 93, 1 ; 145, 11-13 ; *1 Co* 2, 8 ; *Ep* 1, 17). Ce Roi majestueux est le Dieu de Jacob dont les croyants recherchent la face, la présence, la manifestation dans le Temple. L'ensemble suggère une théophanie rituelle. Mais que signifie l'apostrophe « élevez-vous, portails antiques » ? Cette personnification poétique rappelle un passage de l'épopée de Gilgamesh (VII, i, 37'-49') où

---

14. Cf. *Ps* 52, 7 ; 116, 9 ; 142, 6 ; *Is* 38, 11 ; *Jr* 11, 19 ; *Ez* 26, 20 ; 32, 23 ss.
15. VILAR HUESCO, 1963, 7 ; TOURNAY, *RB*, 1968, 436 ; 1974, 362 ; BERGER, 1970, 335 ; WALLIS, 1974, 145 ; JOHNSON, 1979, 84 ; COPPENS, 1979, 106 ; AMSLER, 1981, 93 ; COOPER, 1983, 37.

Enkidu s'adresse à la porte votive du temple d'Enlil à Nippour. Au temps de David, il n'y avait pas encore de Temple, et au temps de Salomon, les portails étaient nouveaux. S'agit-il d'une emphase comme pour « les portes de la justice » (*Ps* 118, 19) ? Faut-il comprendre que ces portes sont éternelles, indestructibles ? Mais pourquoi sont-elles si basses ? La réponse n'est-elle pas suggérée par *Lm* 2, 9 : « Les portes de Sion s'enfoncent dans la terre ; il détruit et brise ses verrous » ? Après la destruction du Temple en 587, les déblais devaient s'être accumulés. Le sol s'étant exhaussé, l'entrée devenait difficile, voire impraticable. Les portes étaient détruites (*Ps* 74, 6 ; cf. *Is* 24, 12 ; *Jr* 51, 58). On est alors à l'époque d'Aggée et de Zacharie, et non aux temps davidiques.

Ce temps de composition semble confirmé par deux indices : l'expression YHWH Sabaôt (v. 10) est fréquente chez ces deux prophètes (p. 61) ; de même le thème de la Gloire de YHWH (*Ag* 1, 8 ; 2, 9 ; *Za* 2, 9.12). La fin du proto-Zacharie évoque le *Ps* 24, 6 : « Allons donc implorer la face de YHWH et chercher YHWH Sabaôt » (*Za* 8, 21-22). Le retour de la Gloire dans le Temple était annoncé par *Ez* 43, 4-5. Le *Ps* 24 a pu être utilisé pour la reprise des processions rituelles à partir de 515. *Ml* 3, 1 peut faire écho à ces textes : « C'est le Maître que vous cherchez, l'Ange de l'Alliance que vous désirez, qui entrera dans son Temple. » La perspective devient ici eschatologique.

Un *Sitz im Leben* analogue peut être proposé pour le *Ps* 29, si souvent considéré comme un poème archaïque en raison de ses nombreux traits ougaritiques (Craigie, 1979, 135 ; Ravasi, I, 1981, 524 ; Kloos, 1986). Des travaux récents ont montré qu'il n'en est rien : le *Ps* 29 est foncièrement yahviste, quoiqu'il en soit de ses sources et de ses ébauches antérieures (Tournay, 1979, 733 ; Loretz, 1984). C'est un psaume théophanique (voir p. 102) qui acclame le « Roi de Gloire » (3, 9-10), tandis que le dernier verset s'achève par la bénédiction divine : YHWH bénira son peuple dans la paix (cf. *Ag* 2, 7-9 ; *Za* 8, 12-13). Ce dernier mot du psaume résume tous les espoirs d'Israël (Durham, 1970/1983, 272). YHWH, Roi éternel, trône sur l'océan céleste (TM « le déluge ») qui procure la pluie bienfaisante. Il a conclu une Alliance de paix avec son peuple, comme jadis avec Noé (*Gn* 9, 8 ss ; *Is* 54, 9). Il est le maître de l'orage qui affecte au nord le Liban et le Siryôn (cf. *Dt* 3, 9 ; texte postexilique), et au sud, le désert de Cadès. La théophanie de la Gloire provoque l'émoi de la nature, comme dans les autres théophanies (*Mi* 4, 7 ; *Na* 1, 3 ss ; *Ps* 18, 8 ; 93). On rapproche *Jr* 10, 10 ss (postexilique) : « YHWH est le Dieu véritable, le Dieu vivant et le Roi éternel. Quand il s'irrite, la terre tremble, les nations ne peuvent soutenir sa colère... Quand il donne de la voix, c'est un mugissement d'eaux dans le ciel, il fait monter les nuages du bout de la terre, il produit les éclairs pour l'averse et tire le vent de ses réservoirs. Tout homme demeure hébété, interdit. » L'acclamation du *Ps* 29, 9 c « Gloire ! » rappelle celle d'Israël en 520 pour la fête des Tentes (*Esd* 3, 4.11.13), la *t^{e}rû'a* rituelle avec de joyeuses et d'immenses clameurs (cf. *Si* 50, 18).

YHWH veut communiquer sa Gloire aux siens ; il donne à son peuple la grâce et la gloire (*Ps* 84, 12) ainsi que sa splendeur (*Ps* 90, 16 ; 149, 9). Tout fidèle peut dire à Dieu : « Tu es ma gloire » (*Ps* 4, 4) et jubiler dans la gloire (*Ps* 149, 5). Qui regarde vers YHWH resplendira (*Ps* 34, 6 ; cf. 37, 6) ; sa vigueur (littér. sa corne) s'élèvera dans la gloire (*Ps* 112, 9). C'est ainsi qu'il faut interpréter, semble-t-il, le *Ps* 73, 24 : « Et ensuite, il me prendra avec gloire », c'est-à-dire avec honneur, à l'opposé de l'impie qui sera confondu et couvert de honte, ou du riche stupide dont la gloire ne descendra pas derrière lui (*Ps* 49, 18 ; Tournay, *RB*, 1985, 198). Ces textes psalmiques font écho à *Is* 60, 2 et *Za* 2, 9 qui décrivent la gloire de la Sion rénovée et du Temple restauré. « Tu seras une couronne de splendeur dans la main de YHWH, une tiare royale dans la paume de notre Dieu » (*Is* 62, 3 ; cf. *Za* 9, 16 ; *Ba* 5, 1 ss). Reprenant le thème de la nuée et de la colonne de feu, *Is* 58, 8 annonce au fidèle que la justice de Dieu marchera devant lui et que la Gloire de YHWH sera son arrière-garde (cf. *Is* 52, 12 ; *Ex* 13, 21 ; *Dt* 1, 33 ; *Ap* 21, 11, etc.).

Dans le Targum et les écrits rabbiniques, les mots *kabôd* et *y^{e}qarâ* (cf. *Esd* 4, 10 ; *Esther, Daniel*) sont plus ou moins synonymes. Le radical *yqr* signifie « être digne d'honneur » (*ThWAT* 3, 858 ; *ThWNT* 2, 1935, 248). Le thème de la Gloire divine est fréquent dans les apocryphes juifs : Livre d'Hénoch, Apocalypse de Baruch, etc. quant à la *Shekina*, elle désigne dans les Targums, le Talmud et les Midrashim la présence visible de Dieu dans le paradis, au milieu de son peuple, dans la nuée, et spécialement sur la *kapporet* (p. 61). On l'identifia au Moyen Age avec la Gloire de Dieu ; c'est pour les Rabbins la première créature, intermédiaire entre Dieu et les hommes, omniprésente, à la fois cachée et dévoilée (Urbach, 1975, 37 ; Muñoz Leon, 1977 ; Marböck, 1981, 103 ; Goldberg, 1969, 468 ; Chilton, 1983, 69 ; Sievers, 1984, 4). A partir de *Dt* 32, 11, on parle des « ailes de la *Shekinâ* » (Basser, 1984, 35). La *Memrâ*, c'est-à-dire la Parole (Strack-Billerbeck, 1924, 302 ; Hayward, 1981), est la présence révélée de Dieu, son message adressé à Israël et par lui à toute l'humanité. Ainsi se sont multipliés dans le judaïsme les vocables exprimant les manifestations théophaniques du Dieu transcendant et ineffable.

Le thème de la Gloire divine tient une place considérable dans le *Nouveau Testament*, surtout dans l'évangile de Jean (*ThWNT* 2, 1935, 248 ; Braun, 1966, 195 ; von Balthasar, 1974, 33). C'est à Cana que, pour la première fois, Jésus manifeste sa Gloire en changeant l'eau en vin (*Jn* 2, 11). Lors de la théophanie de la Transfiguration, rapprochée parfois de la fête juive d'automne (Ramsey, 1965 ; van Cangh — van Esbroeck, 1980, 311), les trois disciples virent la Gloire de Jésus (*Lc* 9, 32), la Gloire qu'il avait auprès du Père (*Jn* 17, 5) et dont le Père devait le glorifier (*Jn* 13, 31-32 ; 17, 1 ; cf. 8, 50). Une voix venue du

ciel, peu après l'entrée messianique de Jésus à Jérusalem, proclame :
« Je l'ai glorifié et je le glorifierai encore » (*Jn* 12, 28). Si personne
n'a jamais vu Dieu (*Jn* 1, 18 ; *1 Jn* 4, 12), sinon celui qui vient d'auprès
de Dieu et qui a vu le Père (*Jn* 3, 11.32 ; 6, 46 ; 8, 38), Jésus affirme à
Marthe devant le tombeau de Lazare : « Ne t'ai-je pas dit que, si tu
crois, tu verras la Gloire de Dieu ? » (*Jn* 11, 40). La vision face à face
de la Gloire divine est réservée aux bienheureux (*Mt* 5, 8 ; *1 Jn* 3, 2 ;
1 Co 13, 12).

Le prologue de l'évangile de Jean déclare au sujet du Verbe
incarné : « Nous avons contemplé sa Gloire, Gloire qu'il tient de son
Père comme Fils unique » (*Jn* 1, 14). En effet, Jésus a donné à ses
apôtres la Gloire que son Père lui a donnée (*Jn* 17, 22) et ils contempleront cette Gloire (*ibid.*, 24 ; cf. *Ep* 1, 6). Ainsi en fut-il du diacre
Étienne au moment de mourir : il vit la Gloire de Dieu et Jésus
debout à la droite de Dieu (*Ac* 7, 55). Désormais Jésus a été exalté dans
la Gloire (*1 Tm* 3, 16 ; cf. *Ac* 1, 22 ; 2 ,33) et est devenu le Seigneur de
la Gloire (*1 Co* 2, 8). C'est pourquoi toute créature s'écrie : « Celui
qui siège sur le trône, et l'Agneau égorgé, sont dignes de recevoir la
gloire, l'honneur et la puissance » (cf. *Ap* 4, 11 ; 5, 12-13).

8

CHAPITRE V

AUTRES THÉOPHANIES POSTEXILIQUES

Les théophanies du passé d'Israël avaient eu lieu lors de la sortie d'Égypte, de la révélation sinaïtique, de la marche au désert, de l'entrée en Canaan, des victoires sur les païens, jalonnant ainsi l'histoire des origines. Les interventions salvatrices ou punitives du Dieu de l'Alliance se traduisaient généralement par l'ouragan, le tonnerre, les éclairs, le tremblement de terre, le feu et la lumière. A l'époque du second Temple, ces traits théophaniques sont devenus des motifs littéraires, de simples réminiscences.

Ainsi Dieu répond à Job « du sein de la tempête » (*Jb* 38, 1 ; 40, 6). Il intervient comme un juge dans le « procès » de Job. Celui-ci finit par rencontrer son Dieu : « Par ouï-dire, j'avais entendu parler de toi, mais à présent, mon œil t'a vu » (42, 5). Une telle expérience directe n'était possible pour Job que grâce à une illumination spéciale, par Dieu, des yeux de son cœur (Lévêque, II, 1970, 509, 526). Job espérait cette vision mystérieuse quand il disait (19, 25-27) :

Je sais bien, moi, que mon défenseur est vivant
et que lui, le dernier, il se lèvera sur la poussière ;
et après qu'on aura détruit cette peau qui est mienne,
c'est bien hors de ma chair que je contemplerai Dieu ;
celui que je contemplerai sera pour moi,
mes yeux le verront, ce ne sera pas un étranger,
mes reins se consument au fond de moi.

Ce texte célèbre a suscité bien des corrections (Lévêque, II, 463, 477). On peut garder le texte reçu (Beaucamp, cf. Tournay, *RB*, 85, 1978, 623) à condition de le rapprocher de *Jb* 16, 18-21 où l'on voit que le témoin et le défenseur dont parle Job n'est autre que le cri du sang répandu qui montera vers le ciel après sa mort :

Terre, ne couvre pas mon sang
et que mon cri ne trouve point de lieu de repos !
Dès maintenant, j'ai dans les cieux mon témoin,
je possède en haut lieu mon défenseur.
Mes amis se moquent de moi,

mais c'est vers Dieu que pleurent mes yeux.
Qu'il (le cri du sang) défende l'homme contre Dieu,
comme un humain intervient pour un autre !

Le sang versé par Job témoigne de ses souffrances autant que ses paroles gravées sur le roc. Ce cri est un appel permanent, comme une prière personnifiée qui devient pour Job son ultime témoin et défenseur. La terre refuse en effet de couvrir le sang versé, comme pour Abel ou d'autres victimes (*Gn* 4, 10 ; *Lv* 17, 3 ; *Is* 26, 21 ; *Ez* 24, 7 ; *He* 2, 24). Le cri du sang qui s'interpose ainsi entre Job et son Dieu joue le rôle du *goël*, c'est-à-dire du défenseur ou vengeur du sang. Mais comme YHWH reçut aussi ce qualificatif, en tant que *goël* d'Israël et de chaque fidèle (*Is* 41, 14 ; *Ps* 29, 15, etc.), *Jb* 19, 25 ne manqua pas d'être « relu » en fonction de la croyance en la résurrection des morts, à l'époque maccabéenne et asmonéenne, et par la suite dans les traductions et commentaires du livre de *Job*.

1. C'est dans la psalmique que se sont multipliés les passages théophaniques (Lipiński, 1979, 16). Les lévites-chantres se complaisent à célébrer les interventions divines, terribles ou salvatrices. Comme on l'a déjà dit (p. 97), le texte majeur est celui *Ps* 29 (Ravasi, I, 1981, 523) dont voici la traduction :

1 Rapportez à YHWH, fils de Dieu,
   rapportez à YHWH gloire et puissance ;
2 rapportez à YHWH la gloire de son Nom,
   adorez YHWH en parure sacrée.

3 Voix de YHWH sur les eaux,
   le Dieu de gloire tonne,
   YHWH sur les eaux innombrables.

4 Voix de YHWH dans la force,
   voix de YHWH dans l'éclat.

5 Voix de YHWH, elle casse les cèdres,
   YHWH fracasse les cèdres du Liban ;
6 il fait bondir comme un veau le Liban,
   et le Siryôn comme un jeune buffle.

7 Voix de YHWH, elle taille des lames de feu,
   voix de YHWH, elle secoue le désert,
   YHWH secoue le désert de Cadès.

9 Voix de YHWH, elle fait se tordre les biches / les térébinthes
   et dépouille les forêts.

   Chacun s'écrie dans son temple : Gloire !
10 YHWH trône sur l'océan céleste,
   et il trône, YHWH, Roi pour toujours.
11 YHWH donnera la puissance à son peuple,
   YHWH bénira son peuple dans la paix.

Ce poème admirable multiplie les anaphores et les reprises graduelles ou anadiplosis. On a proposé de transposer 3 b avant 9 c. Au v. 8 a, deux traductions sont possibles : « il affole les biches » ou « il fait se tordre les térébinthes » ; dans le second cas, on rétablit le parallélisme synonymique. On a proposé de traduire *y^{e'}arôt* (9 b) par « chevreaux » (*HAL*, 1974, 404 b), et le verbe précédent par « fait avorter » (*ibid.*, 345 b), ce qui favoriserait la première traduction, en parallèle (cf. *Jb* 39, 1 ; Avishur, 1984, 687). Par ailleurs, un « double entendre » ne serait pas ici impossible comme le signale le *Midrash Tehillim*.

Au v. 1, *'elîm* « dieux » est écrit *'eilîm* « béliers » dans des manuscrits hébreux ; LXX a une *lectio conflata* (cf. *Ps* 89, 7 ; *Ez* 32, 21). Le tétragramme sacré est répété 18 fois ; le tonnerre ou « voix de YHWH » retentit 7 fois, comme dans un texte ougaritique (RS 24245) qui parle des 7 éclats de tonnerre : c'est alors la voix du grand Ba'al phénicien. Dans la lettre 149 d'el-Amarna (lignes 14-15), Abimilki écrit au pharaon « qui tonne dans le ciel comme Adad et effraye *(rgb)* toutes les montagnes par son tonnerre ». La quadruple apostrophe aux « fils de Dieu », littéralement « des dieux », dérive du thème cananéen des *benê El* (voir p. 8, Tournay, *RB*, 1949, 48 ; Cunchillos, 1976). Ce dernier thème est ici évoqué avec celui du déluge comme dans *Gn* 6, 9 ss ; de plus, le récit du déluge finit par l'apparition de l'arc-en-ciel, symbole de paix, *shalôm*, dernier mot du *Ps* 29. Cette paix contraste avec la violence cosmique de l'ouragan divin décrit aux vv. 3-9. Ces thèmes du déluge et de la paix apparaissent aussi liés dans *Is* 54, 9-13 et 26, 20 ; 27, 5. L'arc-en-ciel est un élément de l'imagerie des théophanies (*Ez* 1, 28 ; *Si* 43, 12 ; 50, 7).

Au v. 9 c, l'exclamation « Gloire ! » rappelle *Lv* 9, 24 (p. 90) et le trisagion d'*Is* 6, 3 (Seybold, 1980, 208). Identifiés aux lévites vêtus de leurs ornements sacrés (*2 Ch* 20, 21), les « fils de Dieu » glorifient YHWH, le Tout-Puissant. On peut hésiter au v. 10 a sur la traduction de *mabbûl* « déluge » ou « océan céleste ». Dans le second sens, il s'agit de célébrer la victoire de YHWH sur l'océan cosmique (Kloos, 1986) ; Dieu domine « sur les eaux », règle pluies et orages depuis les « chambres hautes » (*Ps* 104, 3). En Mésopotamie, le dieu Marduk siège sur Tiamat, l'océan salé. Le dieu soleil, Shamash, est représenté sur la stèle de Nabu-apal-iddin (tablette de Sippar, IXe s. av. J.-C.) assis sur l'océan *(apsû)* figuré par des lignes ondulées (Mettinger, 1982, 69 ; Keel, 1977, 153 ; Loretz, 1984, 101). La procession qui s'avance vers le temple se déroule en même temps sur la terre, car le temple terrestre est la copie ou la représentation sensible du temple céleste, conception bien attestée dans l'Ancien Testament (*Ex* 25, 9.40 ; 26, 30 ; *1 Ch* 28, 19 ; *Sg* 9, 8). Le Temple de Sion est comme la réplique du Temple céleste ; on y acclame le Roi de Gloire (p. 97).

Comme le *Ps* 28 qui le précède, le *Ps* 29 finit par une bénédiction qui confère à l'ensemble un caractère liturgique. Le *Midrash Tehillim* rapproche les 18 mentions de YHWH, dans le *Ps* 29, des 18 Bénédictions rabbiniques ; comme le Targum, il remplace *shalôm* (11 b) par *tôrâ* « la Loi ». Le *Ps* 29 fut en effet récité le jour de la Pentecôte qui commémore selon le traité *Soferîm* (18, 3) le don de la Loi. Le titre du *Ps* 28 (TM 29), dans la LXX, « pour la clôture de la fête des Tentes », indique que le psaume était aussi récité pour la fête des Soukkôt en automne (cf. *Esd* 3, 4) où l'on priait pour la pluie (cf. *Za* 14, 16 ss), laquelle peut débuter à cette époque de l'année comme une bénédiction pour le pays. Le *Ps* 29 a été repris en partie dans le *Ps* 96, 7-9 et *1 Ch* 16, 28-29 (Tournay, *RB*, 54, 1947, 533). Au lieu de « fils des dieux » (*'elîm*), on a dans ces deux textes « familles des nations », ce qui élimine l'allusion au dieu El cananéen. De même le TM de *Dt* 32, 8 a corrigé *benê El* « fils d'El » en *benê Israël*, « fils d'Israël » ; il a omis cette mention (maintenue dans LXX et Qumrân) au v. 43. L'expression *hdrt qdšh* « en parure sacrée » (2 b) devient « dans son parvis sacré » dans la LXX.

Comme on l'a déjà dit, il est possible de situer le *Ps* 29 au début du second Temple. Aggée parle aussi de la Gloire de YHWH, de paix, de bénédiction (2, 7.9.19) ; Zacharie fait de même (8, 12.13.16.19). Ceci rend improbable une date voisine de *Za* 9, date que l'on avait proposée naguère (*RB*, 63, 1956, 178) en relation avec la campagne d'Alexandre le Grand en Palestine. Celui-ci laissa intact tout le pays de Juda et Jérusalem, tout comme l'ouragan décrit par le *Ps* 29 et qui s'abat seulement sur le Liban et le Néguev.

2. L'imagerie du dieu du tonnerre apparaît au début et à la fin du *Ps* 68 qui peut être interprété comme une rétrospective de l'histoire d'Israël à partir de l'Exode. Il débute par une reprise de *Nb* 10, 35 (p. 59) et exploite ensuite le motif ougaritique du dieu Ba'al, le chevaucheur des nuées (p. 8). On lit au v. 5 : « Chantez à Dieu, psalmodiez pour son Nom, frayez la route au « chevaucheur des nuées » (TM : « des steppes », voir p. 61), jubilez en YHWH, dansez devant sa face. » Le v. 8 rappelle la théophanie de l'Exode : « Quand Dieu sortit devant son peuple et qu'il foula le désert, la terre trembla, les cieux fondirent devant la face du Dieu d'Israël. » Ici comme ailleurs, le *Ps* 68 s'inspire du Cantique de Débora (*Jg* 5, 4 ; voir p. 66). La fin du *Ps* 68 reprend en inclusion le motif théophanique dans une perspective universaliste d'époque postexilique : l'Égypte et la Nubie (LXX : l'Éthiopie) viennent adorer Dieu dans son Temple [1]. Dieu élève alors sa « voix » puissante. Voici la dernière strophe :

> [33] Royaumes de la terre, chantez pour Dieu,
>   psalmodiez () [34] pour le chevaucheur des cieux, cieux antiques.
>   Voici qu'il élève la voix, une voix puissante.
> [35] Rendez la puissance à Dieu ;
>   sur Israël, sa splendeur, dans les nuées, sa puissance !
> [36] Redoutable es-tu, ô Dieu, depuis ton sanctuaire.
>   C'est lui, le Dieu d'Israël ;
>   il donne à son peuple force et puissance.
>   Béni soit Dieu !

1. Cf. *Is* 19, 25 ; 45, 14 ; 60, 6 ss ; *Za* 14, 18 ; *Ps* 72, 11 ; 87, 4.

On peut rapprocher ici le cantique d'Anne, hymne postexilique composé de sept strophes (Tournay, 1981, 554). La dernière strophe (*1 S* 2, 10) reprend le motif du tonnerre pour évoquer le jugement divin :

Le ' Très-Haut '[2] tonnera dans les cieux,
YHWH jugera la terre entière.

3. Le psaume 18[3] contient aux vv. 8-16 une description théophanique proche de celle du *Ps* 29. Ce bloc a pu être inséré après coup. En effet, le v. 17, « D'en haut il étend la main pour me saisir... » suit directement le v. 7 : « De son temple il entend ma voix, mon cri parvient à ses oreilles. » D'autre part aux vv. 10-11, Dieu descend en « chevauchant un chérubin » (allitération de l'hébreu rendue en français). Réparti en 22 stiques de 5 strophes (une triade et 4 couplets), ce bloc littéraire est caractérisé par une suite de verbes *wayyiqtol*, alors que le verbe *yiqtol* du v. 7 se continue par ceux des vv. 17 ss. Aux vv. 9 a et 16 cd, la Colère divine forme une sorte d'inclusion. On est tenté de préférer au v. 16 la leçon du *Ps* 18 : « ta voix... ta colère » au parallèle de *2 S* 22, 18 qui a des suffixes de la 3e personne (leçon facilitante).

La théophanie est précédée de 7 versets dans le style des lamentations individuelles (*Ps* 42, 8 ; 88, 9 ; 93, 4 ; 116, 3 ; *Jon* 2, 3). G. Castellino (1977, 60) a rapproché de l'expression « les liens de la mort » l'expression babylonienne, la « corde tendue sur l'homme » par le démon *eṭemmu* (esprit du mort). Ici, David est sauvé des eaux comme Moïse. Le premier stique, « Je t'aime, YHWH, ma force » manque dans *2 S* 22, 2. C'est une addition avec un vocabulaire plus récent. Le verbe *rḥm* ne signifie « aimer » qu'en hébreu targumique et en araméen ; l'hapax *ḥezeq* « force », de langue tardive (Kutscher, 1959, 361 ; *HAL*, 1967, 292 a), est le seul mot abstrait dans cet exorde ; cette force de David vient de Dieu (*1 S* 17, 37.45 ; 24, 16 ; Vesco, *RB*, 1987, 27). Le titre « historique », très général, qualifie David de « serviteur de YHWH » comme dans le *Ps* 36, 1 (Tournay, *RB*, 1983, 6) ; c'est un titre messianique qui correspond aux vv. 50-51, finale qui a un rythme spécial (2 + 2 + 2 ; 3 + 3 +3 accents toniques).

Voici la traduction du *Ps* 18, 2-16 :

[2] Je t'aime, YHWH, ma force !
[3] YHWH, mon roc, ma forteresse, mon libérateur,
  mon Dieu, le rocher qui m'abrite,
  mon bouclier, mon arme de salut, ma citadelle !
[4] Loué soit Dieu ! Quand j'invoque YHWH,
  je suis sauvé de mes ennemis.

---

2. TM « sur lui » (= l'adversaire), au lieu de *'Élyôn*, restitué par beaucoup de commentateurs conformément au parallélisme.
3. Pratt, 1913, 80.159 ; 1914, 1.127 ; Schmuttermayr, 1971 ; Vorländer, 1975, 270 ; Kuntz, 1983, 3 ; Kyle McCarther, 1984, 8 ; Bruce Chisholm, 1986, 156, 331.

⁵ Les liens de la mort m'entouraient,
  les torrents de Bélial m'épouvantaient ;
⁶ les liens des enfers m'étreignaient,
  devant moi étaient les pièges de la mort.

⁷ Dans mon angoisse j'invoquai YHWH,
  vers mon Dieu, je lançai mon cri ;
  de mon temple, il entend ma voix,
  mon cri parvient à ses oreilles.

⁸ Et la terre titube et tremble,
  les assises des montagnes frémissent,
  secouées par l'éclat de sa colère.
⁹ Une fumée sort de ses narines,
  de sa bouche un feu qui dévore,
  une gerbe de charbons embrasés.

¹⁰ Il incline les cieux et descend,
  une sombre nuée à ses pieds ;
¹¹ il chevauche un chérubin et s'envole,
  il plane sur les ailes du vent.

¹² Il se cache dans les replis de la ténèbre,
  sa tente, nuées sur nuées, ténèbre diluvienne.
¹³ Une lueur le précède, des nuages passent,
  de la grêle et des gerbes de feu.

¹⁴ YHWH tonne dans les cieux,
  le Très-Haut fait entendre sa voix,
  (de la grêle et des gerbes de feu) ⁴.
¹⁵ Il lance ses flèches en tous sens,
  il décoche des éclairs et les disperse.

¹⁶ Alors le fond des eaux apparaît,
  les assises du monde se découvrent
  sous le grondement de ta voix, YHWH,
  au souffle qu'exalte ta colère.

La théophanie débute par un tremblement de terre et une sorte d'éruption volcanique, suivis d'un violent orage avec grêle et éclairs. Au lieu de l'inondation attendue, c'est le fond des eaux (2 S 22, 16 : de la mer) qui apparaît et la terre sèche se montre. Notons que le mot *tebel* (emprunt au babylonien *tabâlu*) revient dans 12 psaumes et dans des textes considérés comme postexiliques. Le motif du recul des eaux rappelle le passage de la mer Rouge et celui du Jourdain (*Ex* 14, 21-22 ; 15, 8 ; *Jos* 3, 14) ; il apparaît en poésie avec le thème de la menace divine ⁵. Les perspectives sont ici cosmiques. Des enne- mis de David, en particulier Saül (Shaûl, v. 1), on passe au Shéol (v. 6 a) et aux puissances démoniaques dont YHWH délivre son Messie, comme il a délivré David (v. 51). Le long titre « historique » suppose une lecture davidique du *Ps* 18, comme l'a bien montré J.-L. Vesco (*RB*, 1987, 5 ss.). Le v. 30 pourrait être une allusion à la prise de la forteresse de Sion ; le mot *gedûd* « troupe armée » peut être aussi

---

4. Doublet omis par 2 S 22, 14. Cf. Ps 105, 32 ; 148, 8 ; Ex 9, 24 ; Is 28, 2 ; 30, 30.
5. Is 17, 13 ; 26, 11 ; 50, 2 ; 66, 15 ; Na 1, 4 ; Ps 76, 7 ; 80, 17 ; 104, 7 ; 106, 9 ; Mt 8, 26 ; Mc 4, 39 ; Lc 8, 24.

traduit « fossé » (cf. *Ps* 65, 11). Au v. 36 b, Vesco traduit « ton humiliation *('annotêka)* m'a éduqué ». On peut préférer la leçon de *2 S*, bien attestée et qui s'explique par l'araméen (Tournay, *RB*, 1956, 165) : « ta sollicitude m'a fait grandir ». Le verbe *'anah* est alors un aramaïsme dans le *Ps* 18 qui en compte plusieurs autres. En arabe, *al-'ināyā* signifie « la providence (divine) ». Mais la leçon du psaume 18 peut s'expliquer par le désir de mettre en relief David en tant que modèle des *'anawim* (les Pauvres de YHWH) comme Moïse (*Nb* 12, 3). C'est alors une relecture « davidique ». De toute façon, ce psaume complexe autorise plusieurs niveaux de lectures. Enfin, le fait qu'un certain nombre d'éléments d'origine mythologique soient ici démythisés se comprend parfaitement à l'époque postexilique. Il en est ainsi pour d'autres textes analogues, comme *Is* 29, 5-6 ; 30, 27-30, et ultérieurement dans *Sg* 5, 21-23.

4. La première partie du *Ps* 144 imite le *Ps* 18 selon le procédé « anthologique » (Robert, *RB*, 1935, 348 ; Tournay, *RB*, 1984, 520). En voici la traduction :

> 1 Béni soit YHWH, mon rocher,
> qui exerce mes mains pour le combat
> et mes doigts pour la bataille !
>
> 2 Il est mon allié, ma forteresse,
> ma citadelle et mon libérateur ;
> il est le bouclier qui m'abrite,
> il me donne pouvoir sur mon peuple.
>
> 3 Qu'est-ce donc l'homme, YHWH, que tu le connaisses,
> l'être humain que tu penses à lui ?
> 4 L'homme est semblable à un souffle,
> ses jours sont comme l'ombre qui passe.
>
> 5 YHWH, incline les cieux et descends,
> touche les montagnes et qu'elles fument !
> 6 Décoche des éclairs en tous sens,
> lance tes flèches, disperse-les.
>
> 7 D'en haut, tends la main,
> [ ] et tire-moi des grandes eaux [ ],
> 11a sauve-moi 10c de l'épée meurtrière,
> 7c = 11b de la main des gens étrangers
> 8 = 11c qui disent des paroles mensongères
> et leur main droite est une main parjure.
>
> 9 Pour toi, Dieu, je chante un chant nouveau,
> pour toi, je joue sur la harpe à dix cordes,
> 10 lui qui donne aux rois la victoire,
> qui sauve David son serviteur.

L'épée meurtrière peut être une allusion à l'épée de Goliath, comme le suggère le titre « davidique » de la LXX : *pros ton Goliad*. Les « étrangers » sont déjà nommés dans le *Ps* 18, 45-46. Les « grandes eaux » symbolisent les périls mortels (*Ps* 18, 17). Plusieurs doublets ont altéré la structure des strophes. Le passage théophanique (5-6) conserve le « double entendre » des antécédents aux suffixes des verbes ; il s'agit autant de disperser les flèches ou les éclairs que de disperser les ennemis. La fin du psaume (12-15 ; voir p. 154) est une évocation prophétique de la prospérité du peuple messianique dont le nouveau « David » sera le roi. Comme l'auteur du *Ps* 96, celui du *Ps* 144 élargit, par rapport au *Ps* 18, les perspectives ouvertes vers l'avenir eschatologique.

5. C'est encore de textes théophaniques, *Ex* 15, 11-14 (Kselman, 1983, 51), *Ha* 3, 9-11.15 et *Ps* 18, 12-16, que se rapproche la fin du *Ps* 77 [6]. Les vv. 14-21 évoquent le passage de la mer Rouge (cf. *Ps* 74, 13 ; 136, 13-15) dans le cadre de la théophanie sinaïtique : tonnerre, éclairs, tremblement de terre (*Ex* 19, 16) avec assèchement des eaux (*Ex* 14, 21). « La Parole a-t-elle cessé (LXX omet ces mots) pour les âges des âges ? » demande le psalmiste asaphite. Il veut ici suppléer (comme dans le *Ps* 78) au silence de la grande prophétie et rappeler les leçons du passé, les interventions de YHWH en faveur d'Israël, pour y trouver des motifs d'espérer dans la fidélité *(ḥesed)* de Dieu, car Dieu est *ḥasîd* « fidèle » (*Jr* 3, 12 ; *Ps* 145, 17, etc.). Non, le Très-Haut ne change pas (cf. *Ml* 3, 4-6 ; *Nb* 23, 19, etc.) : il s'est engagé par serment en levant la main droite, celle qui jure (*Ps* 144, 8.11). Comment ne pas s'en souvenir ?

> [14] Élohîm, la sainteté est ton chemin !
> Quel dieu est grand comme Élohîm ?
> [15] Toi, le Dieu qui fait merveille !
>
> Tu fis connaître ta force parmi les peuples,
> [16] tu rachetas par ton bras ton peuple,
> les enfants de Jacob et de Joseph.
>
> [17] Les eaux te virent, Élohîm,
> les eaux te virent, elles tremblèrent,
> les abîmes aussi frémissaient.
>
> [18] Les nuages déversèrent leurs eaux,
> les nuées donnèrent de la voix,
> tes flèches aussi volaient.
>
> [19] Voix de ton tonnerre en son roulement !
> Tes éclairs illuminèrent le monde,
> la terre frémit et s'agita.
>
> [20] Sur la mer passait ton chemin,
> ton sentier, sur les grandes eaux,
> et tes traces, nul ne les connut.
>
> [21] Tu as guidé comme un troupeau ton peuple
> par la main de Moïse et d'Aaron.

Les vers tristiques peuvent se grouper deux à deux, aux vv. 14-20. Le distique final reprend le mot « ton peuple » (16 a) ; « la main de Moïse et d'Aaron » (21 b) correspond à « ton bras » (16 a, versions ; TM : le bras). « Ton chemin » (14 a ; Hier. « ton chemin est dans le

---

6. Goy, 1960, 56 ; Weiser, 1961, 280 ; Jefferson, 1963, 87 ; Crüsemann, 1969, 195.293.

sanctuaire », cf. *Ps* 68, 25) fait une inclusion avec 20 a, « sur la mer passait ton chemin ». On rapproche *Ps* 18, 31 : « O Dieu, parfait est ton chemin » (cf. *Dt* 32, 4), et *Ha* 3, 15 : « Tu as foulé de tes chevaux la mer ». Le motif du « pasteur d'Israël », à la fin du psaume, est fréquent dans le recueil asaphite (74, 1 ; 78, 14.52 ; 80, 1). Notons les contacts entre 14-15 et *Ex* 15, 11 ; 16 et *Ex* 15, 13-14 ; 17 et *Ha* 3, 10. L'image du char de guerre, évoquée dans 19 a par *galgal* « la roue » (*Is* 5, 28 ; *Jr* 47, 3 ; *Ez* 23, 24 ; 26, 10) revient dans le *Ps* 65, 14 : « Sur tes ornières, la graisse ruisselle », sans parler du *Ps* 18, 11, etc. Le thème du sentier (*shebîl* ; *Jr* 18, 15) apparaît dans *Is* 43, 16 ; 51, 10 ; 63, 12-14 (cf. *Ne* 9, 11 ; *Sg* 14, 3). Le v. 19 est repris dans le *Ps* 97, 4. On est donc ici en présence d'une composition de style anthologique, ce qui ne diminue en rien la valeur poétique de cet ensemble.

6. Le *Ps* 114 [7] célèbre les événements du temps de l'Exode quand Israël, libéré de la servitude, devint le domaine de YHWH. C'est le deuxième hymne du *hallel* pascal (*Ps* 113-118) :

[1] Quand Israël sortit d'Égypte,
la maison de Jacob de chez un peuple barbare,
[2] Juda devint pour lui un sanctuaire,
et Israël, son domaine.

[3] La mer voit et s'enfuit,
le Jourdain retourne en arrière ;
[4] les montagnes bondissent comme des béliers,
et les collines, comme des agneaux.

[5] Qu'as-tu, mer, à t'enfuir,
Jourdain, à retourner en arrière ?
[6] Montagnes, pourquoi bondir comme des béliers,
et vous, collines, comme des agneaux ?

[7] Tremble, terre, devant le Maître,
devant la face du Dieu de Jacob,
[8] lui qui change le rocher en étang
et le granit en fontaine.

Ces quatre couplets forment un grand chiasme. La question posée dans 5-6 reprend la description de 3-4. Mer Rouge et Jourdain refluent, montagnes et collines bondissent à la vue des exploits de YHWH en faveur d'Israël, devenu son bien propre et le sanctuaire où il réside (*Ex* 19, 5-6, *Jr* 2, 3 ; *Dt* 7, 6 ; 26, 19 ; *Is* 61, 6). On rapproche un passage ougaritique : « Les montagnes tressaillent … les hauteurs de la terre bondissent » (Caquot, I, 1974, 217), ainsi que le *Ps* 29, 6 et *Sg* 19, 9. Le v. 7 dévoile l'identité de celui dont parle 2 a et donne la réponse à la question posée par 5-6. Le v. 8 actualise le passé de l'Exode (*Ex* 17, 6 ; *Nb* 20, 8 ; *Dt* 8, 15 ; *Is* 41, 18 ; *Ps* 107, 35 ; *1 Co* 10, 4) par un participe présent, « Celui qui change » le rocher et le granit (*Dt* 8, 15 ; 32, 13 ; *Is* 50, 7 ; *Jb* 28, 9) en nappes d'eau.

7. LUBESCZYK, 1967, 161 ; RENAUD, 1978, 14 ; AUFFRET, 1978, 103 ; LORETZ, 1979, 1980 ; WEISS, 1984, 93.352.

Que signifie l'apostrophe « tremble », adressée à la terre ? S'agit-
il d'un tressaillement joyeux ? Dans les parallèles, il s'agit toujours
d'un tremblement causé par la peur ou la surprise. Ainsi *Ps* 96, 9 :
« Tremble devant lui, toute la terre ! ». *Ps* 97, 4 : « La terre l'a vu et
elle tremble. » C'est un trait habituel des théophanies. D'autre part,
on note que le titre *'adôn* « Maître » est rarement appliqué à YHWH,
spécialement dans l'expression « Maître de toute la terre « (voir
pp. 86-88). C'est pourquoi certains corrigent *ḥûlî* « tremble » en *kôl*
« tout » (le *caph* spirantisé aurait été transcrit *ḥeth*). On aurait pu
aussi harmoniser ce texte avec les parallèles qu'on vient de citer ; 7 a
n'aurait alors que trois mots accentués comme les autres stiques. On
a proposé de dériver *ḥûlî* de *ḥîl* et d'y voir un participe « engen-
dreur, auteur, créateur » (Weiss, 1984, 370), ou encore un verbe araméen *ḥîl* « fortifier, affermir » : « le Maître qui affermit (la terre) ».
Si on conserve le TM, le mot « terre » a un sens plénier, comme
tebel « le monde », s'appliquant à la mer autant qu'aux montagnes.
L'émoi de la nature est général devant les manifestations théophaniques de YHWH en faveur de son peuple.

7. Le livre de *Nahum* débute par un hymne théophanique qui
rappelle beaucoup les textes précédents [8] :

Aleph	2 YHWH est un Dieu jaloux et vengeur, YHWH est vengeur, il commande la fureur, YHWH se venge de ses adversaires, il tient rigueur à ses ennemis. 3 YHWH est lent à la colère, mais si fort, l'impunité, jamais il ne l'accorde, YHWH.
Beth	Dans l'ouragan, dans la tempête, il s'avance ; la nuée, c'est la poussière que font ses pas.
Ghimel	4 Il menace la mer et la dessèche, il tarit toutes les rivières.
(Daleth)	Flétris, le Bashân et le Carmel, flétrie, la flore du Liban.
Hé	5 Les montagnes tremblent devant lui et les collines vacillent ;
Waw	devant sa face, la terre se soulève, l'univers et tout ce qui l'habite.
Zaïn	6 Devant sa fureur, qui pourrait tenir, qui résiste à l'ardeur de sa colère ?
Heth	Son courroux déferle comme un feu, les rochers se brisent devant lui.
Teth	7 YHWH est bon, c'est un abri au jour de détresse ;
Yod	il connaît ceux qui le prennent comme refuge 8 quand passe le flot dévastateur.
Caph	Il réduit à néant ' ceux qui se dressent contre lui ', il refoule ses ennemis dans la ténèbre.

8. Keller, 1971, 109 ; Christensen, 1975, 17 ; van der Wouden, 1978, 79 ; Johnson, 1979, 359 ;
Hanson, 1984, 296.

Ce poème alphabétique est incomplet comme les *Ps* 9-10. La théophanie est encadrée par deux strophes hymniques. Colère et jalousie divines se déchaînent ; toute la nature est en émoi, comme ramenée au chaos, tandis qu'Israël est préservé. Ouragan, sombre nuée, dessèchement des eaux et de la végétation (4 c, strophe *daleth*, on propose *dal^elû* « dépérissent »), tremblement de terre (5 c : versions « est bouleversée »), inondation, tous ces traits théophaniques ne sont pas sans évoquer des parallèles mésopotamiens ou ougaritiques : lutte de Marduk contre Tiamat, de Ba'al contre Môt et la Mer (Day, 1985 ; Kloos, 1986), mais aussi bien des parallèles bibliques. La perspective intemporelle n'est pas liée à la chute de Ninive en 612, seulement évoquée par une relecture au v. 8 c : « Il réduit à néant son lieu », avec un suffixe féminin qui renvoie à Ninive ; mais les versions (LXX, Tg, etc.) ont lu *b^eqamâw* « ses opposants, ceux qui se dressent contre lui », texte primitif sans lien avec l'oracle contre Ninive. Si l'unité du livre de *Nahum* est encore maintenue par quelques exégètes (Becking, 1978, 107), le style anthologique du psaume et son alphabétisme suggèrent une date postexilique (Hanson, etc.). De plus, c'est Ézéchiel qui est le premier à ordonner la « jalousie » (*qanno'* ; *THAT* 2, 1976, 647) de YHWH au salut d'Israël dont il devient le *goël* « le vengeur ». La perspective est inversée par rapport à l'époque monarchique où la jalousie divine était la colère de l'amour trahi par la rupture de l'Alliance et les péchés d'Israël. A partir de l'Exil, la « jalousie » et la colère divines se retournent contre les oppresseurs d'Israël (Renaud, 1963 ; Brunger, 1963, 269).

On sait d'ailleurs que les éditeurs des anciens oracles, sous la supervision du sacerdoce de Jérusalem, ont « relus » ceux-ci et les ont adaptés aux besoins de la communauté des Pauvres de YHWH qu'il fallait réconforter et affermir dans la foi au Dieu unique, seul refuge et sauveur d'Israël.

8. Quelques textes psalmiques plus courts offrent un passage théophanique en guise d'introduction et souvent avant un oracle, comme le psaume de *Nahum*. Il en est ainsi pour le *Ps* 50, premier des psaumes « asaphites » où le prélude théophanique est suivi d'un oracle en forme de long réquisitoire pour finir par une bénédiction voisine du *Ps* 91, 15-16. Ce psaume est un bon exemple de la façon dont les lévites-chantres se comportaient en prophètes cultuels :

¹ Le Dieu des dieux, YHWH, a parlé,
  il convoque la terre du levant au couchant.
² Depuis Sion, beauté parfaite, Dieu resplendit.
³ Qu'il vienne, notre Dieu, qu'il rompe son silence !

Devant lui, un feu dévore,
autour de lui, bourrasque violente.
⁴ Il convoque les cieux d'en haut et la terre
  pour rendre justice à son peuple.

Oracle (Dieu parle) et théophanie (Dieu resplendit) sont ici inti-
mement associés (Beaucamp, 1959, 10 ; Ridderbos, 1969, 213 ; Gese,
1976, 57). L'expression redondante du v. 1, *El Élohim YHWH*, est un
archaïsme comme dans *Jos* 22, 22 et d'autres textes[9]. « Du levant au
couchant » signifie toute l'étendue de la terre. Dieu vient résider à Sion
qui remplace désormais le Sinaï ; c'est la métropole religieuse de
l'humanité, restaurée par Néhémie et dont les lévites-chantres ne se
lassent pas de célébrer la beauté comme dans le *Ps* 48, 2-3 (Coppens,
1979, 457 ; Robinson, 1974, 118 ; Loretz, 1979, 457). C'est la ville du
grand Roi (*Mt* 5, 35) :

> 2 Il est grand YHWH, et si louable
> dans la ville de notre Dieu,
> sa montagne sainte, 3 au bel envol,
> joie de toute la terre.
>
> Le mont Sion, cœur de l'Aquilon,
> c'est la cité du grand Roi :
> 4 Dieu, au milieu de ses palais,
> s'est révélé vraie citadelle.

La suite évoque l'intervention divine qui déjoue la coalition : « Les
rois virent ; pris de panique, ils décampèrent ». Les habitants ont vu
cette défaite là, à Jérusalem.

Dans le *Ps* 50, la venue de Dieu est décrite selon les traits habi-
tuels des théophanies : feu et tempête. Le souhait exprimé au v. 3 :
« Qu'il vienne, notre Dieu, qu'il rompe son silence », loin d'être une
addition, exprime l'attente anxieuse des fidèles de YHWH. La venue
du Règne de Dieu, annoncée par *Is* 62, 11 ; 64, 19, *Za* 9, 9, les psaumes
du Règne (96, 13 ; 98, 9) et tant d'autres textes, est souhaitée ardem-
ment par les Pauvres de YHWH. Dieu sait se manifester, se lever,
pour accomplir le Jugement (*Ps* 9, 20 ; 10, 12 ; 119, 82.123, etc.). C'est
ainsi que l'auteur du *Ps* 101, 2 s'écrie : « Quand viendras-tu vers
moi ? » De même l'auteur d'*Is* 63, 19 : « Ah ! si tu déchirais les cieux
et si tu descendais ! » (comme jadis au Sinaï).

9. Au début du psaume asaphite 80 (Eissfeldt, 1966, 221 ; Beyerlin, 1973, 9 ; Goldingay, 1977-8, 146), on adjure Dieu, comme dans le
Ps 50, 2, de révéler sa splendeur :

> 2 Pasteur d'Israël, écoute,
> toi qui conduis Joseph comme un troupeau,
> toi qui trônes sur les Chérubins, resplendis
> 3 devant Éphraïm, Benjamin et Manassé ;
> réveille ta vaillance
> et viens à notre secours.

C'est ainsi qu'un lévite asaphite demande à Dieu une théophanie
en reprenant le début de *Dt* 33, 2 (p. 67) où la venue de YHWH
vers la Terre promise est comparée au lever du soleil (cf. *Ha*, 3, 4 ;

---

9. *Gn* 33, 20 ; 46, 3 ; *Nb* 16, 22 ; *Dt* 10, 17 ; *Ps* 82, 1 ; 136, 2 ; *Dn* 11, 36.

Is 60, 1 ss ; *2 S* 23, 4 ; *ThWAT* 3, 790). Le même trait théophanique apparaît dans le prélude du *Ps* 94 (de Meyer, 1981, 22 ; Skehan, 1964, 313) :

> [1] Dieu des vengeances, YHWH,
>   Dieu des vengeances, resplendis,
> [2] lève-toi, juge de la terre,
>   rend aux orgueilleux leur salaire.

La suite débute comme une lamentation : « Jusques à quand... ? ».
Il en est de même dans le *Ps* 80, 5 : « Jusques à quand t'irriter... ? »
Mais ici, la situation est plus concrète et mérite d'être précisée. Les tribus du nord, Éphraïm, Benjamin, Manassé, fils de Joseph, descendirent en Égypte pour en sortir au temps de l'Exode sous la conduite du Pasteur divin. YHWH se manifesta souvent à elles dans la Tente de la Rencontre, lui qui trône sur les Chérubins. Cette expression revient dans le *Ps* 99, 1, en contexte aussi théophanique, où sont rappelées les rencontres de Moïse et d'Aaron avec Dieu dans la Nuée, ainsi que l'intercession de Samuel. La mention des Chérubins, comme celle du Dieu Sabaôt dans le refrain du *Ps* 80, renvoie au passé d'Israël (p. 61).

Le titre de la LXX dans le *Ps* 80, 1 « Contre l'Assyrie » n'implique pas une origine nordique de ce psaume ; le psalmiste asaphite peut se référer à d'anciennes traditions éphraïmites (voir p. 25). Mais l'allusion à la « vigne » (9-15) semble se rapporter à la catastrophe de 587 comme dans le *Ps* 89, 41-42 (cf. 74, 7 ; *Lm* 2, 3 ; 4, 11). Les trois tribus sont d'ailleurs nommées dans *1 Ch* 9, 3 comme ayant des résidents à Jérusalem au IVe siècle av. J.-C. Il est possible que le v. 18 (« l'homme de ta droite, le fils d'Adam que tu as confirmé ») ne soit autre que le prêtre-scribe Esdras dont la mission est souvent située en 398 avant J.-C. On lit en effet dans le livre d'*Esdras* : « La main de YHWH son Dieu était sur lui » (7, 6), et plus loin, « Je pris courage, car la main de YHWH mon Dieu était sur moi » (7, 28 ; Tournay, *RB*, 1961, 130). Le *Ps* 80 daterait de cette époque et serait postérieur au *Ps* 50. Le thème de la « menace divine », au v. 17, est un trait théophanique (voir p. 106) qui contraste avec la « lumière de la face divine » dont parle le refrain des versets 4, 8 et 20.

10. Le *Ps* 97, psaume du Règne de YHWH, comporte dans sa première partie (1-6) un certain nombre de traits théophaniques (Feuillet, 1951, 1259 ; Grelot, 1962, 483 ; Coppens, 1979, 168) ; c'est un exemple de style « anthologique » :

> [1] YHWH est roi ! Exulte la terre !
>   Joie pour les îles sans nombre !
> [2] Ténèbre et nuée l'entourent,
>   justice et droit sont l'appui de son trône.
>
> [3] Devant lui s'avance un feu,
>   il dévore tous ses adversaires ;
> [4] ses éclairs illuminent le monde,
>   la terre le voit et tremble.

5 Les montagnes fondent comme la cire
  devant YHWH, le Maître de toute la terre.
6 Les cieux proclament sa justice
  et tous les peuples voient sa gloire.

Le dernier stique, proche du *Ps* 57, 6.12, rappelle *Is* 40, 5 (p. 87). On discerne d'autres contacts (*Is* 42, 10 ss ; *Ps* 18, 9-10 ; 50, 6 ; 68, 3 ; 77, 19 ; 89, 15, etc.). Le v. 3 rappelle *Za* 12, 6. La perspective universaliste est directement eschatologique.

11. Il en est de même pour le *Ps* 83 (Costacurta, 1983, 518) où un lévite asaphite demande à Dieu ne plus rester muet, mais de confondre les ennemis de son peuple : ils sont dix (vv. 7-9). L'ensemble rappelle les oracles contre les nations. Sont évoqués les exploits de Gédéon, de Débora et de Baraq. Le Très-Haut doit intervenir par le feu, l'ouragan, la bourrasque, comme au début du psaume précédent.

12. Dans le *Ps* 84 (Tournay, *RB*, 1947, 521 ; 1961, 130 ; L'Hour, *RB*, 1974, 538), le lévite coraïte décrit son attachement pour la Maison de son Roi, le Dieu vivant. Ces accents rappellent ceux du *Ps* 42-43, coraïte lui aussi. Au v. 11, le lévite fait allusion à la fonction de portier du Temple, confiée aux coraïtes (*1 Ch* 26, 1). Il s'adresse aux pèlerins venus « voir » Dieu à Sion. Le prélude rappelle *Nb* 24, 5 : « Que tes tentes sont belles, Jacob, et tes demeures, Israël ! » La montée des pèlerins avait lieu trois fois par an, mais surtout pour la fête des Tentes en automne. Au v. 8, le TM est vocalisé de façon à éliminer la vision théophanique de Dieu dans le Temple (même relecture dans *Ps* 42, 3 ; voir pp. 57, 94). Avec *Ps* 50, 1, on peut lire : *El Élohim* « le Dieu des dieux » sera vu en Sion. On propose d'autres corrections d'après *Lv* 9, 4 ou *Za* 9, 14.

Le v. 10 parle du « messie » de Dieu. L'expression « notre bouclier » s'applique-t-elle à ce messie ou à Dieu comme au v. 12 : « Dieu est soleil (voir p. 119) et bouclier » (cf. *Ps* 3, 4 ; 33, 20 ; 59, 12 ; 115, 9.11) ? Dans le *Ps* 89, 19, la métaphore du « bouclier » est appliquée au roi, et dans le *Ps* 47, 10, aux princes. On traduirait alors : « O Dieu, vois notre bouclier, regarde la face de ton messie. » Le texte reste ambigu, car ce « messie » peut être le roi d'Israël (fils de David), actuel ou à venir (cf. *Ps* 132, 10), le grand prêtre oint et chef de la communauté postexilique (on a pensé à Esdras comme dans le *Ps* 80, 18), ou même cette communauté, peuple consacré à YHWH (cf. *Ps* 28, 8 ; *Ha* 3, 13).

13. Les théophanies cultuelles qui précèdent concernent toute la communauté, venue voir au Temple la face de Dieu dans une expérience collective. C'est au contraire une expérience personnelle qu'a vécue le lévite asaphite, auteur du *Ps* 73 (Irsigler, 1984). Tourmenté par le scandale de la souffrance des innocents dont il fait partie, et l'apparente prospérité des impies, il s'en va au sanctuaire du Temple (v. 17) pour y trouver la solution à son douloureux problème. Plusieurs contacts avec le récit de la théophanie du prophète Élie à l'Horeb (*1 R* 19, 3 ss ; Tournay, *RB*, 1985, 187) suggèrent que le lévite avait conscience de faire une expérience analogue à celle d'Élie. Celui-ci était rempli d'une ardente « jalousie » et demandait à Dieu de « prendre sa vie » (*1 R* 19, 4.14). Le psalmiste, lui aussi, est rempli de « jalousie » (v. 3) ; il rencontre YHWH non plus sur le mont Horeb, mais sur le mont Sion. Il sera « pris » avec honneur par Dieu (v. 23 ; cf. *Ps* 91, 15 ; 149, 5 ; Krašovec, 1984, 38), après une vie passée près de Dieu, « avec Dieu ». Quant aux impies, ils disparaîtront dans la honte. L'auteur du *Ps* 73 se comporte comme un prophète cultuel. C'est dans son Temple que YHWH regarde, écoute, répond, réconforte, réjouit et sauve ses fidèles. Il est vraiment pour eux l'Emmanuel, « Dieu avec nous » comme le redit le refrain du *Ps* 46 auquel font écho *2 Ch* 15, 2 ; 20, 17 ; 32, 8.

*
* *

Après avoir passé en revue un certain nombre de psaumes théophaniques et recherché leurs sources, il y a lieu d'accorder une place spéciale à deux motifs principaux, le feu et la lumière, symboles d'un double comportement de la part de YHWH, la colère et la bienveillance divines.

Le *feu* (Heintz, 1973, 63 ; Chisholm, 1986, 165 ; *THAT*, 1971, 242 ; *ThWAT*, 1973, 451) accompagne la théophanie sinaïtique (voir pp. 55 et 92) et les interventions punitives de YHWH (*Dt* 9, 3 ; *Am* 7, 4 ; *Ez* 21, 3 ; *Is* 66, 24). Ce feu consume les ennemis de Dieu, leurs villes et leurs palais (*Os* 8, 14 ; *Am* 1, 4 ss), leurs armes (chars et boucliers, cf. *Ps* 46, 10). Il châtie les gens de Coré (*Nb* 16, 35 ; *Ps* 106, 18), Nadab et Abihou (*Lv* 10, 2), les messagers du roi Ochozias (*2 R* 1, 10 ; *Si* 48, 3). Les gens de Bélial brûlent comme des ronces (*2 S* 23, 6), thème repris par le *Ps* 118, 10 : « Les païens ont flambé (TM : se sont éteints) comme un feu de ronces ». Ils fondent comme la cire devant le feu (*Mi* 1, 4 ; *Ps* 68, 3 ; 97, 5). Le feu du ciel détruit Sodome et Gomorrhe [10]. Thème repris dans la psalmique : « YHWH fera pleuvoir sur les impies des charbons (Symmaque ; TM : pièges) de feu, du soufre, un vent de tempête (ou « rageur », *Ps* 119, 53 ; *Si* 43, 17 ; cf. *Lm* 5, 10), c'est la coupe qu'ils auront en partage » (*Ps* 11, 6). — « Qu'il pleuve sur eux des charbons de feu » (*Ps* 140, 11 ; cf. 120, 4). Dans les écrits les plus récents, le feu devient le châtiment suprême [11]. Souvent rapproché de parallèles iraniens, ce motif appartient à la littérature apocalyptique (Puech, 1983, 371) [12]. Dérivé de *Jérémie* (6, 29 ; 9, 6 ; cf. *Is* 48, 10 ; *Za* 13, 9), le thème du feu du creuset revient dans la psalmique (17, 3 ; 26, 2 ; 66, 10).

---

10. *Am* 4, 11 ; *Is* 13, 19 ; 34, 9 ; *Ez* 38, 22 ; 39, 6 ; *Jr* 49, 18 ; 50, 32.40 ; *Za* 9, 4.
11. *Is* 30, 27.33 ; 33, 14 ; 66, 24 ; *Ml* 3, 19.21 ; *Jl* 3, 3 ; *Si* 7, 17 ; *Jdt* 16, 17 ; *Mc* 9, 48.
12. *Dn* 7, 9-11 ; 10, 6 ; Hénoch 14, 9 ; *Ap* 1, 14 ; 4, 5 ; 19, 20 ; *Mt* 3, 7-12 ; *Lc* 3, 7 ; *Jn* 3, 36 ; *2 Th* 1, 8 ; *2 P* 3, 7.

Les hagiographies parlent souvent de la *colère de YHWH* (Ringgren, 1963, 107 ; Lactance, 1982 ; Brandscheidt, 1983) dont les narines s'enflamment et flambent. Le mot *'nf* « nez » en vient à désigner la colère ; le verbe correspondant n'est employé qu'avec YHWH comme sujet, ainsi dans le *Ps* 2, 12 : « D'un coup prend feu sa colère ». Le mot *harôn* « colère » désigne seulement la colère divine ; on utilise d'autres synonymes : *hmh* « colère », *z'm* « indignation », *'brh* « exaspération », *qsf* « irritation » (Voir *THAT* et *ThWAT, in loco*). Au temps de l'Exode et de la monarchie, la colère divine « monte » contre Israël coupable d'idolâtrie (*Ps* 78, 21.31). Les prophètes annoncent que le feu dévorera Jérusalem, le palais du roi et le Temple (*2 R* 25, 9 ; *Jr* 39, 8 ; 52, 13). Les lamentations psalmiques évoquent la colère de YHWH qui va déchaîner la catastrophe [13].

A partir du retour de l'Exil, la colère divine se retourne contre les ennemis d'Israël humilié et dispersé ; il en est de même de la jalousie divine (voir p. 111). Si YHWH est lent à la colère (*Ps* 78, 38 ; 86, 15 ; 103, 8 ; 145, 8), s'il pardonne au pécheur repenti, il exerce sa vengeance contre ceux qui exploitent et pillent son peuple : Babylone, Édom, l'Égypte, la Philistie, Tyr, le monde païen, les impies, les idolâtres [14].

La colère divine est parfois personnifiée comme un véritable attribut à l'égal de la justice. Il en est ainsi dans l'image jérémienne de la « coupe de la Colère » (*Jr* 13, 13 ; 25, 15 ; 48, 26 ; 49, 12 ; 51, 7.39) ; cette image reparaît dans des écrits du VIe siècle avant J.-C. : *Ha* 2, 16 ; *Ez* 23, 31 ; *Is* 51, 17.22 ; *Lm* 4, 21. Elle est aussi développée dans les Ps 60, 5 et 75, 9 (Tournay, *RB*, 1972, 46), ainsi que dans *Abd* 16, *Za* 12, 2 et au Ier siècle après J.-C. dans *Ap* 14, 8.10 ; 16, 19. La coupe signifie la part, la destinée de chacun (*Ps* 11, 6 ; 16, 5 ; 23, 5 ; cf. *Mt* 20, 22 ; 26, 39). La colère divine engendre la terreur ; plusieurs textes parlent de la « terreur de Dieu » [15] ou seulement de la « Terreur » (*Ps* 9, 21 ; 14, 5 ; 81, 16 ; 83, 16 ; *1 M* 4, 32). Beaucoup d'autres textes mentionnent la colère de Dieu [16].

Les *Ps* 58, 10 et 76, 11 semblent aussi parler de la Colère personnifiée. Le premier de ces deux textes serait désespéré. C'est le seul verset de tout le psautier que M. Dahood a renoncé à traduire ! K. Seybold (1980, 53) lit au v. 10 *yakkem* « il les frappe (avec une ronce) » ; mais la suite reste inintelligible. Il vaut mieux supposer l'haplographie du participe *nihar* « brûlé » devant *harôn* « la Colère »,

---

13. *Ps* 60, 3 ; 74, 1 ; 77, 10 ; 79, 5-8 ; 80, 5 ; 85, 6 ; 88, 17 ; 89, 47 ; 90, 11 ; 102, 11. Cf. *Is* 54, 7 ; 64, 4.8, etc. Pour le temps de l'Exode : *Ps* 78, 21.31.49 ; 95, 11 ; 106, 29.40.

14. Cf. *Ps* 7, 7 ; 50, 3 ; 69, 25 ; 76, 8.11 ; 79, 10 ; 94, 1 ; 149, 7 ; *Na* 1, 6 ; *Is* 31, 9 ; 66, 16 ; *Lm* 2, 3.6.22 ; 3, 43 ; 4, 11 ; 5, 22 ; *Jb* 20, 28 ; *Si* 36, 6 ; *Sg* 5, 20.

15. *1 S* 11, 7 ; 14, 15 ; *2 Ch* 14, 13 ; 17, 10 ; 20, 29 ; *Jb* 13, 11 ; 26, 5, 11 ; *Is* 2, 10.19.21 ; 17, 14.

16. *2 R* 3, 27 ; *Is* 26, 20 ; *Ez* 7, 3 ; *So* 1, 18 ; *Za* 1, 12 ; *Lv* 10, 6 ; *1 Ch* 27, 24 ; *2 Ch* 24, 18 ; cf. *Rm* 2, 5.

et traduire : « Avant qu'ils ne poussent en épines comme *(yanûbû sîrôt kᵉmô)* la ronce, vivante ou brûlée, que la Colère les balaye » (Tournay, *RB*, 1956, 168).

Le *Ps* 76, 11 est lui aussi obscur. On a proposé de voir dans *ḥmt* et *'dm* deux noms géoraphiques : Hamath et Édom. Un « double entendre » serait-il possible ? Le TM peut se traduire : « Car la colère des hommes te rend gloire, des survivants de la colère, tu te ceindras. » (Tournay-Schwab, 1964, 323). Inutile de retoucher le texte hébreu (cf. Tournay, 1976, 20), car on peut rapprocher l'allégorie de la ceinture dans *Jr* 13, 11. Cette image exprime l'étroite union entre Dieu et ceux qu'a épargnés la colère des hommes. Elle apparaît dans *Is* 49, 18 : « Tu t'en feras d'eux une ceinture ». Le *Ps* 76, 5-7 peut faire allusion à la levée subite du siège de Jérusalem par Sennachérib en 701 (Day, 1981, 76). La colère des hommes est celle du roi assyrien et de son armée : « Tu trembles de rage contre moi », dit Dieu au roi d'Assyrie (*2 R* 19, 28 = *Is* 37, 29). Les versets suivants (addition post-exilique ; cf. Gonçalves, 1986, 487) mentionnent les Restes (Carena, 1986) de Juda et de Jérusalem, survivant grâce à la « jalousie » divine. Le psalmiste asaphite évoquerait ainsi cet épisode remarquable qui entretint la croyance en l'inviolabilité de Sion.

Action de grâce pour le roi, le *Ps* 21, 10 mentionne aussi la colère divine dans un passage ambigu (Tournay, *RB*, 1959, 177 ; Quinteus, 1978, 533) : « Tu feras d'eux un brasier (littéralement : un four de feu) au temps de ta face (c'est-à-dire : quand tu paraîtras), YHWH, dans sa colère, il les consumera, un feu les dévorera. » Trois manuscrits omettent « YHWH » ; des manuscrits grecs traduisent : « Seigneur, dans ta colère, tu les consumeras. » Le tétragramme divin a pu être ajouté après coup pour obtenir une véritable théophanie, alors que le texte primitif ne concernait que le roi, comme aux versets 9 et 11-13. Ce serait seulement à la fin du psaume (v. 14) qu'on s'adresserait à Dieu : « Lève-toi, YHWH, dans ta force ! » Selon cette hypothèse, le v. 10 pourrait évoquer le motif égyptien de l'*uraeus*, le serpent cobra qui figurait devant le diadème du pharaon et que l'on croyait capable de brûler les adversaires de celui qui en était coiffé (Barucq-Daumas, 1980, 58).

*
**

Si le feu extermine, la *lumière* (Humbert, 1966, 1 ; Aalen, 1951 ; Monloubou, 1980, 38) apporte la vie et le salut. Ces deux éléments prédominent dans les théophanies, surtout dans le livre d'*Ézéchiel*. Après l'aspect négatif et terrifiant, envisageons maintenant l'aspect positif et vivifiant de ces théophanies, spécialement dans la psalmique.

Le lévite asaphite, auteur du *Ps* 76 (p. 79), qualifie Dieu de « lumineux » (v. 5). Dieu est le créateur de la lumière (*Gn* 1, 3 ; *Ps* 74, 16 ;

Is 45, 7 ; *Jb* 12, 22 ; *2 Co* 4, 6). Lumière éternelle [17], il est revêtu de lumière (*Ps* 104, 2), reflet de sa Gloire éclatante et majestueuse (*ibid.*, 1.31) : le *Ps* 104 est rapproché des hymnes égyptiens au dieu Râ (le Soleil). La lumière réside auprès de Dieu (*Dn* 2, 22 ; cf. *1 Tm* 6, 16). Or, la lumière est symbole de vie, de bonheur, de salut (*Ps* 27, 1 ; *Mi* 7, 8), alors que les ténèbres sont l'image du malheur, de la mort, du Shéol. D'où l'expression « l'ombre de la mort » (*Ps* 23, 4 ; 107, 10 ; 112, 4 ; *Jr* 13, 16 ; *Jb* 10, 21 ; *Lc* 1, 79, etc.). Le *Ps* 36, 10 met en parallèle la vie et la lumière : « Avec toi est la source de la vie, dans ta lumière, nous voyons la lumière. » On note le jeu de mot entre l'hébreu « voir » *ra'ah* et « lumière » *'ôr*, comme dans le *Ps* 49, 20 : « Jamais ils ne verront la lumière » (cf. *Mi* 7, 9 ; *Jb* 3, 16 ; 33, 28 ; *Is* 53, 11, LXX et 4QIs[a]). Des textes rabbiniques invoquent *Ps* 36, 10 pour dire que l'un des noms du Messie sera « Lumière » (Strack-Billerbeck, I, 67, 151 ; II, 348 ; *ThWNT*, II, 1935, 319). L'auteur de ce psaume s'inspire des premiers chapitres de la *Genèse* (Tournay, *RB*, 1983, 17). Le lien étroit entre vie et lumière est aussi manifeste dans l'expression « la lumière des vivants » ou « lumière de la vie » (*Ps* 56, 14 ; cf. *Jb* 33, 28.30), qui est la lumière de YHWH (*Is* 2, 3 ; cf. 10, 17) sur la « terre des vivants » (*Ps* 116, 9 ; *Is* 38, 11). Dieu est la lumière du juste ; il illumine ses yeux et le fait revivre [18] ; sa parole est une lumière pour le juste (*Ps* 19, 9 ; 119, 105.130).

La Règle de Qumrân parle de contempler la lumière de vie (3, 7). On lit dans un hymne de Qumrân (9, 26-27) : « Dans ta gloire est apparue ma lumière, car des ténèbres tu as fait luire une illumination. » (Carmignac..., I, 1961, 30.244). Ce dernier texte rappelle le *Ps* 139, 12 : « Même la ténèbre n'est pas ténèbre pour toi, et la nuit comme le jour est lumière, comme la ténèbre ainsi la lumière. » Le dernier stique, en araméen, glose sans doute 11 b : « Et que la lumière autour de moi soit la nuit ! » Dans le grand manuscrit des Psaumes de Qumrân (11QPs[a]), on a *'ezôr* « ceinture » au lieu de *'ôr* « lumière » ; les lettres semblables *waw* et *zaïn* ont pu être confondues : « Je dirai : Que me presse la ténèbre, que la nuit autour de moi soit une ceinture (c'est-à-dire m'étreigne, m'enserre). » Le parallélisme synonymique est alors rétabli ; tout devient cohérent et on s'explique l'origine de la glose dans le TM (Tournay, *RB*, 1966, 261 ; Ouellette, 1969, 120 ; cf. Lapointe, 1971, 397).

Rappelons que la fête de la Dédicace qui célébrait l'anniversaire de la purification du Temple en 165 av. J.-C. était la fête des lumières ; on y allumait des lampes (*1 M* 4, 50 ; *2 M* 10, 3 ; *Jn* 10, 22). Cette coutume s'est conservée jusqu'à nos jours dans le judaïsme.

La lumière venant du *soleil*, il est normal que l'imagerie solaire apparaisse dans les théophanies : *Dt* 33, 2 ; *Ha* 3, 4 ; *Is* 60, 1 ss. Elle

---

17. Cf. *Is* 60, 19 ; *Sg* 7, 26 ; *Jn* 1, 5.9 ; 3, 19 ; 8, 12 ; 12, 46 ; *Lc* 1, 78 ; 2, 32 ; *Jc* 1, 17 ; *1 Jn* 1, 5.
18. *Ps* 13, 4 ; 18, 29 ; 19, 9 ; *Jb* 29, 3 ; *Esd* 9, 8 ; *Si* 34, 17 ; *Ba* 1, 12 ; *Ap* 22, 5.

s'applique au Messie davidique (*Nb* 24, 17 ; *2 S* 23, 4 ; *Lc* 1, 78-79 ; *Ap* 2, 23 ; *Ac* 26, 13) et même aux justes (*Jg* 5, 31 ; *Dn* 12, 3 ; *Mt* 13, 43). Le titre de « soleil », décerné aux pharaons, concerne YHWH dans le *Ps* 84, 12 : « YHWH Dieu est un soleil, un bouclier *(magen)*. » On ne peut rapprocher *Is* 54, 12 où *shemesh* désigne un merlon ou un créneau, mais non le rempart lui-même. Dans le *Ps* 84, 12, la rondeur du soleil a pu évoquer celle du bouclier rond qu'est le *magen* ; l'imagerie est cohérente. Le *Ps* 19, 7 reprend l'imagerie babylonienne du dieu Shamash, fiancé à la déesse Aya : il sort chaque matin de la tente nuptiale.

Le motif du disque ailé, né en Égypte de l'union entre le disque solaire et les ailes du faucon Horus, s'est répandu dans tout l'Orient avec de multiples variantes (Stähli, 1985 ; *THAT*, II, 1976, 994) jusqu'à l'époque achéménide. On peut y voir une allusion dans *Ml* 3, 20 : « Le soleil de justice brillera, portant la guérison dans ses rayons (littéralement : ses ailes) ». On a aussi remarqué à l'époque du second Temple la fréquence de noms théophores signifiant « YHWH brille » : Zerahyah, Yizrahyah (*1 Ch* 5, 32 ; 6, 36 ; 7, 3 ; *Esd* 7, 4 ; 8, 4 ; *Ne* 12, 42).

Un anthropomorphisme fréquent dans les Psaumes est celui de la lumière de la *face divine* (voir p. 56). Si l'expression « face de YHWH » peut désigner YHWH lui-même en personne (Johnson, 1947, 155 ; *THAT* II, 1976, 446), il ne peut s'agir d'une représentation quelconque de l'être divin, laquelle est interdite (Heintz, 1979, 427 ; Dion, 1981, 365). Mais « la face » peut évoquer la présence et la manifestation d'une personne, en l'occurrence Dieu lui-même (*Lm* 4, 16 ; *Ps* 21, 10 ; 34, 17, etc.). D'autre part, dans toutes les langues sémitiques, la lumière du visage est le signe d'un accueil bienveillant ; c'est le sourire qui adoucit le visage (*Ps* 119, 58 ; *Ps* 104, 15 ; *Dn* 9, 13). On emploie ici deux expressions voisines : faire briller la face ou lever la face sur quelqu'un (Dhorme, 1923, 51 ; Gruber, 1983, 252). Elles se trouvent dans la grande bénédiction sacerdotale (*Nb* 6, 26) : « Que YHWH fasse briller sur toi sa face et t'accorde sa grâce ! Que YHWH lève sur toi sa face et te donne la paix ! » On trouve à Qumrân les expressions « la lumière de la face » (*1 QH* 3, 3 ; 4, 5.27) et « lever la face » (*1 QS* 2, 4.9). Elles sont fréquentes dans le psautier : « Fais briller ta face sur ton serviteur » (*Ps* 31, 17 ; 119, 135), ou « ton peuple » (cf. *Ps* 44, 4 ; 67, 2 ; 80, 4, etc. ; 89, 16 ; *Dn* 9, 17). On a dans le *Ps* 4, 7 : « Fais lever (TM incertain) sur nous la lumière de ta face ! » Dans le *Ps* 90, 8 : « Tu étales nos fautes devant toi, nos secrets sous l'éclat de ta face. »

Une tradition rapporte dans *Ex* 34, 29-35 que la peau du visage de Moïse rayonnait parce qu'il avait parlé avec Dieu. Moïse ne le savait pas ; mais Aaron et tous les Israélites voyaient que la peau de son visage rayonnait et ils avaient peur de l'approcher. Alors Moïse les appela et leur prescrit tout ce que YHWH lui avait dit. Après quoi, il se mit un voile sur son visage. Le verbe hébreu « rayonner » dérive de *qeren* « la corne » (d'où la Vulgate : *cornuta*). Dans *Ha* 3, 4, ce mot désigne le rayon de soleil (p. 71). Une fresque de Michel-Ange illustre cet épisode (Terrien, 1978, 160 ; Haran, 1984, 159 ; cf. *2 Co* 3, 7.18).

C'est le matin, quand apparaît la lumière du soleil, que YHWH sauve les siens ou châtie les coupables [19]. C'est « au tournant du matin » qu'il délivre son peuple poursuivi par les Égyptiens (*Ex* 14, 27) et assiégé dans Jérusalem par les Assyriens (*2 R* 19, 35 ; Gonçalves, 1986, 315). Le thème de la délivrance au matin est fréquent dans *Isaïe* (8, 22—9, 1 ; 17, 14 ; 33, 2 ; 42, 16 ; 49, 9 ; 58, 10 ; 60, 1). De même le psalmiste s'écrie : « Le soir, les larmes, au matin, les cris de joie » (30, 6).C'est le matin qu'il chante l'amour de Dieu en éveillant l'aurore (59, 17 = 108, 3 ; 90, 5 ; 92, 3 ; 143, 8) [20].

C'est pourquoi les lévites-chantres demandent à Dieu, à la suite des prophètes (*Am* 7, 9 ; *Is* 2, 19 ; 14, 22, etc.), de se lever, de se réveiller, de se dresser : « Lève-toi, YHWH, sauve-moi, ô mon Dieu » (*Ps* 3, 8 ; cf. *Jr* 2, 27). — « Dresse-toi, YHWH » (*Ps* 7, 7 ; 9,20 ; 10, 12 ; 21, 14 ; 68, 2 ; 94, 2 ; 132, 8). — « Lève-toi à mon aide » (35, 2). — « Lève-toi, affronte-le » (17, 13). — « Lève-toi, pourquoi dors-tu, YHWH ? Réveille-toi » (44, 24 ; cf. 78, 65 ; 80, 3). — « Debout, viens à notre aide. » (44, 27). — « Réveille-toi » (35, 23 ; 59, 5-6 ; cf. 74, 22 ; 82, 8). Dieu doit se lever le matin comme le juge qui doit se rendre au prétoire (cf. 12, 6 ; 76, 10 ; 101, 8).

Thème central de la prédication des anciens prophètes, le *Jour de YHWH* est par excellence celui de la grande théophanie (*Am* 5, 18 ; *Is* 2, 6 ss ; *So* 1, 14 ss ; *Jr* 30, 7 ; *Ez* 7, 10 ; 30, 3 ; *Is* 13, 9-10) et celle-ci prendra, à l'époque du second Temple, une dimension eschatologique (*Jl* 2, 1 ss ; *Jb* 21, 30, etc.) [21]. Ce thème apparaît dans la psalmique : « Le Seigneur se moque de lui (l'impie), car il voit venir son jour » (37, 13). Pour l'impie, ce sera le jour de sa mort. Israël a oublié le jour où Dieu l'a sauvé de l'adversaire (78, 42). Dans les psaumes messianiques, le Jour de YHWH est celui où il engendre son « fils » (2, 7) et où celui-ci « abattra les rois dans sa colère » (110, 5).

Jour de colère (*Dies irae, dies illa*) ou Jour du salut, la venue de YHWH est annoncée à la fin des psaumes du Règne de YHWH (96, 11-13 ; 98, 7-9 ; cf. 67, 5 ; 82, 8) : toute la création acclamera celui qui viendra juger le monde et les peuples dans la justice et la vérité. En attendant ce Jour, les lévites-chantres appellent la communauté à écouter la voix de YHWH : « Aujourd'hui, si vous écoutiez ma voix ! » (*Ps* 95, 6 ; cf. *He* 3, 7 ss), en exhortant les fidèles à s'approcher de la

---

19. Cf. *Ps* 17, 15 ; 49, 15 ; 73, 14 ; 90, 14 ; 101, 8 ; 130, 6 ; *2 S* 15, 2 ; 23, 4 ; *Os* 6, 3.5 ; *Jr* 21, 11 ; *So* 3, 5 ; *Jb* 7, 18 ; 24, 17 ; 38, 15 ; *Lm* 3, 23.
20. Cf. ZIEGLER, 1950, 281 ; LIPIŃSKI, 1979, 733 ; TOURNAY, 1982, 51.
21. Voir p. 34 ; BOURKE, *RB*, 1959, 191 ; SOUZA, 1970, 166 ; GRAY, 1974, 5 ; HOFFMANN, 1981, 31 ; LOHFINK, 1984, 100 ; WEINFELD, 1986, 341.

face de YHWH (v. 2). Le Jour de YHWH n'est donc pas une réalité lointaine, rejetée dans un avenir indéfini : toute célébration liturgique devant la face de Dieu, à Sion, est « le Jour que YHWH a fait, pour nous Jour de bonheur et de joie » (*Ps* 118, 24).

Ce dossier des théophanies psalmiques suffit à montrer l'importance que revêtait, à l'époque du second Temple, la rencontre avec Dieu pour les fidèles venus « lever les yeux vers lui » et « voir sa face ». Le nom propre Élyoénaï « Vers Yah, mes yeux » est fréquent dans les *Chroniques* [22]. Les Lévites-chantres chargés de la prière et du chant liturgiques voulaient actualiser cette présence du Dieu caché, invisible, mais chaque jour à l'œuvre pour sauver son peuple et manifester sa puissance aux yeux des nations païennes. Inspirés par l'Esprit, ces prophètes cultuels travaillaient à réconforter les Pauvres de YHWH, à entretenir et à développer en eux l'espoir dans l'avènement du Règne de Dieu et de son Messie, le Fils de David. C'est pourquoi, en même temps que les évocations théophaniques, ils multiplient les discours divins, véritables oracles cultuels. Désormais, en effet, la Loi sort de Sion, et la Parole, de Jérusalem...

---

22. *1 Ch* 3, 23-24 ; 4, 36 ss ; 7, 8 ; 8, 20 ; 26, 3 ; *Esd* 8, 4 ; 10, 27 ; *Ne* 12, 41. Cf. *Ps* 25, 15 et 123, 1.

Appendice

Le rouleau des Hymnes *(hôdayôt)* découvert à Qumrân contient dans la colonne XI une description apocalyptique de l'anéantissement de l'univers par le feu. C'est la seule description théophanique conservée dans les écrits de Qumrân. En voici la traduction, selon E. Puech (1983, 370) :

[30] Les torrents de Bélial ont débordé sur toutes les rives élevées
par le feu dévorant toutes leurs irrigations,
pour détruire tout arbre vert [31] ou sec de leurs canaux
et qui consume par des tourbillons de flammes
jusqu'à la disparition de tout ce qui s'y abreuve.
Il dévore les fondements d'argile [32] et l'assise du continent,
et les fondements des montagnes deviennent un brasier,
et les filons de silex des torrents de poix,
et il dévore jusqu'au grand [33] abîme...

[35] Car Dieu tonne par le mugissement de sa force
et sa demeure sainte mugit de sa gloire [36] inaltérable,
l'armée des cieux donne de la voix,
et sont désorganisées et ébranlées les fondations éternelles.
La guerre des héros [37] célestes incendie le monde
et elle ne cessera pas jusqu'à l'extermination
fatale, définitive et sans pareille.

Le feu eschatologique se répand comme un fleuve de lave. Un orage formidable se déchaîne. Dieu tonne et l'armée des cieux donne de la voix. Ce monde est incendié et tout est exterminé. On peut rapprocher plusieurs textes du Nouveau Testament (*2 Th* 1, 8 ; *1 Co* 3, 13 ; *2 P* 3, 5-7.10 ; *Ap* 21, 8), ainsi que de nombreux textes apocryphes comme le *Livre d'Hénoch* (102, 1-3), les *Oracles Sibyllins* (III, 671 ss ; IV, 176 ss), la *Vie d'Adam et d'Ève* (49, 3 ss), le Talmud de Babylone (*Zebaḥim*, 116 a), et aussi Flavius Josèphe (*Antiquités*, I, 70).

LES ORACLES DANS LES PSAUMES

« Il vient, notre Dieu, il ne se taira pas. » (*Ps* 50, 3)

C'est toi qui as dit par l'Esprit Saint
et par la bouche de notre père David, ton serviteur :
« Pourquoi ces nations en tumulte... ? » (*Ac* 4, 25)

CHAPITRE PREMIER

DEMANDES DU PSALMISTE ET RÉPONSES DIVINES : UN DIALOGUE INSPIRÉ

Sollicité par les lévites-chantres, porte-parole de la communauté, YHWH manifeste sa présence dans le Temple, là où demeure son Nom et habite sa Gloire. C'est de Sion, le nouveau Sinaï, que sort sa Parole. De même qu'il se manifeste aux siens par des théophanies cultuelles, de même il les écoute et leur répond dans des oracles cultuels. C'est ce dialogue entre Dieu et ses « hôtes », ses amis, qu'il nous faut maintenant examiner. Grâce aux psaumes, Dieu se rend à la fois visible et audible de façon quasi sacramentelle, au cours de l'action liturgique.

Le *dialogue* peut s'engager dès que la rencontre a vraiment lieu. Il ne s'agit plus simplement de fréquenter le sanctuaire pour y consulter et interroger YHWH comme cela se faisait souvent dans le passé [1]. La recherche et la quête de Dieu doivent déboucher sur une expérience spirituelle comme celle que l'on prête au roi David, où l'homme est renouvelé et transformé par la présence de son Dieu. Déjà un oracle d'Amos déclarait : « Cherchez-moi et vous vivrez » (5, 4-6.14). Le prophète Osée lui fait écho : « Avec leurs brebis et leurs bœufs, ils iront chercher YHWH, mais ils ne le trouveront pas. Il s'est retiré d'eux » (5, 6). Dieu va regagner sa demeure jusqu'à ce qu'ils s'avouent coupables et cherchent sa face, et qu'ils le recherchent dans leur détresse (*Os* 5, 15). Si Israël revient à YHWH son Dieu, celui-ci l'exauce et le regarde (*Os* 14, 2.9). *Dt* 4, 29 reprend ici Osée : « De là-bas (en exil), tu rechercheras YHWH ton Dieu, tu le trouveras si tu le cherches de tout ton cœur et de toute ton âme. » (cf. *Jr* 29, 13 ; *Is* 55, 6).

Dieu communiquait jadis son message par des rites divinatoires, tels que *urîm* et *tummîm* (de Vaux, II, 1982, 201 ; voir p. 41), et des

---

1. Cf. *Gn* 25, 22 ; *Ex* 33, 7 ss ; *1 S* 9, 9 ; 14, 41 ; 15, 16 ; *2 S* 5, 23 ; 21, 1 ; *1 R* 22, 5 ss ; *Dt* 12, 5.

songes peut-être provoqués par des incubations. Il n'en est plus ainsi à l'époque du second Temple. Il est vrai qu'on a cru déceler une allusion à des incubations dans les mentions du lit et de la couche sur lesquels le fidèle est censé prier (*Ps* 4, 5 ; 149, 5). Mais il peut s'agir d'un tapis de prière ou simplement du lit de repos (*Ps* 36, 5). Désormais, le fidèle est celui qui « cherche Dieu », selon les *Ps* 22, 27 ; 24, 6 ; 42, 2 ; 69, 33 ; 70, 5 ; 105, 3 ; 119, 2. On utilise les verbes hébreux *darash* (17 fois dans 11 psaumes), *biqqesh* (10 fois dans 6 psaumes), *shaḥar* (*Ps* 63,2 ; 78, 34) dénominatif de *shaḥar* « l'aurore » (cf. *Ps* 130, 6). Les livres des *Chroniques* affectionnent ce thème fondamental[2]. Citons par exemple *1 Ch* 28, 9 : « Si tu le recherches, il se fera trouver de toi. » — *2 Ch* 15, 2 : « Quand vous le recherchez, il se laisse trouver. » (cf. *Mt* 6, 33 ; 7, 7).

Selon le schéma habituel des prières que nous ont livrées les textes de l'Ancien Orient, le fidèle qui prie la divinité s'attend à une réponse. A la fin des textes votifs et dédicatoires cananéo-phéniciens, le fidèle déclare : « Il a écouté ma voix » (cf. p. 9, la prière des ougaritiens). Citons la stèle araméenne de Zakkour, roi de Hamath vers 800 avant J.-C. Le roi se définit au début comme un homme « humble » et déclare plus loin (lignes 11-13) : « J'élevai mes mains vers le Seigneur du ciel *(B'lšmyn)*, et le Seigneur du ciel m'écouta. Alors le Seigneur du ciel me parla par l'intermédiaire des voyants *(ḥzyn)* et des présages *('ddn)* et il me dit : « Ne crains pas... » (Donner-Röllig, II, 1968, 20).

La répétition de ces mêmes formules s'explique par un stade oral antérieur à la mise par écrit (Culley, 1967, 35). Il faut d'ailleurs constater que les psalmistes pouvaient varier leurs formules de prière (Berlin, 1985, 127). Mais au-delà des divers genres littéraires, le thème essentiel est l'appel lancé à YHWH pour qu'il réponde (cf. *Is* 58, 9 ; *Jr* 33, 3). Comme le dit YHWH à Salomon : « Mon Nom sera là pour entendre la prière » (*1 R* 8, 29 ; *2 Ch* 6, 20 ; 30, 27). Si, comme on l'a vu, le dialogue entre Dieu et son prophète a cessé, le dialogue entre Dieu et ses fidèles se poursuit. On dit avec raison que, de l'homme à Dieu, c'est la prière, et de Dieu à l'homme, c'est l'oracle.

Avant de citer les psaumes oraculaires, il faut mentionner ici les innombrables textes psalmiques où Dieu est prié de répondre et où il répond. La liste suivante n'est pas exhaustive :

« A pleine voix, je crie vers YHWH, il me répond de sa montagne sainte » (3, 5). — « Quand je crie, réponds-moi... écoute ma prière... YHWH écoute quand je crie vers lui » (4, 2.4). — « Ma parole, entends-la, YHWH... au matin tu écoutes ma voix » (5, 2-4). — « YHWH entend mes sanglots, YHWH entend ma supplication, YHWH accueille ma prière » (6, 9-10). — « Le désir des humbles, tu l'exauces, YHWH...

---

2. *1 Ch* 22, 19 ; *2 Ch* 12, 14 ; 14, 3.6 ; 15, 12-13 ; 16, 12 ; 17, 3-4 ; 19, 3 ; 20, 3 ; 22, 9 ; 24,22 ; 26, 5 ; 31, 21 ; 34, 3.

tu tends l'oreille » (10, 17). — « Regarde, réponds-moi, YHWH » (13, 4). — « Écoute, YHWH, ... prête l'oreille à ma prière..., je t'ai appelé, toi, tu me répondras » (17, 1.6). — « Vers mon Dieu je lançai mon cri, il entendit ma voix » (18, 7). — « Accueille les paroles de ma bouche » (19, 15). — « Qu'il te réponde, YHWH, du jour de détresse... Du sanctuaire des cieux, il lui répond... Réponds-nous au jour de notre appel » (*Ps* 20, 2.7.10). — « Il a entendu quand on criait vers lui » (22, 25). — « Écoute, YHWH, mon cri d'appel... réponds-moi » (27, 7). — « Vers toi, YHWH, j'appelle ... ne sois pas sourd ... Écoute la voix de ma prière quand je crie vers toi... Béni soit YHWH, car il entend la voix de ma prière » (28, 1-2.6). — « C'est toi, YHWH, que j'appelais... Écoute, YHWH » (30, 9.11). — « Tends l'oreille vers moi... Tu écoutais ma prière quand je criais vers toi » (31, 3.23). — « Je cherche YHWH, il me répond... Un pauvre a crié : YHWH écoute... YHWH écoute ceux qui l'implorent » (34, 5.7.18). — « C'est toi qui répondras, Seigneur mon Dieu » (38, 16). — « Écoute ma prière, YHWH, prête l'oreille à mes cris, ne sois pas sourd à mes pleurs » (39, 13). — « Il entendit mon cri » (40, 2). — « O Dieu, entends ma prière, écoute les paroles de ma bouche » (54, 4). — « O Dieu, écoute ma prière ... exauce-moi, je t'en prie, réponds-moi... Pour moi, je fais appel à Dieu... Il a entendu mon cri... Que Dieu entende ! » (55, 2-3 ; 17-18, 20). — « Le jour où j'appelle » (56, 10). — « Je crie vers Dieu, le Très-Haut » (57, 3). — « Réponds-nous » (60, 7). — « Écoute, ô Dieu, mes cris, exauce ma prière... Du bout de la terre je t'appelle... C'est toi qui exauces mes vœux » (61, 2-3.6). — « Écoute, ô Dieu, le cri de ma plainte » (64, 2). — « Tu écoutes la prière... Tu nous réponds ... par des prodiges » (65, 3.6). — « Quand je poussai vers lui mon cri... Dieu a écouté, il entend le cri de ma prière » (66, 17.19). — « Je m'épuise à crier... Réponds-moi... YHWH exauce les pauvres » (69, 4.14.17.18.34). — « Tends l'oreille vers moi » (71, 2). — « Vers Dieu, je crie mon appel, qu'il m'entende » (77, 2). — « Alors YHWH entendit » (78, 21.59). — « Berger d'Israël, écoute » (80, 2). — « Sous l'oppression tu as crié... je te répondais » (81, 8). — « YHWH, Dieu Sabaôt, écoute ma prière, prête l'oreille, Dieu de Jacob » (84, 9). — « YHWH, écoute-moi, réponds-moi... Écoute ma prière... Sois attentif à ma voix... Je t'appelle, tu me réponds » (86, 1.6-7). — « Que ma prière vienne jusqu'à toi, ouvre l'oreille à ma plainte !... Je t'appelle tout le jour ; YHWH... Je crie vers toi, YHWH » (88, 3.10.14). — « Il m'appelle et moi, je lui réponds » (91, 15). — « Moïse, Aaron... faisaient appel à YHWH... Toi, tu leur as répondu » (99, 6.8). — « YHWH, entends ma prière, que mon cri parvienne jusqu'à toi... le jour où je t'appelle, vite, réponds-moi » (102, 2-3). — « Il entend leurs cris » (106, 44). — « Ils ont crié ... il les a délivrés » (refrain de 107, 6, etc.). — « Réponds-nous » (108, 7). — « YHWH entend le cri de ma prière ... je l'invoquerai ... j'invoque le nom de YHWH » (116, 1-2.4, cf. 13). — « Dans mon angoisse, j'ai crié vers YHWH, il m'a exaucé » (118, 5). — « Tu me réponds... J'appelle de tout mon cœur, réponds-moi... Écoute ma

voix » (119, 26.145.149). — « Dans ma détresse, j'ai crié vers YHWH
et lui, il m'a répondu » (120, 1). — « Des profondeurs, je crie vers
toi, YHWH ; Seigneur, écoute mon appel, que ton oreille se fasse
attentive au cri de ma prière ! » (130, 1-2). — « Tu as entendu les
paroles de ma bouche... Le jour où j'appelai, tu répondis » (138, 1.3).
— « Entends, YHWH, le cri de ma prière » (140, 7). — « YHWH, je
t'appelle... écoute mon appel quand je crie vers toi » (141, 1). — « Je
crie vers YHWH ... sois attentif à mes appels » (142, 2.7). — « YHWH,
entends ma prière, prête l'oreille à mes appels ... réponds-moi,
YHWH... Fais que j'entende au matin ton amour » 143, 1.7-8). — « Il
écoute leur cri et les sauve » (145, 19).

Le plus souvent, ces appels à Dieu émanent des psaumes de supplication et de lamentation individuelles ou nationales. En apparence,
Dieu se tait (35, 22 ; 50, 3 ; 83, 2 ; 109, 1 ; cf. Tournay, 1982, 52), il
dort (44, 24), il est sourd (39, 13), il cache sa face et reste lointain[3], il
oublie[4]. Le suppliant se désole devant ce silence apparent de Dieu :
« Mon Dieu, le jour je t'appelle et tu ne réponds pas, et la nuit, je
n'ai pour moi que le silence » (22, 3) (Puech, *RB*, 1984, 94). Mais au
v. 22 c, il est dit que Dieu a donné sa réponse[5]. La plupart du temps,
en effet, le psalmiste parle de réponse divine (cf. *Jonas* 2, 3). Comme
on le verra, cette réponse peut s'exprimer dans un véritable oracle
cultuel.

Toutes ces prières conviennent aux Pauvres de YHWH, ces
Judéens vivant sous l'occupation achéménide et grecque, au milieu
d'un environnement de peuplades païennes, en butte aux sarcasmes
des renégats et des impies (les *resha'im*), ennemis de YHWH et son
peuple (Ittmann, 1981, 103). Comme on l'a déjà dit (p. 107), ces « pauvres » avaient un modèle tout indiqué dans le roi David, poète et
musicien, persécuté et humilié (cf. *2 S* 16, 12 ; *1 R* 2, 26 ; *Ps* 98, 23 ;
132, 1), Nouveau Moïse, tout aussi humble que lui, David était considéré comme un prophète, responsable de la prière psalmique. De plus,
il s'était repenti de son péché et avait été pardonné (*2 S* 12 ; *Ps* 51, 1).
Il pouvait devenir à tous ces titres le père spirituel de la psalmique
officielle. Chaque lévite-chantre se considérait comme son porte-parole
et avait conscience d'exercer ainsi la fonction de prophète cultuel.

3. *Ps* 10, 1 ; 22, 12 ; 27, 9 ; 30, 8 ; 44, 25 ; 88, 15 ; 89, 47.
4. *Ps* 10, 12 ; 13, 1 ; 42, 10 ; 44, 25 ; 74, 19.23 ; 77, 10 ; 94, 7.
5. Dans le *Ps* 65, 2, le *TM* « Pour toi, le silence, c'est la louange » est une relecture
inspirée par le *Ps* 62, 2 et digne d'attention. Mais le texte primitif, attesté par les versions,
domiyyah, « est adaptée, due, convenable » s'impose en fonction du contexte et des parallèles (*Ps* 33, 1 ; 147, 1). Cf. *TOB*, 1339 vv.

CHAPITRE II

LES PSAUMES ORACULAIRES

Comme les passages théophaniques du psautier, les oracles que renferment les psaumes contribuent à donner à ce recueil une dimension prophétique remarquable. Ces oracles sont tantôt explicites, tantôt implicites. Tous présentent un contenu double : le salut et la libération, la menace et le jugement (Harris, 1971 ; Hanson, 1975, 303 ; Blenkinsopp, 1984, 252). L'oracle de salut peut se résumer ainsi : « Ne crains pas, n'aie pas peur ! » La seconde partie du livre d'*Isaïe* illustre bien ce genre de discours réconfortants dans lesquels Dieu réitère sa fidélité à l'Alliance et aux promesses (Begrich, 1964, 217 ; Dion, 1967, 198 ; van der Toorn, 1987, 63). A l'opposé, le réquisitoire divin *(rîb)*, bien attesté dans les oracles d'époque monarchique (Vermeylen, I, 1977, 43) et à l'époque exilique dans le « Cantique de Moïse », *Dt* 32, apparaît dans les *Ps* 50, 81 et 95. Il faut aussi mettre à part les oracles « messianiques » que l'on trouve dans les *Ps* 89 et 132, 110 et 2 : une étude spéciale leur est consacrée au chapitre IV.

Dès le début du psautier, la Parole de Dieu consignée dans la Tôrâ, et l'adoption messianique du Fils de David, se présentent comme les deux composantes essentielles de la foi juive : Loi et Messie, passé et avenir. Les *Ps* 1 et 2 forment ainsi un bloc littéraire renforcé par des contacts étroits de vocabulaire et encadré par un double « macarisme » : « Bienheureux l'homme... ! Bienheureux qui s'abrite en lui ! »

*
**

1. Psaume 12, 6. — Il débute par un appel « au secours ! » L'hapax *passû*, traduit d'après le contexte « (la loyauté) a disparu », est lu *safû* par le Targum (cf. *Ps* 73, 19) avec le même sens. Une retouche euphémistique a pu provoquer la métathèse des consonnes du verbe : tous les gens loyaux n'ont pas « disparu » ! La suite dénonce le mensonge et la duplicité. Le v. 4 est rapproché de *Pr* 10, 31-32 et de la Sagesse d'Ahiqar (Greenfield, 1971, 58). Dieu se lève alors et prend la parole au v. 6, à rapprocher d'*Is* 33, 10 ; 56, 1 ; *So* 3, 8. Le psalmiste commente ensuite l'oracle en opposant la déloyauté des hommes à la loyauté de YHWH qui s'engage à sauver les malheureux. Voici l'oracle du v. 6 :

> « Pour le pauvre qu'on dépouille, le malheureux qui gémit, maintenant je me lève » — dit YHWH ;
> « j'apporterai le salut » — lui affirme-t-il.

Les deux derniers mots, *yafîah lô*, sont difficiles à traduire (Miller, 1979, 495 ; Loewenstamm, 1980, 137). On propose : « à celui sur qui on souffle / on crache / que l'on méprise », ou « à celui qui y aspire » (cf. *Ha* 2, 3), ou en fonction du parallélisme : « Il (Dieu) atteste / témoigne / affirme pour lui = le malheureux » (cf. *Ps.* 10, 5 ; 27, 12). Cette dernière interprétation, confirmée par l'ougaritique, est celle du Targum *shehad* « témoin ». Dieu ne se contente pas d'une déclaration oraculaire, mais s'engage en faveur du pauvre à qui il promet le secours et le salut, comme par serment.

C'est pourquoi, dans la suite, le lévite-chantre déclare que les paroles divines sont pures, sincères, comme l'argent fondu au creuset de la terre et sept fois épuré (cf. *Ml* 3, 3 ; *1 Ch* 29, 4). Dieu tiendra ses engagements ; il protègera le malheureux d'une engeance de menteurs et d'hypocrites, à jamais. De toutes parts, les impies s'agitent tandis que monte la débauche (March, 1971, 610). Sombre tableau, mais l'espoir demeure dans l'intervention de YHWH et le salut final.

Le *Ps* 12 insiste sur la pureté de la Parole comme dans les *Ps* 33, 4 et *Is* 45, 19. Cette Parole est sans alliage (*Ps* 18, 31 ; *Pr* 30, 5), véridique et limpide (*Ps* 19, 8-9). Quand YHWH envoie sa parole à l'instar d'un messager (*Ps* 107, 20 ; 147, 15.18), elle ne revient pas sans effet (*Is* 55, 11).

L'attribution davidique est-elle due au contact entre le v. 2 b et *2 S* 20, 18-19 ? Ce dernier texte est obscur et mal transmis : « Que l'on demande ... s'il en est fini de ce qu'ont établi les fidèles d'Israël ». Quoi qu'il en soit, il est certain que le psalmiste assimile ici David à un prophète et qu'il lui fait dire un oracle, conformément à *2 S* 23, 2.

2. Psaume 32, 8-9 :

> [8] « Je vais t'instruire, te montrer la route à suivre, te conseiller, les yeux sur toi :
> [9] Ne sois pas le cheval ou le mulet,
> il ne comprend ni le mors ni la bride ;
> accosté pour qu'on le dompte, il refuse de t'approcher. »

Cette exhortation de ton didactique [1] a été parfois considérée, non comme un oracle divin, mais comme les paroles d'un maître de sagesse à son disciple. Selon Crüsemann (1969, 236), les trois der-

---

1. CASTELLINO, 1952, 27 ; 1955, 388 ; MACINTOSH, 1974, n. 454 ; PERDUE, 1977, 338, n. 133.

niers mots du v. 9 (il refuse...) seraient une glose rappelant la fin du
v. 6 : « Elles ne l'atteignent pas. » On rapproche un texte babylonien : « Je suis un âne de selle, je suis attelé avec un mulet, je
tire un chariot, je supporte le mors » (Lambert, 1960, 242). Mais avec
Kraus, Mannati, etc., il vaut mieux supposer qu'il s'agit ici d'un oracle,
étant donné l'expression « les yeux sur toi » qui peut évoquer le
regard divin (*Ps* 31, 8 ; 33, 13-14.18 ; 34, 16 ; 35, 17.22. Voir p. 94).
Avoir les yeux sur quelqu'un, c'est veiller sur lui (*Jr* 24, 6). Ce regard
peut être sévère (*Am* 9, 4 ; *Ez* 5, 11 ; *Dt* 7, 16).

L'oracle divin semble être une réponse à la prière du v. 6 : « Chacun de tes fidèles te prie ..., tu m'entoures. » Le dialogue se poursuit
entre l'orant et son Dieu interpellé à la 2e personne dès la fin du v. 5 :
« Et tu absous mon tort. » Le *Ps* 32 débute et s'achève par une action
de grâce ; il développe aux vv. 6-7 le thème de Dieu, abri du juste,
thème relié à celui de l'hôte de YHWH. L'amour de YHWH « entoure »
le juste qui lui fait confiance (v. 10). Tel est le cadre de l'oracle ici
étudié, tandis que la finale « jubilez » enchaîne avec le début du
Ps 33 : même verbe *ranan* « jubiler », mot crochet entre les deux
psaumes.

Le titre du *Ps* 32, *maśkîl*, unique dans la première collection du
psautier, est à mettre en relation avec le début de l'oracle : « Je
t'instruirai » (même racine *śkl* ; cf. *Ps* 101, 2). L'en-tête, « de David »,
suggère des rapprochements avec les livres de *Samuel*. Ainsi les
paroles de David après le recensement du peuple (*2 S* 24, 10.17) :
« C'est un grave péché que j'ai commis. Et maintenant, YHWH, dai-
gne passer sur la faute de ton serviteur, car j'ai vraiment agi comme
un fou (verbe *skl*, homonyme de *śkl* !) ». Et aussi la réponse de Nathan
à David (*2 S* 12, 13) : « YHWH de son côté a passé sur ta faute. »

Dans ce contexte davidique, le psaume présente une certaine
unité si on le relit, avec le lévite responsable du texte définitif, à la
lumière de la vie mouvementée de David, le pécheur repenti, le fou
assagi, devenu un homme avisé (*1 S* 18, 14-15), protégé par son Dieu.

3. Psaume 35, 3. — C'est la plainte d'un juste persécuté dans
lequel on a reconnu David, poursuivi par ses ennemis, lui, le « serviteur de Dieu » (v. 27). Ainsi s'explique l'en-tête « de David ». Le
lévite-chantre supplie Dieu de se lever pour le défendre ; il lui
demande aussitôt un oracle : « Dis à mon âme : C'est moi, ton
salut » (3 b). Ce court oracle est un vers de 2 + 2 accents, rythme différent des vers précédents (3 + 2 accents). Mais le v. 4 a a le même
rythme. D'autre part, le psalmiste se donne aussi à lui-même la
parole : « Tous mes os diront : Qui est comme toi... » (v. 10). Il fait
parler ses assaillants par deux fois : « Ha ! Ha !... » (21 ; 25). Enfin
il donne la parole aux fidèles : « Grand est YHWH... » On remarque
qu'il aime se mettre en scène, en répétant « son/mon âme »
(3.7.9.12.13.17, cf. 25). Le mot « mon salut » revient au v. 9. Ce court
oracle du v. 3 b est ainsi incorporé littérairement à l'ensemble du

psaume. Il peut s'inspirer du *Ps* 3, 3 : « Nombreux ceux qui disent de
mon âme : Pas de salut pour elle en son Dieu ! » Ici, le psalmiste
demande à Dieu d'intervenir : « Ne te tais plus » (22). Dieu verra (22)
et se lèvera (23) ; il sortira de son silence par un oracle cultuel
comme celui de 3 b ou de la fin du livre d'*Isaïe* : « Toute chair
saura que moi, YHWH, je suis ton sauveur » (*Is* 49, 26). — « Tu
sauras que c'est moi, YHWH, qui te sauve » (*Is* 60, 16).

4. C'est à la fin de la troisième et dernière strophe du *Ps* 46 [2]
que YHWH prononce l'oracle suivant :

> [11] « Arrêtez, reconnaissez que moi, je suis Dieu,
>   je domine les nations, je domine la terre. »

« Arrêtez » prend ici la nuance de « cessez, lâchez les armes »
(cf. *1 S* 15, 16). La suite rappelle la formule courante dans *Ézéchiel*
(plus de 20 fois) : « Et vous saurez que je suis YHWH. » (6, 7, etc.) Le
second stique finit comme les vv. 3 a, 7 b, 9 b et 10 a par le mot
« terre », qui est ici l'univers, le séjour des païens *(goyîm)*, en parallèle
avec « royaumes » (7 a). Cette perspective est celle de la fin d'*Isaïe* et
des psaumes du Règne de YHWH. La répétition « exalté, exalté » ou
« je domine, je domine » exprime avec emphase un thème psalmique
fréquent [3]. L'expression « moi, je suis Dieu » (*Ps* 50, 7 ; 81, 11) revient
dans *Is* 43, 11-12. Le thème central du *Ps* 46 est la présence permanente de YHWH dans sa cité de Sion : il est pour les siens l'Emmanuel (cf. *Is* 7, 14 ; 8, 8.10) et il les sauve « au tournant du matin »
(voir p. 120). Le fleuve (v. 5) évoque le canal d'Ézéchias (*2 R* 18, 17 ;
20, 20), image du fleuve symbolique (*Ez* 47, 1 ss) qui arrose le nouvel
Eden. Thème repris par *Is* 33, 21 ; *Za* 14, 8 et *Jl* 4, 18. Les contacts
avec *Joël* sont très étroits : « Dieu donne de la voix » (7 b ; *Jl* 2, 11 ;
4, 16). — « Et vous saurez que je suis au milieu d'Israël, moi, que
je suis votre Dieu, sans égal » (*Jl* 2, 27). — « Vous saurez alors que
je suis YHWH votre Dieu qui habite à Sion, ma montagne sainte.
Jérusalem sera un lieu saint » (*Jl* 4, 17). Le thème prophétique de la
fin des guerres [4] apparaît dans le *Ps* 46, 10 : « Il casse l'arc, brise la
lance, incendie les chars (LXX et Tg : les boucliers) », et aussi dans le
Ps 76, 4 : « Là (à Jérusalem !), il a brisé les éclairs de l'arc, le bouclier, l'épée et la guerre. »

5. Psaume 50, 5-23 [5]. — Les oracles contenus dans les *Ps* 50, 5-23 ;
81, 7-17 et 95, 8-11 imitent les anciens plaidoyers ou réquisitoires prophétiques *(rîb* ; Vermeylen, I, 1977, 42.65) dirigés contre Israël. Les

---

2. KRINETZKI, 1961, 52 ; WANKE, 1966, 10, 74 ; LUTZ, 1968, 157 ; WEISS, 1984, 314.
3. *Ps* 18, 47 ; 21, 14 ; 57, 6 ; 89, 14 ; 99, 2 ; 113, 4 ; 138, 6 ; *Is* 33, 10 ; 57, 15 ; *Ez* 10, 4.
4. *Os* 2, 20 ; *Mi* 4, 3 ; *Is* 2, 4 ; 9, 4 ; *Ez* 39, 9-10 ; *Jl* 4, 19 ; *Za* 9, 10.
5. MANNATI, 1973, 27 ; 1975, 659 ; GESE, 1976, 57 ; SCHWARTZ, 1978, 77 ; NIELSEN, 1978,
104 ; 1979, 309.

Ps 50 et 81 font partie du recueil asaphite. Le *Ps* 50, on l'a vu (p. 111), débute par un prélude théophanique. S. Mowinckel qualifiait le *Ps* 50 de *nachprophetisch*. Beaucoup de commentateurs le situent à l'époque postexilique (*dofî*, 20 a, est un mot araméen ; *Éloah*, 22 a, apparaît 46 fois dans *Job*). Voici l'admonition du *Ps* 50, 5-23 :

5 « Assemblez devant moi tous les miens
qui scellèrent mon alliance en sacrifiant.
6 Les cieux annoncent sa justice :
Dieu, c'est lui, le juge.   Pause.

7 » Écoute, mon peuple, je parle,
Israël, je veux t'avertir ;
c'est moi, Dieu, ton Dieu,
21 c (je te dénonce et t'expose ma requête) :

8 » Ce n'est pas tes sacrifices que je dénonce ;
tes holocaustes sont toujours devant moi.
9 Je ne prendrai pas de ta maison un taureau,
ni de tes bergeries des boucs.

10 » Car toute bête des forêts est à moi,
les animaux sur mes montagnes par milliers ;
11 je connais tous les oiseaux des cieux [6],
la faune des champs est pour moi.

12 » Si j'ai faim, je n'irai pas te le dire,
car le monde et son contenu sont à moi.
13 Vais-je manger la chair des taureaux
et boire le sang des boucs ?

14 » Offre à Dieu un sacrifice d'action de grâce,
accomplis tes vœux pour le Très-Haut ;
15 appelle-moi au jour de détresse,
je t'affranchirai, et toi, tu me rendras gloire. »

16 Mais à l'impie, Dieu déclare :
« Que viens-tu réciter mes lois,
qu'as-tu mon alliance à la bouche,
17 toi qui détestes la règle
et rejettes mes paroles derrière toi ?

18 » Si tu vois un voleur, tu fraternises,
tu es chez toi parmi les adultères ;
19 tu livres ta bouche au mal
et ta langue trame la tromperie.

20 » Tu sièges pour parler contre ton frère,
tu déshonores le fils de ta mère.
21 Voilà ce que tu fais, et je me tairais ?
Penses-tu que je suis comme toi ?
(Je te dénonce et t'expose ma requête.)

22 » Prenez bien garde, vous qui oubliez Dieu,
que je ne déchire sans recours !
23 Qui offre le sacrifice d'action de grâce,
celui-là me rend gloire ;
sur le chemin qu'il aura pris,
je lui ferai voir le salut de Dieu. »

6. « Cieux » versions ; « montagnes » TM.

Le v. 5 évoque le repas d'alliance (« mon alliance », 16 c) qui clôtura l'Alliance sinaïtique (*Ex* 24, 4-8). Israël doit appliquer les clauses de cette Alliance. Selon 16 a (Reindl, 1981, 344), le réquisitoire s'appliquerait à l'impie et non au peuple. De plus 21 c « je te dénonce et t'expose ma requête » semble en surcharge après le distique du v. 21. Il y aurait là une relecture destinée à décharger Israël en ménageant les Hasidîm (« les miens », v. 5). Dans ce cas, 21 c aurait complété primitivement le tercet du v. 7. Tout le reste du psaume est composé de couplets (le v. 23 fait exception).

En réalité, il ne s'agit pas ici d'un véritable procès. Dieu veut seulement « rendre justice » (4 b) à son peuple et le mettre en garde contre un culte formaliste purement extérieur, sans piété véritable. Quatre couplets (8-9, 10-11, 12-13, 14-15) condamnent ce ritualisme. On croit lire *Malachie* et d'autres oracles de reproche (*Am* 4, 5 ; 5, 25 ; *Os* 6, 6 ; *Is* 1, 11 ; *Jr* 7, 22 ; *Mt* 9, 13). C'est le sacrifice *tôdâ* ou « action de grâce » qui doit l'emporter (14 a, 23 a) sur le rite d'immolation (Lipiński, 1979, 64). Cette spiritualisation du culte caractérisa la vie religieuse des Judéens à l'époque du second Temple. Après 587, il avait fallu se résigner à l'arrêt des sacrifices. La prière psalmique (hymnes et supplications) se développa sous l'action des lévites-chantres, prophètes cultuels. La seule réponse valable au salut accordé par Dieu (« le salut de Dieu », 23 b) est alors la *tôdâ* où la communauté confesse sous forme d'action de grâce les hauts faits divins en faveur d'Israël ; il en est ainsi dans les *Ps* 100, 105, 106, 107 et bien d'autres textes psalmiques [7]. Cette *tôdâ*, mise en valeur par *Lv* 7, 12 ; 22, 29, s'accompagnait de musique (*Ps* 33, 2 ; 92, 2-4). Elle occupe une place prépondérante dans le rituel du second Temple.

La fin du *Ps* 50, 23 b, peut se traduire : « Et il prendra le chemin (où) je lui ferai voir le salut de Dieu. » Des manuscrits massorétiques et des versions (LXX, Syr.) ont lu *sham* « là (est le chemin...) », au lieu de *śam* « il met/il prend ». Symmaque et Hier. ont lu *tam* « l'homme intègre (en chemin) » (cf. *Pr* 10, 29 ; 13, 6 ; *Jb* 4, 6 ; *Ps* 119, 1). La consonne *taw* spirantisée peut être confondue avec le *sin* ou le *shin*. D'où ces variantes textuelles.

On rapproche ce verset du *Ps* 85, 14 : « La justice marchera devant lui (comme un héraut, devant YHWH), et fera (= tracera) de ses pas (à elle ; *ṣedeq* est masculin) le chemin. » Ce verset conclut un oracle implicite introduit ainsi au v. 9 : « Je veux écouter ce que dit YHWH Dieu : c'est la paix pour son peuple et pour ses fidèles » (voir p. 149). La fin du *Ps* 91, 14-16 (cf. 23, 6) se présente aussi comme un oracle divin et semble dépendre du *Ps* 50. Le fidèle en danger fait appel à Dieu qui lui répond (Hugger, 1971 ; Malamat, 1982) :

---

7. *Ps* 26, 7 ; 40, 7-10 ; 51, 18 ; 56, 13 ; 69, 31-32 ; 95, 2 ; 107, 22 ; 116, 17-18 ; 147, 7. Cf. *Is* 51, 3 ; *Jr* 17, 26 ; 30, 19 ; 33, 11 ; *Jon* 2, 10 ; *Ne* 12, 27 ; 2 *Ch* 29, 31 ; 33, 16.

14 Puisqu'il s'attache à moi, je l'affranchis,
  je le protège, car il connaît mon nom.
15 Il m'appelle et moi, je lui réponds :
  « Je suis avec lui dans la détresse,
  je veux le délivrer, le glorifier,
16 de longs jours, je veux le rassasier
  et je ferai qu'il voie mon salut. »

Remarquons que les oracles des *Ps* 50 et 91 débouchent tous les deux sur l'annonce d'une théophanie cultuelle (Kraus, 1978, 530). Le croyant « verra » le salut. On rapproche *Is* 52, 10 : « Toutes les nations de la terre ont vu le salut (= la victoire) de notre Dieu », texte repris par le *Ps* 98, 3. On lit dans le Document qoumranien de Damas (20, 34) : «Dieu leur pardonnera et ils verront son salut, car ils seront abrités en son saint nom. » (Carmignac, I, 182). Le vieillard Siméon proclame : « Mes yeux ont vu ton salut. » (*Lc* 2, 30).

La même séquence oracle-théophanie apparaît dans le *Ps* 90 (Auffret, 1980, 262 ; Müller, 1984, 265 ; Howell, 1984). L'en-tête « De Moïse, homme de Dieu » évoque en Moïse, comme en David, le prophète (cf. *Jos* 14, 6, etc.). Le psalmiste imite au v. 1 *Dt* 33, 27, c'est-à-dire la fin des Bénédictions de Moïse, « homme de Dieu » (*Dt* 33, 1). Le v. 2 peut évoquer la création du monde (« avant que les montagnes fussent nées ») et la révélation du Buisson ardent (« Depuis toujours à toujours, tu es Dieu » ; cf. *Si* 42, 21). Au v. 3, Dieu reprend sous forme d'oracle la sentence de mort de *Gn* 3, 19 :

Tu fais retourner le mortel à la poussière
en disant : « Retournez, fils d'Adam. »[8]

Cette méditation s'inspire ainsi du début et de la fin de la Tôrâ « mosaïque » : Genèse et Deutéronome. Le motif de la Colère divine apparaît aux vv. 7, 9, 11. La méditation concernant l'homme en général ne s'applique, dans les derniers versets, qu'à Israël et aux serviteurs de YHWH : ceux-ci souhaitent le « retour » de YHWH et sollicitent de lui un oracle au v. 12. Dieu est prié de se manifester aux vv. 16-17 :

Que ton œuvre apparaisse à tes serviteurs
et ta splendeur à tes enfants !
Que la douceur de YHWH notre Dieu soit sur nous !

C'est ainsi que le psalmiste entrevoit encore ici la réalisation d'une théophanie cultuelle.

6. Psaume 81, 6 c-17 (Mowinckel, 1962, 72 ; Booij, 1975, 465 ; 1978, 165). Le prélude hymnique de ce psaume asaphite est suivi d'un long oracle, proche de ceux des *Ps* 50 et 95. Voici la traduction du *Ps* 81 :

---

8. Cf. *Nb* 16, 29 ; 2 *S* 14, 14 ; *Jb* 10, 9 ; 34, 14 ; *Ps* 89, 43 ; 103, 14 ; 104, 29 ; 146, 4 ; *Si* 14, 17 ; 40, 11 ; *Qo* 3, 20 ; 12, 7 ; *1 M* 2, 63.

² Criez de joie pour Dieu notre force,
   acclamez le Dieu de Jacob ;
³ ouvrez le concert, frappez le tambourin,
   la cithare mélodieuse et la harpe ;
⁴ sonnez du cor pour le mois nouveau,
   à la pleine lune, du jour de notre fête.

⁵ Car c'est là une loi pour Israël,
   une ordonnance du Dieu de Jacob ;
⁶ il en fit pour Israël une règle
   quand il marcha contre la terre d'Égypte.

   J'écoute un langage nouveau :
⁷ « Du fardeau j'ai déchargé son épaule,
   ses mains ont déposé le couffin.
⁸ Sous l'oppression tu as crié, je t'ai sauvé,
   je te répondais, caché dans l'orage,
   je t'éprouvais près des eaux de Mériba.

⁹ « Écoute, mon peuple, je t'avertis,
   si tu pouvais m'écouter, Israël !
¹⁰ Qu'il n'y ait pas chez toi d'autre dieu,
   n'adore aucun dieu étranger :
¹¹ c'est moi, YHWH, ton Dieu,
   qui t'ai fait monter de la terre d'Égypte,
   ouvre grand ta bouche et moi, je l'emplirai.

¹² « Mon peuple n'a pas écouté ma voix,
   Israël n'a pas voulu de moi ;
¹³ je les laissai à leur cœur endurci,
   qu'ils aillent en suivant leurs projets !

¹⁴ « Ah ! si mon peuple m'écoutait,
   Israël, s'il marchait sur mes chemins,
¹⁵ aussitôt, j'humilierais ses ennemis,
   contre ses oppresseurs je tournerais ma main.

¹⁶ « Les adversaires de YHWH l'aduleraient,
   il serait leur terreur pour toujours ;
¹⁷ Je le nourrirais de la fleur du froment,
   je te rassasierais avec le miel du rocher. »

L'appel solennel « Écoute, Israël » (9 ; cf. *Dt* 6, 4) est ici orchestré comme dans les *Ps* 50, 7 et 95, 7, mais de façon très insistante ; le verbe « écouter » revient cinq fois. On note deux tercets ou tristiques, 6 et 11. Il faut modifier la coupe 6-7, car 6 c introduit l'oracle : « J'écoute un langage... ». Le lévite asaphite, porte-parole de la communauté, se tient aux écoutes de la Parole divine, de la règle ou instruction (*'edût* ; Couroyer, 1975, 216 ; van der Toorn, 1985, 181), comme son collègue coraïte dans le *Ps* 85, 9 : « J'écoute ce que Dieu dit... » Il n'en fut pas ainsi autrefois : au temps de l'Exode, de la marche du désert, en Canaan, Israël n'a pas écouté comme il le fallait la voix du Seigneur. Avec le *Ps* 95, 8, le *Ps* 81, 8 fait allusion aux révoltes de Mériba, la discorde ou querelle, et de Massa, l'épreuve ou tentation[9].

---

9. *Ex* 17, 7 ; *Nb* 20, 24 ; 27, 14 ; *Dt* 6, 16 ; 9, 22 ; 32, 51 ; 33, 8 ; *Ps* 106, 32.

Le *Ps* 81 était utilisé pour la fête des Tentes, à la pleine lune
d'automne, le jour de « notre fête » (v. 4) : *keseh*, dérivé du babylonien *kuse'u*, désigne la pleine lune (Lemaire, 1973, 171 ; *Lv* 23, 35 ;
Nb 29, 12 ; *Dt* 16, 13 ; *Ez* 45, 25). Dieu a libéré Israël de la corvée
(*Ex* 1, 14 ; 6, 6 ; *Dt* 5, 6) et lui a répondu dans le secret de l'orage
(*Ex* 19, 6 ; *Ps* 18, 12.14 ; 77, 19 ; etc.). Ce langage inconnu et nouveau,
c'est celui de l'Alliance et de ses clauses, trop oubliées (9 a reprend
Ps 50, 7 ; 9 b correspond à 95,7). Les dieux étrangers ont été souvent
dénoncés par les prophètes, surtout Jérémie (2, 25 ; 3, 13 ; 5, 19 ;
cf. *Ps* 44, 21). Le premier commandement défend d'adorer d'autres
dieux (*Ex* 20, 3 ; 34, 14 ; *Dt* 4, 28 ; 6, 14 ; Langlamet, 1969, 490). Le
v. 11 b qui reprend *Dt* 20, 1 et rappelle 6 b est peut-être une addition,
d'où le tristique actuel. Le v. 11 c sert de transition et prépare le v. 17.

La seconde partie de l'oracle (12-17) est une exhortation de style
prophétique. Israël ne doit plus s'endurcir (*Jr* 3, 17 ; *Is* 6, 10, etc. ;
Hessen, 1955 ; Räisänen, 1972 ; Couroyer, 1981, 216 ; Schenker, 1986,
563). Il doit écouter son Dieu qui le délivrera en semant la terreur
(*hittam* ; TM : temps ? destin ? Syr, Tg. « fureur ») parmi les ennemis
et en le nourrissant des meilleurs produits de la terre où « ruisselle
le lait et le miel »[10]. La fin du psaume s'inspire de *Dt* 32, 13-14.

7. Psaume 95, 7 d-11 (Schmid, 1972, 91 ; Henton Davies, 1973,
183). — Hymne processionnel comme les *Ps* 24 et 68, il se relie au
psaume 94, 22 par le motif du « Rocher », refuge d'Israël (*Dt* 32,
4, etc. ; *Is* 30, 29 ; *Ps* 18, 3.32.47 ; 19, 15). Cet hymne introduit le groupe
des Psaumes du Règne dont le *Ps* 100 constitue la doxologie finale.
Le v. 3 rappelle les *Ps* 47, 3 et 96, 4. Le v. 6 décrit la progression des
gestes d'adoration (cf. *Ne* 8, 6 ; 9, 3 ; *2 Ch* 29, 29-30). Le v. 7 est proche
des *Ps* 79, 13 et 100, 3. Le stique « Aujourd'hui, écouterez-vous sa
parole ? » introduit l'oracle qui suit et s'intègre dans une strophe de
cinq stiques comme la dernière strophe (10-11) :

1 Venez, crions de joie pour YHWH,
   acclamons le Rocher qui nous sauve,
2 allons devant lui en rendant grâce,
   au son des musiques acclamons-le.

3 Oui, c'est un Dieu grand que YHWH,
   un grand Roi au-dessus de tous les dieux ;
4 en sa main sont les gouffres de la terre,
   et les sommets des montagnes sont à lui ;
5 à lui la mer, c'est lui qui l'a faite,
   la terre ferme, ses mains l'ont façonnée.

6 Entrez, courbons-nous, prosternons-nous,
   adorons YHWH qui nous a faits.
7 C'est lui notre Dieu, et nous,
   le peuple dont il est le berger,
   le troupeau que mène sa main.

10. Cf. *Ps* 36, 9 ; 78, 24 ; 105, 40 ; *Ex* 16, 4 ; *Nb* 11, 7 ; *Dt* 8, 3 ; *Sg* 16, 20 ; *1 Co* 10, 3 ;
Jn 6, 49.

Aujourd'hui, écouterez-vous sa parole ?
8 « Ne fermez pas votre cœur comme au désert,
comme aux jours de tentation et de discorde,
9 quand vos pères m'ont tenté et provoqué,
et pourtant ils avaient vu mon exploit.

10 « Quarante ans leur génération m'a dégoûté,
et j'ai dit : Ce peuple a le cœur égaré,
ces gens-là n'ont pas connu mes chemins.
11 Alors, je l'ai juré dans ma colère :
Jamais ils n'entreront dans mon repos. »

Les Hébreux du temps de l'Exode avaient vu l'exploit (forme hapax ; cf. *Ha* 3, 2 ; *Ps* 90, 16 ; 92, 5 ; 111, 3 ; 143, 5) de YHWH, libérateur de son peuple. Israël est sans excuse, car YHWH continue à lui parler dans le Temple, en tant que Roi et Créateur de l'univers. Ce réquisitoire est dur. Comme dans le *Ps* 50, on a édulcoré le texte primitif pour ne pas choquer les *Hasidîm*. Le TM parle seulement de « la génération (du désert) », alors que les versions ont lu le démonstratif « cette (génération) ». De plus, au lieu du texte reçu « le peuple », des manuscrits hébreux ont « toujours » (*'ad* au lieu de *'am*), mot lu aussi par la Septante et sans doute primitif. On traduirait alors littéralement « toujours égarés de cœur (cf. *Ps* 119, 176 ; *Is* 21, 4 ; 29, 24), et eux n'ont pas connu mes chemins ». On comprend mieux alors la sévérité du dernier verset et le serment divin qui conclut l'oracle : « Jamais ils n'entreront dans mon repos. »

L'allusion à Massa et à Mériba est souvent faite ailleurs (Meinertz, 1957, 283 ; Guillet, 1948, 275). Mais les Hasidîm qui célébraient la fête des Tentes savaient « écouter » la voix du Seigneur, dans le « lieu de son repos » (*Dt* 12, 9 ; Ps 132, 8.14, etc.). L'auteur de l'épître aux Hébreux commentera ce texte en montrant comment la foi en Jésus-Christ introduit le croyant dans le repos de Dieu (*Hb* 3, 7-4, 11 ; Vanhoye, 1968, 9).

8. Psaumes 57, 60, 108. — Comme l'a bien montré T. Booij (1978, 130), le *Ps* 60 [11] représente, comme les *Ps* 85 et 132, un type secondaire de prophétie. L'oracle des vv. 8-14 est repris dans le *Ps* 108 à la suite du *Ps* 57, 8-12, lequel sert dans le *Ps* 108 de prélude hymnique. Ces *Ps* 57 et 60 font partie du grand recueil « élohiste » et sont précédés d'un titre historique qui se réfère à David. Leur réutilisation dans le *Ps* 108 témoigne de leur importance dans la liturgie du second Temple. Quelques manuscrits attribuent même le *Ps* 108 aux lévites asaphites, responsables de tant d'oracles et de théophanies psalmiques. Voici la traduction du *Ps* 60 :

3 Dieu, tu nous a rompus, rejetés,
tu étais irrité : rétablis-nous !
4 Tu as fait trembler la terre, tu l'as fendue,
guéris ses brèches, car elle s'effondre.

11. LIPIŃSKI, 1969, 60 ; AHARONI, 1971, 13 ; KELLERMANN, 1978, 56 ; BELLINGER, 1984, 73 ; OGDEN, 1985, 63.

⁵ Tu en fais voir de dures à ton peuple,
tu nous fais boire un vin de vertige ;
⁶ à tes fidèles, tu as donné le signal
pour qu'ils s'enfuient sous le tir des archers.   Pause.

⁷ Que tes bien-aimés soient délivrés,
sauve-les par ta droite et réponds-nous !

⁸ Dans son sanctuaire, Dieu a parlé :
« Je triomphe, je partage Sichem,
j'arpente la vallée de Soukkôt.

⁹ « A moi Galaad, à moi Manassé,
Éphraïm est l'armure de ma tête,
Juda, mon bâton de commandement.

¹⁰ « Moab est le bassin où je me lave,
sur Édom je jette la sandale.
Crie victoire contre moi, Philistie ! »

¹¹ Qui me conduira dans la ville retranchée,
qui me mènera jusqu'en Édom,
¹² sinon toi, Dieu, qui nous rejettes
et ne sors plus avec nos armées ?

¹³ Porte-nous secours contre l'oppresseur,
néant, le salut qui vient de l'homme !
¹⁴ Avec Dieu nous ferons des prouesses,
c'est lui qui piétinera nos oppresseurs.

Le désastre national évoqué au début du *Ps* 60 suppose l'invasion du territoire d'Israël. Dieu a dû rallier les siens pour leur permettre d'échapper aux flèches de l'ennemi (*Jr* 4, 6 ; 6, 1 ; Couroyer, 1984, 5). Curieusement, le psalmiste multiplie ici les jeux de mots et les paronomases (voir ci-après). La plupart des exégètes, ainsi U. Kellermann, pensent à la catastrophe de 587 comme pour les *Ps* 44, 74, 77, 80, 89. Le ressentiment manifesté à l'égard d'Édom (10-11) se comprend après le pillage de Jérusalem par les Édomites. Un vaste dossier anti-édomite existe à cette époque [12].

Le lévite-chantre fait office de prophète cultuel en introduisant l'oracle, au v. 7, par « réponds-nous » (cf. *Ps* 20, 2.10). Cet oracle est au centre comme dans les *Ps* 2, 12, 75, 85, 89, etc. En trois tristiques (8-10), Dieu s'engage à ramener l'âge d'or des débuts de la monarchie : union d'Israël du nord et de Juda, extension maximale du royaume sur les deux rives du Jourdain, comme au temps de Josué (13-21). L'oracle n'est pas introduit par l'expression habituelle : « Ainsi parle YHWH », mais par « Dieu a parlé dans son sanctuaire (le Temple) », ou bien « par sa sainteté », c'est-à-dire ce qu'il a de plus personnel (cf. *Ps* 89, 36 ; 105, 42, *Am* 4, 2 ; *Jr* 23, 9). Ce serment consacrerait l'oracle eschatologique. Inutile de corriger le début : « Je triomphe » (« je monterai » dans *Ps* 108, 1, avec 1 ms. et LXX ; North, 1967, 242). La vallée de Soukkôt est la région de Deir Alla près du débouché

---

12. *Ps* 137, 7 ; *Lm* 4, 22 ; *Is* 34 et 63, 1 ; *Am* 9, 12 ; *Is* 11, 14 ; *Ml* 1, 3-5 ; *Jr* 49, 15-16 ; *Ez* 25, 12 ; 35, 5.12 ; Abdias ; *Nb* 24, 18 (ROUILLARD, 1985, 436-446, 471).

du wadi Jabboq (rive est du Jourdain). Ce que Josué avait fait, Dieu le fera lui-même : il arpentera (*mdd*, cf. *2 S* 8, 2 ; *Ha* 3, 12) cette vallée. Sichem et Soukkôt sont nommées ensemble dans *Gn* 33, 17-18 (Otto, 1979).

Sept régions sont ensuite mentionnées comme dans l'addition postexilique d'*Is* 11, 10-16, qui offre des contacts avec le *Ps* 60. Galaad et Manassé, Éphraïm et Juda représentent les deux côtés du Jourdain. Dieu paraît en chef de guerre avec un casque (littéralement : abri), Éphraïm. Le bâton de commandement appartient à Juda (*Gn* 49, 10 ; *Nb* 21, 18) : c'est la tribu de David d'où sortira le Messie. Le bassin de Moab est la mer Morte dont l'eau est imbuvable. L'ironie méprisante se poursuit. Jeter la sandale sur Édom signifie s'approprier son territoire comme on met le pied sur un champ (Ruth 4, 7 ; *Jos* 1, 3 ; 10, 24). Le dernier stique a un double sens : « Pousse contre moi des cris, Philistie », ou « brise-toi contre moi » (cf. *Is* 24, 19 ; *Jr* 50, 15 ; *Ps* 2, 9 ; 65, 14). Des manuscrits massorétiques et la version syriaque lisent ici comme dans le *Ps* 108, 10 : « Contre la Philistie, je pousse le cri de guerre », ce qui élimine l'ambiguïté.

Le psalmiste tire la leçon de l'oracle : Dieu est le seul à pouvoir ramener Israël jusqu'en Idumée ; il ne faut rien attendre des hommes. La communauté des fidèles a perdu son indépendance nationale, mais ne doute pas de la réalisation future de cet oracle (cf. *Ps* 14, 7 ; 55, 7). Un double sens paraît possible pour 11 a : « Qui m'amènera (en tribut) la ville retranchée ? » (Cf. *Ps* 45, 15-16 ; 68, 30 ; 76, 12), ou « Qui m'amènera dans la ville retranchée ? » Il y a un jeu de mot avec Bosra, capitale de l'Idumée. C'est YHWH qui conduit les armées d'Israël (cf. *Ps* 44, 10 b ; 68, 8 ; *Nb* 14, 14). Pour le moment, il a rejeté apparemment son peuple (12 a, inclusion avec 3 a ; cf. *Ps* 44, 10 a). Par ailleurs, Édom semble être sur son déclin (cf. *Ps* 120, 5 ; *Is* 42, 11 ; *Ez* 35 ; *Is* 63, 4) ; sa ruine est décrite dans *Is* 34, *Abd* 19, *Am* 9, 12 et *Ml* 1, 4, textes qu'on peut situer vers 450 av. J.-C. Le *Ps* 60 a été rapproché d'*Is* 21, 15, texte daté des premières années du retour de l'Exil (Gosse, 1986, 70) : « Ils s'enfuient devant les épées, devant l'épée nue, devant l'arc tendu dans l'acharnement du combat. » Le *Ps* 60 serait donc antérieur de quelques décades à 450 av. J.-C.

Unique dans le psautier, la rubrique « à enseigner » qui apparaît dans le titre du *Ps* 60 ne se retrouve que dans *2 S* 1, 17 au début de l'élégie de David sur la mort de Saül et de Jonathan. Un chant aussi nationaliste que le *Ps* 60 devait devenir classique en Israël. Sa mémorisation était facilitée par l'abondance des paronomases : *qashâ/ hishqîtanû* (5) ; *nes/hitnôses* (6) ; *maṣôr / miṣṣar* (11, 13) ; *Édom/ 'adam (ibid.)*. Le titre « historique » se réfère à *2 S* 8, 13 (*1 Ch* 18, 13) qui parle de 18.000 Édomites au lieu de 12.000 *(shmnym/shnym)*. La vallée du Sel désigne la Arabah au sud de la mer Morte, comme dans *2 R* 14, 7 (Amasias y battit 10.000 Édomites). C'est Avishaï (*1 S* 26, 6-9), frère de Joab, qui battit les Édomites, tandis que Joab combattit Aram (*2 S* 10, 9-10). *2 S* 8, 13 ne parle que de David. Dom Calmet avait déjà remarqué que le titre du *Ps* 60 ne correspondait pas aux données du psaume. Le début du titre : « Sur un lys (est) le précepte » pourrait être interprété comme dans le *Ps* 80, 1 (45, 1 est abrégé) en modifiant seulement la vocalisation : « Contre ceux qui altèrent (*Lm* 4, 1 ; *Pr* 24, 21) le témoignage », c'est-à-dire l'instruction, la Loi (*Ps* 78, 5 ; 81, 6). On remarque que LXX traduit déjà « ceux qui sont changés (transformés) ». Il s'agirait ici des Juifs hellénisés et apostats des temps maccabéens. La suite *miktam* (p. 94) indiquerait une prière « secrète », dite à mi-voix, aux heures nocturnes ou récitées en cachette (comme pour David dans la caverne !). Notons enfin que la mention de l'arc (6 b) a pu suggérer un rapprochement avec *2 S* 1, 17.22 où il est aussi question de l'arc. On est ici en présence d'une exégèse midrashique déjà attestée dans les *Chroniques* où David tient de plus en plus de place en tant que prophète initiateur de la psalmique et modèle de piété pour les « pauvres de YHWH » (Tournay, 1957, 202 ; Childs, 1971, 137 ; Slomovic, 1979, 350 ; Pietersma, 1980, 213 ; Cooper, 1983, 117 ; Wilson, 1985).

Le *Ps* 57 (Auffret, 1977, 65 ; Kellerberger, 1982, 145), dont les deux dernières strophes (8-12) introduisent dans le *Ps* 108 l'oracle du *Ps* 60, est lui aussi précédé d'un titre « historique » qui évoque la persécution de David par Saül « Quand il s'enfuit de devant Saül dans la caverne » (cf. *1 S* 24, 4 ss). On retrouve la rubrique *miktam*, suivie de « Ne détruis pas ! » comme dans les titres des *Ps* 58, 59 et 75. C'est là sans doute une allusion à David qui consent à épargner Saül : « Ne le tue pas ! Qui pourrait porter la main sur le Messie de YHWH ? » (*1 S* 26, 9.15 : cf. *Dt* 9, 26 ; *Ps* 78, 38).

Le début du v. 5 doit se traduire : « Je peux alors m'étendre... » Ce verbe à forme cohortative a été le plus souvent mal traduit. Les versions suppléent un verbe « et il sauva » avant « mon âme » (« étendre mon âme/moi-même ») :

Je peux alors m'étendre moi-même au milieu des lions
qui dévorent comme le feu les fils d'Adam ;
leurs dents, une lance et des flèches,
leur langue, une épée acérée.

Le psalmiste (« David ») se sait protégé par Dieu qui envoie pour le sauver son amour et sa vérité (couple classique). Les « lions » qui dévorent comme du feu (Madros, 1984, 722) symbolisent les calomniateurs qui tendent des pièges au juste (David ; Daniel) ; ils y tomberont eux-mêmes :

Ils tendaient un filet sous mes pas,
j'allais tomber dans le piège ;
ils creusaient devant moi une trappe,
ils sont tombés en plein milieu.

C'est pourquoi le psalmiste célèbre l'amour et la vérité de YHWH dont la Gloire domine toute la terre. Ce trait théophanique achève comme il convient la strophe. Dieu a tout fait pour son ami (3 b ; cf

Ps 138, 2.8). Selon cette interprétation, le *Ps* 57 retrouve une certaine unité.

Composé des *Ps* 57, 8-12 et 60, 7-14, le *Ps* 108 doit s'interpréter dans un contexte de guerre sainte, sacralisée comme dans les *Chroniques*. Les perspectives sont universalistes. Édom devient le symbole de tous les ennemis de Dieu et de son peuple, comme il en sera dans la littérature rabbinique où Édom désigne Rome. Voici la première partie du *Ps* 108 :

> 2 Mon cœur est prêt, ô Dieu,
>   je veux chanter, psalmodier,
>   ô ma gloire !
>
> 3 Éveillez-vous, harpe, cithare,
>   que j'éveille l'aurore !
>
> 4 Je te rendrai grâce parmi les peuples, YHWH,
>   je psalmodierai pour toi en tous pays.
> 5 Ton amour est plus grand que les cieux,
>   jusqu'aux nues, ta vérité !
>
> 6 Dieu, élève-toi sur les cieux,
>   que ta gloire domine toute la terre !
>
> 7 Que tes bien-aimés soient délivrés,
>   sauve-les par ta droite et réponds-nous !
>
> 8 Dans son sanctuaire, Dieu a parlé :
>   (« Je triomphe... »).

La fin du v. 2, « ô ma gloire », est équivoque. On traduit aussi : « Telle est ma gloire ! » S'agit-il du psalmiste lui-même (cf. *Ps* 7, 6 c), de YHWH (*Ps* 3, 4 b ; 62, 8) dont on célèbre la Gloire au v. 6 b, ou encore de la Gloire divine conférée au fidèle (*Ps* 8, 6 b ; 73, 24 b) ? (McKay, 1978, 167 ; König, 1927, 536). Le *Ps* 57 répète « mon cœur est prêt/assuré » et « éveille-toi » devant « ma gloire » (cf. *Ct* 5, 2). Un ms. et Syr. ont « ma cithare » *(kinnorî)* ; c'est un doublet.

A la fin du v. 4, le TM coupe *bal-'ummîm* « non des peuples » (cf. *Ps* 117, 1 ; *Nb* 25, 15), comme dans les *Ps* 44, 15 ; 57, 10 et 149, 7. La forme normale est *le'ummîm* « les peuples » (*Ps* 2, 1 ; 47, 4 ; 65, 8 ; etc.). La négation *bal* est poétique et la graphie du TM peut avoir une signification dépréciative.

9. Psaume 75. — Ce psaume asaphite (Tournay, 1972, 43) est une exhortation prophétique pleine de réminiscences. Dieu s'en prend aux impies insolents et annonce qu'il va procéder à un jugement universel. En voici la traduction :

> 2 Nous te rendons grâce, ô Dieu, nous te rendons grâce,
>   proche est ton nom, qu'on proclame tes merveilles !
>
> 3 « Oui, au moment que j'aurai fixé,
>   je ferai, moi, droite justice.
> 4 Que s'effondre la terre avec ses habitants,
>   moi, j'en ai posé les colonnes.   Pause.

⁵ « Je dis aux arrogants : Plus d'arrogance !
   et aux impies : Ne levez pas votre front !
⁶ Ne levez pas si haut votre front,
   ne parlez pas en raidissant l'échine ! »

⁷ Ce n'est pas du levant ni du couchant,
   ni du désert que vient le relèvement.
⁸ Non, c'est Dieu, le juge,
   il abaisse l'un, l'autre, il le relève.

⁹ YHWH tient en main une coupe
   où fermente un vin capiteux ;
   il le verse, ils en lècheront la lie,
   ils la boiront, tous les impies de la terre.

¹⁰ Et moi, j'annoncerai à jamais
   en psalmodiant pour le Dieu de Jacob :
¹¹ « Je briserai le front des impies,
   mais le front du juste s'élèvera. »

Tout se passe comme si le *Ps* 75 était la réponse aux appels angoissés du psaume précédent, lamentation après le sac du Temple en 587. Le psalmiste exploite au v. 9 l'image jérémienne de la coupe de la colère (voir p. 116). Il use du symbole de la « corne » pour désigner le front arrogant (5-6, 11 ; Rouillard, 1985, 295). On rapproche la deuxième vision de Zacharie (2, 1-4) : le prophète aperçoit quatre cornes, symboles des ennemis qui ont dispersé Juda aux quatre points cardinaux. « Personne ne relevait la tête » (v. 4). On a voulu retrouver au v. 7 les quatre directions ; mais il manque le nord. Au lieu du TM « le désert des montagnes » qui désignerait la région édomite, il est préférable de lire *midbār* « le désert » avec des manuscrits hébreux, et ensuite « le relèvement » (le verbe *rûm* figure dans 5-6), thème repris à la fin du v. 8.

Les contacts sont surtout étroits avec le Cantique d'Anne (*1 S* 2, 1-10 ; Tournay, 1981, 567) : « Mon front (« ma corne ») se relève » (1 b). — « Ne multipliez pas les paroles si hautaines, que l'insolence ne sorte pas de votre bouche » (3 ab). — « YHWH abaisse, mais aussi il relève » (7 b). — « A YHWH sont les colonnes de la terre » (8 fin). — « Il relève le front(« la corne ») de son messie » (10 fin). Ce stique final correspond au dernier stique du *Ps* 75. On notera cependant l'absence du motif du « tonnerre » (*1 S* 2, 10 b). Néanmoins, on peut supposer que ces deux poèmes proviennent des mêmes cercles littéraires de lévites-chantres. Dans le dernier couplet du *Ps* 75, 10-11 le psalmiste se fait le porte-parole du Dieu de Jacob et proclame en son nom l'oracle final.

10. Psaume 82. — Comme le *Ps* 75, le *Ps* 82 (Jüngling, 1969 ; Höffken, 1983 ; F. J. Stendebach, 1986, 425) envisage le jugement eschatologique. YHWH tient ses assises dans la cour céleste, les Élohîm, les fils d'Élyôn (6 b). Le lévite asaphite exploite ici l'antique mythologie de Canaan en évoquant l'assemblée des dieux présidée par le dieu El (Muller, The Divine Council, 1980). Ces puissances célestes sont responsables des injustices dans le monde. Elles ne sont rien et devront tomber et disparaître, tandis que YHWH se lèvera et dominera l'univers.

> 1 Dans l'assemblée divine, Dieu préside,
>   au milieu des dieux, il juge.

> 2 « Combien de temps jugerez-vous faussement,
>   soutiendrez-vous la cause des impies ?
> 3 Rendez justice au faible, à l'orphelin,
>   faites droit au malheureux, à l'indigent.
> 4 Libérez le faible et le pauvre,
>   arrachez-le aux mains des impies. »

> 5 Sans savoir ni comprendre, ils errent dans la ténèbre ;
>   les fondements de la terre en sont ébranlés.
> 6 Je l'ai dit : « Vous êtes de dieux,
>   des fils du Très-Haut, vous tous !
> 7 Pourtant vous mourrez comme des hommes,
>   tous tant que vous êtes, ô princes, vous tomberez. »

> 8 Lève-toi, Dieu, juge la terre,
>   car toutes les nations t'appartiennent.

L'analyse du psaume révèle sa nature anthologique, renforcée par les réminiscences ougaritiques, si fréquentes dans la poésie post-exilique (cf. *Ps* 7, 8 ; 29 ; 89, 6-8, etc.). Le v. 1 rappelle *Is* 3, 13. Le réquisitoire (2-4) rappelle *Is* 3, 14-15 et d'autres oracles ou textes d'origine deutéronomique (*Dt* 10, 18 ; 24, 17 ; 27, 19, etc.). Comme parallèle extra-biblique, citons par exemple un passage de l'épopée de *Keret* à Ougarit (Caquot, 1974, I, 573) : « Tu ne défends pas la cause de la veuve, tu ne rends pas justice au malheureux, tu ne chasses pas ceux qui dépouillent le pauvre, devant toi tu ne fais pas manger l'orphelin. » (Gordon, 1978, 129).

Dans la seconde triade, 5 a rappelle *Is* 44, 9.18 ; 5 b rappelle *Is* 50, 10 b ; 5 c rappelle *Is* 24, 18-20 ; *Ps* 18, 8 ; *Mi* 6, 2. O. Loretz (1971, 113) omet comme une glose le v. 5 ; mais ce « tricolon » peut être un distique de 4 + 3 accents comme le v. 8 (deux négations proclitiques). 6 rappelle *Is* 41, 23, et 7 a, *Is* 41, 29 ; 44, 11. 8 rappelle *Ps* 9, 20 ; 10, 12 ; 76, 10 ; *Za* 2, 16. « Dieu juge » forme une inclusion (1 et 8).

Versions et commentateurs hésitent sur la traduction de 7 b : « ensemble » ou « comme chacun des princes », ou « que vous soyez le premier des princes », ou « tous tant que vous êtes » (ici préféré). Qui sont ces dieux, fils du Très-Haut ? Des divinités païennes (comme à Ougarit), des anges, des princes terrestres ? (Ackerman, 1966, 186 ; Emerton, 1980, 329 ; Manns, 1985, 525). La même question se pose pour d'autres textes : *Ex* 4, 16 ; 7, 1 ; 21, 6 ; *Ps* 58, 2 ; 138, 1. Ici, le contexte évoque d'abord, semble-t-il, la « mort » des dieux païens devant la souveraineté absolue de YHWH, si souvent affirmée dans l'A.T., surtout dans *Isaïe* et les *Psaumes*. Mais le réquisitoire nous invite à voir dans ces êtres qui seront réduits à néant les instigateurs des tyrans et des oppresseurs. On rejoint alors la grande apocalypse d'*Is* 24, 19 ss : la terre vacillera, elle tombera, YHWH visitera à la fois l'armée d'en haut et les rois de la terre. Tous seront « enfermés en prison », tandis que YHWH règnera à Sion et à Jérusalem. Les princes et les juges iniques, aveugles et insensés, compromettent les fondements de toute vie sociale (*Ps* 11, 2-3 ; *1 S* 2, 7-8 ; *Jr* 4, 22 ; *Mi* 4, 12 ; *Is* 56, 11). C'est seulement le monothéisme moral qui peut apporter à l'humanité la justice et le respect des droits de chacun.

11. Psaumes 68, 23 et 105, 11.15. — Hymne processionnel, le *Ps* 68 (voir p. 104) présente par mode d'allusion un tableau rétrospec-pectif de l'histoire d'Israël à partir du temps de l'Exode (Tournay, 1959, 358), dans un style épique (vers de 4 accents). Il contient un court oracle de menace au v. 23, après l'évocation théophanique des vv. 8-9 et un oracle implicite au v. 12 :

> 23 Le Seigneur a dit : « Je ramène de Bashân,
> je ramène des abîmes de la mer,
> 24 afin que tu enfonces ton pied dans le sang,
> que la langue de tes chiens ait sa ration d'ennemis. »

Ce passage nous reporte aux prédictions du prophète Élie sur la mort du roi Achab (*1 R* 21, 19 ; 22, 38), celle de son fils Joram blessé à Ramôt de Galaad et ramené à Yizréel (*2 R* 8, 29 ; 9, 15), et enfin celle de la reine Jézabel (*2 R* 9, 36 ; cf. *Os* 13, 8). Le criminel a beau chercher asile en terre païenne : Dieu saura bien l'y retrouver. Les abîmes de l'océan peuvent symboliser les puissances infernales du paganisme (*Ex* 15, 5.8 ; *Mi* 7, 19), en tant que domaine de Rahab et du Léviathan (Fersham, 1960, 292 ; Booij, 1978, 77).

Bien différent du *Ps* 68, le *Ps* 105 (Fensham, 1981, 35) évoque à sa façon l'histoire merveilleuse d'Israël commencée avec Abraham et aboutissant à la prise de possession de la Terre promise au patriarche. Les vv. 8-11 correspondent aux vv. 44-45. Au v. 11, Dieu s'engage par serment : « Je te donne une terre, Canaan, votre part d'héritage ». Il se rappelle sa parole sacrée envers Abraham son serviteur (v. 42).

Dieu prononce un autre oracle au v. 15 : « Ne touchez pas à qui m'est consacré, à mes prophètes ne faites pas de mal. » (= *1 Ch* 16, 22). Le parallélisme nous invite à voir ici une allusion aux prêtres et aux lévites inspirés (voir p. 24). C'est ici une relecture de l'histoire de la monarchie ; l'onction était conférée aux rois ; après l'Exil, elle fut conférée aux prêtres aaronides (*Ex* 30, 30), et en premier lieu au grand prêtre (*Ex* 29, 7), devenu le chef de la communauté.

12. Psaume 87 (Beaucamp, 1962-3, 53). — On a parfois discerné un court oracle au v. 4 :

> 4 « Je mentionne Rahab et Babylone
> parmi ceux qui me connaissent,
> Voyez Tyr, la Philistie, la Nubie,
> c'est là que tel homme est né. »

⁵ Mais on dit de Sion :
« En elle, tout homme est né. »
Et celui qui la maintient, c'est le Très-Haut.

On rapproche du v. 4 *Ps* 36, 11 et *Jb* 24, 1 où « ceux qui me connaissent » sont ceux qui connaissent YHWH. La Septante suppose un oracle : « je mentionne Rahab et Babylone à ceux qui me connaissent. » Mais le psalmiste coraïte s'adressait au v. 3 à Sion : « On parle de toi pour ta gloire, cité de Dieu. » Il est normal que Sion réponde à cette apostrophe en mentionnant elle-même les peuples qui la connaissent. On parle ensuite de Sion à la troisième personne, sauf au v. 7 où elle est encore une fois interpellée dans le TM : « En toi sont toutes nos sources » (cf. *Is* 12, 3 ; *Ps* 68, 27). Mais la Septante « eux tous qui habitent (en toi) » suppose l'hébreu *kullam 'onê*. Ce sens convient parfaitement au contexte et peut représenter le texte primitif. On observe dans le *Ps* 84, 7 la même différence entre la Septante « habitation » *(ma'ôn)* et le TM « source » *(ma'yân)*.

13. Psaume 55, 23. — Si l'auteur du *Ps* 55 (en-tête « de David ») parle comme le faisait Jérémie en dénonçant le mal caché à Jérusalem et en étant lui-même accusé de crime, il n'est pas certain qu'il ait inséré au v. 23, comme certains le pensent (Kraus, 1978, 564), cet oracle de salut :

« Décharge ton fardeau sur YHWH :
il ne peut laisser à jamais chanceler le juste. »

Ce conseil (repris par *1 P* 5, 7) serait alors la réponse aux demandes des vv. 2-3 et 17-18. Mais il est possible que de telles paroles ne soient qu'un spécimen ironique des propos du faux ami (v. 22). Le texte semble d'ailleurs en désordre ; il est difficile de choisir entre l'une ou l'autre interprétation (Mannati, II, 1967, 182).

CHAPITRE III

LES ORACLES IMPLICITES DANS LES PSAUMES

Le dossier des psaumes oraculaires a fait apparaître l'importance de la dimension prophétique de la psalmique israélite. Les oracles déjà étudiés contiennent des promesses de salut et de bénédiction, ou au contraire des menaces de châtiment et d'anéantissement. Il en sera de même pour les oracles contenus dans les psaumes dits « messianiques » (chapitre IV). Il reste à rechercher l'existence éventuelle, dans le psautier, d'oracles implicites.

Selon M. Mannati (I, 1966, 65), dix psaumes seraient à classer comme des liturgies centrées sur un oracle : quatre psaumes avec *je* (3, 54, 46, 57), trois avec *nous* (20, 60, 85), un psaume avec passage de *je* à *nous* (108), auxquels s'ajouteraient les *Ps* 61 (psaume de l'hôte de YHWH) et 28 (psaume contre les impies). Les *Ps* 60 et 108, ont déjà été étudiés (p. 138 ss).

1. Le *Ps* 20 (Tournay, 1959, 161) est à mettre à part ; cette prière pour le roi est suivie d'une action de grâce pour l'aide accordée par Dieu au roi. Cette liturgie royale peut être datée avec vraisemblance du VIIe siècle av. J.-C. ; elle présente des contacts littéraires et thématiques avec les écrits de la fin de la monarchie (*Sophonie, Jérémie, Ex* 15, etc.). Le *Ps* 20, 2-6 précède un holocauste (cf. 4 b). Au v. 7, le grand prêtre officiant (peut-être Hilqiyya, cf. *2 R* 22, 4) prononce un oracle cultuel favorable : « Oui, maintenant, je le sais : YHWH donne la victoire à son Messie ; du sanctuaire des cieux, il lui répond par des gestes victorieux de sa main droite. » L'oracle cultuel était courant en Égypte et c'était pour le pharaon un moyen de gouverner. Ici, l'oracle se contente de promettre au roi la victoire. Étant donné l'en-tête « de David », c'est le « prophète » David, l'ancêtre du Messie, qui promet à son descendant l'assistance divine comme dans le *Ps* 21.

Le *Ps* 20 a été récemment rapproché d'un hymne araméen transcrit en démotique dans le Papyrus Amherst 63 (Steinert, 1983, 261). Cet hymne païen est daté par Smelik (1985, 78) de la première moitié du premier millénaire. Le psalmiste a pu adapter cet hymne en éliminant les dieux païens, en remplaçant Saphon par Sion. Il a ajouté au v. 7 l'oracle cultuel et introduit la doctrine deutéronomique du Nom de YHWH (Weinfeld, 1985, 130).

2. Proche du diptyque 20-21, le *Ps* 61, 6-9 est une prière pour le roi : « Aux jours du roi, ajoute les jours, ses années, de siècle en siècle ! Qu'il trône à jamais devant la face de Dieu ! Assigne à sa garde Amour et Vérité ! » (7-8). Le Targum, suivi par beaucoup de commentateurs applique ce texte au Messie davidique. L'en-tête « De David » suggérait cette interprétation. Déjà on pouvait penser à David fugitif (*2 S* 17, 24) : « Du bout de la terre... » (v. 3), ou bien « assis devant Dieu » (v. 8 ; *1 Ch* 17, 16). Au v. 6, « David » affirme que YHWH l'a déjà exaucé ; il est alors censé parler comme un prophète et annoncer la destinée réservée par Dieu à son descendant messianique. Mais à l'origine, il pouvait s'agir de la prière d'un lévite exilé loin du Temple, lors de la déportation de 598, et priant pour le roi Sédécias (Tournay, *RB*, 1958, 171). On voit par cet exemple combien de niveaux d'interprétation peut comporter un psaume.

3. Le *Ps* 62, 12-13 (de Meyer, 1981, 350) s'achève sur une parole divine sous forme de proverbe numérique. C'est là un procédé classique de la littérature de sagesse [1] (Roth, 1965 ; Honeyman, 1961, 348) :

> 12 Une fois, Dieu a dit une chose,
> deux choses, j'ai entendues :
>
> Ceci : que la force est à Dieu,
> 13 à toi, Seigneur, la grâce !
>
> Et ceci : tu rends à chaque homme
> selon ses œuvres.

Telle est la doctrine traditionnelle de la rétribution. Dieu rend à l'homme selon ses œuvres et traite chacun selon sa conduite (*Jb* 34, 11). Cette rétribution s'exerce avec force autant qu'avec miséricorde. Si Dieu sauve ses fidèles, menteurs, hypocrites, violents et cupides sont devant lui moins qu'un souffle. Rappelons que M. Mannati (II, 1967, 230) a rapproché le *Ps* 62 d'*Is* 30 ; « les deux exemplaires » (v. 8), le mur qui s'écroule (v. 13), le repos et la confiance (v. 15), la grâce (v. 18). On aurait ici un nouvel exemple de style « prophétique » ; le psalmiste se serait inspiré de cet oracle d'*Isaïe*.

4. La première moitié du *Ps* 85 (Booij, 1978, 139 ; Auffret, 1982, 285) est une prière collective des Judéens rapatriés à la fin du VIe siècle av. J.-C. La colère divine s'était déchaînée contre Israël ; mais les retours successifs des exilés étaient autant de signes du pardon divin. Cependant, la situation des Judéens demeurait difficile comme le

---

1. *Am* 1-2 ; *Pr* 6, 16 ; 30, 15 ; *Jb* 5, 19 ; 33, 14 ; 40, 5.

montrent les lamentations nationales des *Ps* 79, 80, etc. Dieu se doit de rendre la vie à son peuple. Il doit intervenir en sa faveur : « Fais-nous voir, YHWH, ton *ḥesed*, que nous soit donné ton salut ! ». Le lévite coraïte se met aux écoutes, car Dieu va lui parler (LXX : « ce que me dit ») :

> ⁹ J'écoute ce qui dit Dieu YHWH ;
> oui, ce qu'il dit, c'est la paix
> pour son peuple et pour ses fidèles :
> qu'ils ne reviennent plus à leur folie !
>
> ¹⁰ Son salut est tout proche de ceux qui le craignent,
> et la gloire habitera notre terre.

La fin du v. 9 est troublée (Kselman, 1983, 23). Le mot *kislâ* a un double sens : folie, confiance (*Jb* 4, 6 ; *Ps* 49, 14 ; 78, 7). Certains traduisent : « Qu'ils ne s'assoient pas sans confiance ». LXX traduit : « et pour ceux qui tournent vers lui leur cœur » (cf. *1 R* 12, 27), et la Vulgate ; « et ceux qui font retour sur eux-mêmes (littér. vers leur cœur) ». Comme le verbe *shûb* revient cinq fois dans le *Ps* 85 avec des nuances diverses (revenir, rétablir, se tourner, se convertir), il est possible qu'il provienne au v. 9 d'une harmonisation et que le texte primitif de 9 d ait été « et pour les cœurs droits ». — Pause (cf. 3 b), *yishrê-leb*, *Séla. Beth, caph* et *resh* auront été confondus (Bradley, 1920, 243).

Les vv. 11-14 développent l'oracle implicite de paix et de salut :

> ¹¹ Amour et vérité se rencontrent,
> justice et paix s'embrassent ;
> ¹² la vérité germera de la terre,
> et du ciel se penchera la justice.
>
> ¹³ Dieu lui-même donnera le bonheur
> et notre terre donnera son fruit ;
> ¹⁴ la justice marchera devant lui
> et de ses pas tracera le chemin.

On notera les répétitions de mots : paix, salut, justice, vérité. Ces attributs divins personnifiés se rencontrent, s'embrassent, marchant devant Dieu pour lui tracer le chemin (cf. *Ps* 43, 3 ; 89, 15 ; 97, 2-3). Ce sont les hérauts de YHWH, ses acolytes, comme dans le livre d'*Isaïe* (58, 8 ; 59, 14 ; 62, 11 ; 32, 16-17). Ils forment un cortège, une sorte de ballet mystique et Dieu s'approche pour apporter les biens que procure la paix : abondance, bonheur, joie, salut. La Gloire de YHWH viendra habiter et remplir le nouveau Temple, sur « notre terre », la « terre promise » à Abraham et rendue aux Judéens rapatriés.

Le traité gnostique *Pistis Sophia* commente à cinq reprises ces versets du *Ps* 85. Pitié, Vérité, Justice, Paix sont présentées comme les quatre hypostases d'un Dieu unique qui opère le salut (Trautmann, 1979, 551). On retrouve de semblables considérations dans les traditions juives apocryphes et rabbiniques au sujet des anges (Testament des Douze Patriarches, I Hénoch, Midrash *Berechit Rabba*, etc.).

5. Faut-il parler d'un oracle implicite dans le *Ps* 3 ? M. Mannati (I, 1966, 96) se pose la question. Elle suggère de voir dans les verbes « se coucher, dormir, se réveiller » (v. 6) une allusion au rite d'incubation, comme ce fut le cas pour Salomon à Gabaon (*1 R* 3, 4-6). Le fidèle aurait passé la nuit dans le Temple, sur la montagne sainte, et c'est là que Dieu lui aurait répondu :

> ⁵ A pleine voix je crie vers YHWH,
> il me répond de sa montagne sainte.
>
> ⁶ Et moi, je me couche et m'endors,
> je m'éveille : YHWH est mon soutien.

Contrairement à M. Mannati, L. Jacquet (I, 1975, 247) se refuse à voir ici une telle allusion ; il écrit que M. Mannati « se laisse prendre au jeu de ses propres affabulations ». Pour éclaircir ce point, il faut se référer à un élément essentiel trop négligé par les commentateurs, à savoir l'en-tête et le titre « historique » : « De David. Quand il fuyait devant son fils Absalom » (titre analogue dans la version du *Ps* 142, LXX). Il s'agit de *2 S* 15, 12 s. Comme pour les autres psaumes pourvus d'un titre « historique », on est en présence d'une relecture « davidique ». Le début du *Ps* 3 parle d'une multitude d'ennemis, ce qui corespond à *2 S* 15, 12 où l'on parle d'un grand nombre *(rāb)* de partisans d'Absalom. On a aussi voulu dès le début du psautier rappeler que David, père de la psalmique, est supposé s'exprimer ici en tant que prophète à qui Dieu parle, et en tant que modèle des pauvres et des persécutés que Dieu sauve de tous les périls, quels qu'ils soient.

6. Selon M. Mannati, l'auteur du *Ps* 4 exprime l'espoir d'être favorisé d'un songe prophétique (I, 1966, 104). Mais les vv. 5 (« votre couche ») et 9 (« je me couche ») n'impliquent pas une telle interprétation. D'autre part, on pourrait voir dans le v. 3, selon le texte reçu, un oracle divin :

> Vous autres, jusqu'à quand ma gloire (sera-t-elle) insultée,
> aimerez-vous le néant, rechercherez-vous le mensonge ?

Cependant le contexte invite à n'appliquer ce texte qu'au fidèle dont l'honneur est bafoué et calomnié. LXX traduit : « Jusqu'à quand aurez-vous le cœur lourd, pourquoi aimez-vous le néant... » Cette coupure de l'hébreu semble primitive, avec une double interrogation. L'endurcissement du cœur est un thème jérémien (p. 40). La relecture du *TM* s'expliquerait par une tendance à faire parler Dieu lui-même. L. Jacquet souligne la solennité de cette phrase qui résonne comme un oracle prophétique (I, 1975, 257).

7. M. Mannati (II, 194) croit détecter dans le *Ps* 57, proche pour le fond et le style du *Ps* 3, une révélation nocturne reçue pendant le sommeil, en raison du v. 5 : « Je suis couché parmi les lions », et aussi du v. 9 : « j'éveillerai l'aurore. » Elle ajoute l'expression « à l'ombre de ses ailes ». Mais il faut traduire correctement le cohortatif du v. 5 : « Je peux alors m'étendre moi-même au milieu des lions qui dévorent... » (p. 141). Le psalmiste est certain que Dieu le sauvera même s'il se trouve au milieu de bêtes féroces, image reprise au v. 7 du *Ps* 58. Dans cette interprétation, David, prophète et poète, est censé dire tout le psaume où une prière est suivie d'un hymne, ce qui n'est pas rare dans le psautier.

8.   Dans le *Ps* 28, l'hypothèse d'un oracle (Mannati, I, 272) s'accorderait avec la demande d'une réponse divine au v. 1, et la mention du *debîr*, le « saint des saints » où YHWH rend ses oracles. Cet oracle serait analogue à celui du *Ps* 12, 6, tandis que la bénédiction finale, proche de celle du *Ps* 29, 11, rappelle celle du *Ps* 3, 9. Le fidèle est certain d'être exaucé. Une telle hypothèse n'est pas invraisemblable. Mais n'est-il pas plus simple de mettre une telle assurance sur le compte du prophète David dont YHWH est la force et le bouclier (v. 7) ? Ce thème « davidique » est classique. C'est le roi qui bénit YHWH (v. 6) et veut lui rendre grâce en chantant (v. 7). Le style du *Ps* 28 est imité de celui des anciens oracles, notamment *Is* 5, 12 et plusieurs passages de *Jérémie* (1, 10 ; 24, 6 ; 31, 28 ; 42,10 ; 45, 4 ; 50, 29).

9.   Selon M. Mannati (II, 174), on aurait dans le *Ps* 54, 3-4 une demande d'oracle, et dans 6-9 (« Voici que le Dieu me vient en aide... ») la réaction à cet oracle, analogue à « je sais... » (*Ps* 20, 7 ; 56, 10 ; 140, 13). Mais on ignore en quoi aurait consisté l'oracle et à quel rite a eu recours le suppliant, de même qu'on ignore quel danger le menaçait. La note « historique » est apparemment sans rapport avec le contenu du psaume : « Quand les gens de Ziph vinrent dire à Saül: ʹDavid n'est-il pas caché parmi nous ? ʹ » Il faut cependant noter que, dans *1 S* 23, 15, Saül cherche à tuer David, ce qui correspond au v. 5 b : « Des forcenés cherchent ma vie ». On peut aussi rapprocher *1 S* 26, 24 où David dit à Saül : « YHWH me délivrera de toute angoisse », du v. 9 a : « Il m'a délivré de toute angoisse ». C'est bien David qui est censé ici parler en sa qualité de prophète comme le ferait Jérémie qui qualifie aussi de « forcenés » (*Jr* 15, 21) ses ennemis personnels.

10.   Dans le *Ps* 140, 13, « je sais » n'implique pas l'intervention d'un oracle qui aurait apporté au suppliant la certitude d'être sauvé (Mannati, IV, 235). Si le jugement de condamnation des impies et de salut pour Israël implique bien une révélation, il s'agit de celle qu'ont déjà reçue les « anciens prophètes ». Le lévite-chantre fait parler David comme un inspiré. D'où l'en-tête « De David ». Il en est de même pour le *Ps* 141 qui prolonge le *Ps* 140. Dans 140, 11 b, le mot *mhmrt* « abîme » est déjà attesté à Ougarit (Loewenstamm, 1980, 528). Au v. 12 b, *mdhfh* signifie « le corral » (Greenberg, 1978, 125 ; Meshel, 1974, 129).

11. De même, « je sais » dans le *Ps* 56, 10 n'est pas une réaction à un oracle comme le pense M. Mannati (II, 187). Il est vrai que le refrain des trois stiques 5 et 11-12 (11 b est un doublet) met en relief la Parole de YHWH, objet de louange du suppliant. Mais on ne peut invoquer la fin du v. 4 « d'en haut *(marôm)*... » pour parler de théophanie ou d'intervention divine spéciale. On peut en effet traduire 3 b : « Ils sont nombreux, ceux qui m'assaillent de très haut ». On aurait peut-être là une allusion au siège de Jérusalem en 701 ou à d'autres sièges : les assiégeants sont postés sur les collines qui surplombent la cité (cf. *Ps* 125, 2). Des exégètes traduisent *marôm* « avec hauteur/insolence ». Selon Ibn Ezra, il s'agirait des anges. On propose diverses conjectures.

Le titre du *Ps* 56 est énigmatique : « Sur la colombe des dieux lointains. De David. A mi-voix. Quand les Philistins s'emparèrent de lui à Gath ». Cet épisode est raconté dans *1 S* 21, 11-16. Comme dans ce dernier texte, le psaume parle de « peur » (v. 4), de vie errante (v. 9). De plus, le verbe *halal* « louer » (5. 11) peut aussi signifier « être fou » (*1 S* 21, 14). Après sa vie vagabonde dans le désert de Juda, David est censé vouloir acquitter le sacrifice *tôdâ* et marcher désormais en présence de Dieu dans la lumière des vivants (ou : de la vie). La rubrique obscure du titre pourrait dater de l'époque hellénistique et être traduite : « Contre l'oppression (cf. *So* 1, 3) des divinités lointaines », c'est-à-dire Zeus et les dieux importés par les Grecs en Israël. En conséquence, cette prière ne pouvait se réciter qu'à voix basse ou en cachette pour ne pas provoquer les païens (voir p. 94).

12. L'auteur du *Ps* 83 (Costacurta, 1983, 518), un lévite asaphite, évoque une immense coalition d'une dizaine de nations païennes, liguées contre YHWH et son peuple (cf. *Ps* 2, 2 ; 48, 5 ; 74, 23 ; *Is* 17, 12). Le lévite implore l'intervention du Juge divin. Comme l'a bien noté M. Mannati (III, 112), ce qui brûle ce « prophète », ce n'est pas le désir de vengeance, mais la glorification du Nom divin par une manifestation théophanique. Il laisse à Dieu le soin de faire lui-même justice. La honte et la terreur doivent provoquer la conversion des païens qui finiront par reconnaître le seul Dieu véritable. Le psalmiste fait ainsi écho aux nombreux oracles des « anciens prophètes » contre les nations.

13. Il en était de même pour le *Ps* 60. Il en est de même pour le psaume asaphite 76, 9-10 : « Des cieux tu fais entendre la sentence, la terre prend peur et se tait quand Dieu se lève pour le jugement, pour sauver tous les humiliés de la terre. » Ici, un silence solennel précède le verdict divin, au Jour de YHWH comme dans beaucoup d'autres textes (cf. *So* 1, 7 ; *Ha* 2, 20 ; *Is* 41, 1 ; *Za* 2, 17 ; *Sg* 18, 14 ; *Ap* 8, 1).

La recherche des oracles implicites dans le psautier met en lumière la fréquence remarquable des motifs prophétiques. P. E. Bonnard (1960) avait relevé des contacts entre 33 psaumes et le livre de *Jérémie*. M. Mannati qualifie de son côté 16 psaumes d'exhortations ou de réquisitoires prophétiques contre les impies : 9-10, 11, 12, 14 (= 53), 28, 52, 59, 62, 64, 75, 99, 106, 109, 119, 135, 139. Quatre d'entre eux (59, 64, 83, 94) seraient à la périphérie du genre à cause de l'importance de la supplication. Les *Ps* 140 et 141 pourraient être rattachés à ce groupe. Le *Ps* 9-10 est rapproché de la grande apocalypse d'*Isaïe* (25, 1-5) ; le psalmiste envisage avec assurance le jugement eschatologique condamnant les oppresseurs des Pauvres de YHWH. C'est bien David (*Ps* 9, 1), le prophète, qui est censé prêter sa voix à toute la communauté d'Israël. Il en est de même du *Ps* 11 (Mannati, 1979, 122) qui rappelle le châtiment de Sodome et Gomorrhe et reprend l'image jérémienne de la « coupe » (voir p. 116). L'expression « manger mon peuple » dans le *Ps* 14, 4, est d'origine prophétique[2]. Le précis de morale, adressé dans le *Ps* 15 aux visiteurs du Temple, rappelle plusieurs oracles[3].

Mannati (II, 166) rapproche le portrait de l'impie tel que le trace le *Ps* 52 des oracles d'*Is* 22, 17-18 et de *Jr* 4, 22 ; 9, 4 ; 18, 18. Elle rapproche aussi (*ibid.*, 202) de *Dt* 32, 32-33 l'oracle vengeur du *Ps* 58, 7-12. L'auteur du *Ps* 59 lance comme un prophète (*ibid.*, 210) de terribles imprécations ; le châtiment des impies sera une véritable théophanie : « Que l'on sache que c'est Dieu, le Maître, en Jacob et jusqu'aux bouts de la terre ». Le *Ps* 64 fait écho à *Jr* 17, 9-10 ; ces « paroles prophétiques » (*ibid.*, 243) évoquent le grand combat eschatologique et le jugement final. Ajoutons que tous ces psaumes portent l'en-tête « de David ». C'est le roi-prophète qui est censé prononcer ces paroles.

Prière de style anthologique, le *Ps* 143 a comme en-tête « De David ». Le psalmiste se déclare en effet le « serviteur » de YHWH (2. 12), titre attribué à David (*Ps* 18, 1 ; 36, 1 ; 86, 16 ; 144, 10). LXX ajoute dans le titre : « Quand son fils le poursuivait », comme dans le *Ps* 3, sans doute à cause du v. 3 : « L'ennemi pourchasse ma vie. » Le lévite-chantre attend une réponse de Dieu : « Vite, réponds-moi » (7 a). — « Fais que j'entende au matin ton amour » (8 a). Un élément important s'ajoute ici à la prière de demande. Dieu se doit de conduire son fidèle par son « bon souffle » sur une terre aplanie et sans obstacle. Le fidèle se plaignait auparavant d'être à bout de souffle (4 a, 7 b ; cf. *Ps* 77, 4 ; 142, 4). Cette intervention du souffle divin est un trait prophétique qui concerne précisément David en tant que prophète.

---

2. *Is* 9, 11 ; *Jr* 10, 25 ; 30, 16 ; *Ha* 1, 13 ; 3, 14 ; *Mi* 3, 3.
3. *Is* 1, 16-17 ; 26, 2-3 ; 33, 15 ; *Mi* 6, 6-8 ; *Za* 8, 16-17 ; *Ez* 18, 7-9.

C'est lui qui déclare dans *2 S* 23, 2 : « L'Esprit (le souffle) de YHWH a parlé par moi, et sa parole est sur ma langue... »

C'est aussi David prophète qui s'écrie dans le *Ps* 51, 12-13 : « Restaure en ma poitrine un esprit ferme ... ne me retire pas ton esprit saint. » On a souvent rapproché ce passage d'oracles plus ou moins proches de la reprise du culte en 515 avant J.-C. (*Ez* 36, 27 ; *Ag* 2, 5 ; *Is* 63, 11 ss ; cf. *Ne* 9, 20 ; *Jn* 16, 13). On peut replacer dans une telle perspective prophétique le v. 17 : « Seigneur, ouvre mes lèvres, et ma bouche publiera ta louange. » Les lévites-chantres ont vivement conscience d'être des prophètes cultuels, inspirés par Dieu : « C'est de toi que vient ma louange dans la grande assemblée », lisons-nous dans le *Ps* 22, 28. Et de même dans le *Ps* 40, 4 : « Dans ma bouche, il a mis un cantique nouveau, louange à notre Dieu. » L'expression « dans ma bouche » ou « par ma bouche » se réfère à la parole prophétique [4]. ainsi *Ps* 71, 15 : « Ma bouche annoncera ta justice, tous les jours ton salut. » — *Ps* 89, 2 : « D'âge en âge j'annoncerai par ma bouche ta fidélité. » — *Ps* 109, 30 : « Je rendrai grâce à *YHWH* par ma bouche. » *Ps* 145, 21 ; « Que ma bouche dise la louange de YHWH ! »

Dans le *Ps* 144, poème anthologique attribué à David et inspiré par le *Ps* 18 (Tournay, *RB*, 91, 1984, 520), le roi musicien chante pour Dieu un chant nouveau et joue sur la harpe à dix cordes (voir p. 107). Son chant célèbre le triomphe que Dieu accorde à « David » sur les ennemis, et les fruits de prospérité et de paix qui en résultent pour le peuple d'Israël. Les vv. 12-15 représentent ainsi une anticipation prophétique à laquelle YHWH mettra un jour le sceau définitif. David est ici censé parler comme un prophète : Dieu est avec lui comme il est avec son peuple :

> [12] Ainsi, voici nos fils pareils à des plants
> bien venus dès leur jeune âge ;
> nos filles sont des cariatides
> sculptées pour un palais.

> [13] Nos greniers, remplis, débordants,
> regorgent de tout bien ;
> nos troupeaux sont des milliers, des myriades,
> dans nos campagnes, [14] nos bestiaux sont plantureux.

> Plus de brèche ni de fuite,
> ni de cri d'alarme sur nos places !
> [15] Bienheureux le peuple ainsi comblé,
> bienheureux le peuple qui a pour Dieu YHWH !

On retrouve cette ambiance prophétique dans les psaumes messianiques comme on le verra au chapitre suivant. C'est David qui se fait le porte-parole de YHWH. Ainsi dans le *Ps* 2, 7 : « Je proclame le décret de YHWH, il m'a dit... » Le *Ps* 110 débute comme le *Ps* 36 par le mot « oracle » ; c'est David qui parle comme prophète.

---

4. *Ex* 4, 12 · *Dt* 18, 18 ; *Nb* 22, 28 ; 23, 12 ; *Is* 6, 7 ; *Jr* 1, 9 ; *Ez* 3, 3 ; *Is* 59, 21.

Ajoutons que sagesse et prophétie se compénètrent dans la psalmique comme ailleurs. *Dt* 32 présente sous forme didactique l'enseignement des anciens prophètes. Or, les exordes solennels des *Ps* 49, 2-5 et 78, 1-2 offrent une étroite parenté avec celui de *Dt* 32, 1-3. Les termes *mashal* (Rouillard, 1985, 246) et *ḥidâ* (*Ps* 49, 4 ; 78, 2), « proverbe » et « énigme », font partie du vocabulaire des sages, mais les prophètes les utilisent pour annoncer leurs oracles. Car il ne s'agit pas alors de réflexions personnelles d'un maître de sagesse, mais d'un message de YHWH adressé à tout le peuple. L'apostrophe « écoute/ écoutez », convient parfaitement à ce genre de prélude. On peut ici donner comme exemple le *Ps* 45, 11 : « Écoute, fille, regarde et tends l'oreille. » Dans tous ces cas, le psalmiste parle avec l'autorité d'un prophète, supérieure à celle d'un maître de sagesse, comme le ferait Jérémie (*Jr* 7) ou Ézéchiel (*Éz* 20). Il s'adresse à « son » peuple (*Is* 3, 12) et s'exprime alors à la première personne. Ce « moi » (voir p. 47) ne représente pas seulement la propre personne du poète psalmiste, mais l'ensemble de la communauté, elle-même inspirée comme lui par le même Esprit divin.

CHAPITRE IV

PSAUMES MESSIANIQUES ET ATTENTE DU MESSIE

Au temps de la monarchie, l'onction royale conférait au roi d'Israël un charisme spécial, le don de l'Esprit (*1 S* 10, 5 ss) et de la sagesse (*1 R* 3, 4 ss) ; elle en faisait un oint, un « messie ». Cette onction était un rite contractuel entre le roi et son peuple, le roi et son Dieu, YHWH. Si bien que la filiation davidique entraînait de quelque façon la « filiation » divine par une sorte d'adoption de la part de YHWH (Schlisske, 1973, 105 ; Mettinger, 1976). Cependant, cette alliance davidique n'est pas appelée *berît* avant l'époque de l'Exil. Selon la teneur primitive de l'oracle du prophète Nathan (*2 S* 7 ; *1 Ch* 17 ; Ravasi, II, 1983, 826), avant les retouches de l'école deutéronomiste, l'essentiel porte sur un « double entendre » : « YHWH t'annonce qu'il te fera une maison (la dynastie davidique), toi dont le fils (Salomon) me bâtira une maison (le Temple). Ta maison subsistera à jamais devant moi ». Ainsi, la fondation de la maison de Dieu par le fils de David vaut à la maison de David d'être fondée pour toujours (Caquot, 1981, 69 ; J. Coppens, 1982, 91). De fait, pour le Chroniste, la dynastie davidique est établie pour toujours (Williamson, 1977, 154 ; 1983, 305). Tel était le point de départ du messianisme royal.

Après la disparition de la monarchie de Juda et à partir de l'érection du second Temple en 515, le rite de l'onction est reporté sur le grand prêtre « Aaron » (par extrapolation) et, en fait, sur sa descendance selon le principe héréditaire. Il est vrai, que Zorobabel incarna quelque temps l'espérance messianique (*Ag* 2, 23). Mais après lui, il fallut reporter l'avènement messianique dans un avenir indéterminé. C'est le grand prêtre, chef de la communauté des croyants, qui était le « messie » sacerdotal. L'onction du seul grand prêtre fut ensuite étendue à tous les prêtres (*Ex* 40, 15) de façon à leur conférer un « sacerdoce perpétuel ».

Dans les psaumes, on trouve dix fois le participe passif *mashîaḥ* « oint », plus *1 Ch* 16, 22 (= *Ps* 105, 15) et *2 Ch* 6, 42 (= *Ps* 132, 10).

On le trouve 18 fois dans les livres de *Samuel* (dont *1 S* 2, 10) et seulement quatre fois dans le Pentateuque[1].

On sait combien les exégètes sont divisés au sujet de l'origine et de la signification du mot « messianisme ». L'idéologie royale de l'Ancien Orient, y compris l'Égypte, a fourni de nombreux parallèles, et l'on est tentée de ne voir dans le messianisme israélite qu'une variété d'une conception communément admis sur le caractère religieux de toute royauté orientale. Les psaumes messianiques doivent-ils donc être expliqués en fonction du style de cour oriental, avec ses hyperboles et son imagerie, ce qui permettrait de les situer à l'époque monarchique ? Ou bien faut-il y voir l'expression d'un espoir messianique postexilique, fondé sur les promesses faites à David ? Pour H. Cazelles (1978), comme pour A. Gelin (1957) et R. de Vaux (1967), le messianisme biblique est ancien et se développe dans les drames successifs de la royauté israélite, avec ses infidélités, ses humiliations, ses défaites, ses exils. C'est seulement après l'Exil que se développent les courants eschatologiques et apocalyptiques. Chaque roi d'Israël est déjà un messie, l'élu de YHWH, son vassal et son fils. Au contraire, pour J. Becker (1977 ; 1980), il n'y a pas de véritable messianisme à l'époque monarchique ; le vrai messianisme au sens religieux n'apparaît pas avant le IIe siècle avant J.-C.

Le problème reste insoluble dans la mesure où les différents textes qui parlent du Messie ne peuvent être datés même approximativement. Tout change si une chronologie au moins relative peut être proposée en évitant tout cercle vicieux. Il suffit de consulter manuels et commentaires pour constater que tel ou tel psaume messianique a pu être assigné à toutes les époques de l'histoire biblique, depuis les origines jusqu'aux temps maccabéens (Lagrange, 1905, 39, 188 ; Coppens, 1968 et 1974 ; Wagner, 1984, 865). Il s'agit donc de trouver des critères sûrs et convergents à partir des textes les plus clairs.

Une remarque préalable s'impose. Si l'on se réfère aux *Chroniques*, on constate qu'à cette époque le trône de David et de ses successeurs n'est pas autre chose que le trône même de Dieu qui subsiste à jamais (*1 Ch* 17, 14 ; 28, 5 ; 29, 20-23 ; *2 Ch* 8, 9). Or, ce thème essentiel apparaît dans plusieurs psaumes. On lit dans le *Ps* 89, 19 : « Oui, notre bouclier est à YHWH, notre roi au Saint d'Israël ». Dans le *Ps* 132, 10.17, YHWH appelle le fils de David *son* Messie, et dans le *Ps* 2, 6, il l'appelle *son* roi (*son* Messie, v. 2). Dans le *Ps* 18, 51, il l'appelle *son* roi, *son* messie. Le début du *Ps* 45, 7 peut se traduire : « Ton trône est de Dieu... » Au surplus, c'est seulement à l'époque des Chroniques que l'Alliance de YHWH avec David est rattachée à l'Alliance conclue avec Abraham, le « Dieu de nos pères » (*1 Ch* 16, 16 ; 29, 18 ; *2 Ch* 20, 7 ; *Ne* 9, 7). C'est cette même perspective patriarcale que l'on peut retrouver à la fin des *Ps* 45, 17 et 72, 17 (voir p. 176 ss).

---

1. Cf. aussi *Is* 45, 1 (Cyrus), *Lm* 4, 21 ; *Ha* 3, 13 ; *Dn* 9, 25-26. Voir *ThWAT*, 5, 1984, 46.

D'autre part, il est nécessaire dans cette recherche d'aller du plus connu au moins connu. Or, c'est seulement le *Ps* 89 qui semble contenir assez de traits permettant de le situer dans le temps, à savoir entre la chute de la monarchie judéenne en 587 et la restauration du second Temple, à la fin du VIᵉ siècle avant J.-C. (Veijola, 1982). C'est donc par lui qu'il faut commencer l'étude des psaumes messianiques.

1. Psaume 89 (Coppens, 1979, 150). — C'est un psaume complexe. Un hymne individuel (6-19) de style participial célèbre en YHWH le créateur et maître du chaos cosmique, ainsi que le sauveur de son peuple (Crüsemann, 1969, 285, 306). L'oracle qui suit (20-38) reprend le thème amorcé par le prélude (2-5) : Dieu restera fidèle à ses promesses envers la maison de David. La supplication qui clôt le psaume envisage le passé (39-46) et l'avenir messianique (47-52 : Tournay, *RB*, 1976, 380). Le début et la fin du psaume se correspondent (stiques de 4 accents) ; le bloc 20-46 est composé de distiques de rythme ternaire qui se groupent deux par deux. On est frappé par les nombreuses répétitions de mots et d'expressions (Ranavelli, 1980, 7). Celles-ci assurent au psaume une unité *sui generis*. C'est la même idée directrice qui a présidé à sa rédaction définitive, au-delà de la diversité des genres littéraires (Jacquet, II, 690). Il existe à ce sujet un certain consensus entre exégètes [2].

La restitution d'un poème royal (1-5, 20-38) par E. Lipiński (1967) doit être abandonnée, car elle repose sur un fragment de Qumrân (4 Q 236) que les experts ont qualifié de mauvais texte, écrit sans doute de mémoire et inférieur au texte massorétique (Skehan, 1982, 439 ; van der Ploeg, 1982, 471). Il faut aussi abandonner l'interprétation mythico-cultuelle préconisée par G. W. Åhlström (1959) : peut-être antérieur à la prophétie de Nathan, le *Ps* 89 aurait appartenu au rituel cananéen célébrant le roi souffrant et resssuscité (cf. *1 R* 5, 11 ; P. G. Mosca, dans *Bib.* 67, 1986, 496-517).

Une fois reconnue l'unité du *Ps* 89, on peut essayer de le situer, comme l'a fait par exemple T. Veijola, parmi les écrits du temps de l'Exil tels que les grandes lamentations nationales (*Is* 63, 7 ss ; *Ps* 44, 74, 79, etc.). Selon Veijola, le *Ps* 89 aurait été composé à Béthel, en territoire benjaminite. On peut aussi penser à Miçpa, encore en Benjamin, là où se regroupèrent les Judéens autour de Godolias, petit-fils du scribe royal Shafân qui avait soutenu la réforme du roi Josias (*Jr* 40). Miçpa devint un certain temps le centre religieux (cf. *1 M* 3, 46) d'où l'on pouvait apercevoir Jérusalem en ruines. Là travaillèrent sans doute les scribes de l'école deutéronomiste dont on peut penser qu'ils ne furent pas étrangers à la composition des Lamentations dites de Jérémie et du grand psaume 89 (Tournay, *RB*, 1982, 255). Le « messie » dont parle le *Ps* 89, 52 ne serait autre que le roi Joiakîn, prisonnier

2. WARD, 1961, 320 ; BECKER, 1968, 279 ; DUMORTIER, 1972, 176 ; VOSBERG, 1975 ; CLIFFORD, 1980, 35.

des Babyloniens jusqu'en 562, 37ᵉ année de la captivité de Babylone (*2 R* 25, 27 ; *Jr* 53, 31), date à laquelle il fut libéré par Awîl-Marduk, fils de Nabuchodonosor. Le *Ps* 89 serait alors un peu antérieur à cette libération.

Voici l'exorde du *Ps* 89 :

> ² L'amour de YHWH à jamais je le chante,
> ma bouche annoncera d'âge en âge ta fidélité.
> ³ Je le dis : « C'est un amour édifié pour toujours,
> ta fidélité est aussi stable que les cieux. »

Le psalmiste veut célébrer le *ḥesed* de YHWH, comme *Is* 63, 7 : « Je vais célébrer les grâces *(ḥasdê)* de YHWH » (cf. *Is* 55, 3 ; *Lm* 3, 22 ; *Ps* 107, 43). Dans 2 b ;« ma bouche » met l'accent sur l'activité prophétique qu'il exerce (voir p. 154). Il s'agit ici de l'alliance davidique, de l'élection de David, le serviteur de YHWH, et de la pérennité de sa dynastie (3 b : lire *tikkôn*, comme au v. 22 a) :

> ⁴ « Avec mon élu j'ai conclu une alliance,
> j'ai juré à David, mon serviteur :
> ⁵ j'établis ta dynastie pour toujours,
> je te bâtis un trône pour la suite des âges. »

> ⁶ Et que les cieux te rendent grâce pour cette merveille, YHWH,
> et l'assemblée des saints, pour ta fidélité !

L'oracle divin (4-5) est relié à l'hymne qui suit par un *waw* consécutif « en sorte que... » Le motif du serment divin revient aux vv. 36 et 50, et celui du trône, aux vv. 37 et 45. Au v. 15, c'est le « trône de Dieu ». La liaison est ainsi marquée entre le thème de Dieu, Créateur de l'univers, et celui de Dieu, Maître de l'histoire d'Israël, comme dans les *Ps* 74, 12-17 et 102, 26-28.

L'oracle 20-38 occupe la place centrale et confère à l'ensemble du psaume une dimension véritablement prophétique. Le v. 19, à la fin de l'hymne, sert de transition :

> ¹⁹ Oui, notre bouclier est à YHWH,
> notre roi, au Saint d'Israël.

> ²⁰ Jadis en vision, tu as parlé
> et tu as dit à tes amis :
> « J'ai prêté assistance à un homme d'élite,
> j'ai exalté un jeune homme du peuple.

> ²¹ » J'ai trouvé David mon serviteur,
> je l'ai sacré avec mon huile sainte.
> ²² Aussi je le soutiendrai d'une main ferme
> et mon bras fera de lui un homme fort.

> ²³ » L'ennemi ne pourra le surprendre,
> le rebelle ne pourra l'humilier ;
> ²⁴ j'écraserai devant lui ses adversaires
> et je frapperai ceux qui le haïssent.

> ²⁵ » Mon amour et ma fidélité sont avec lui,
> grâce à mon nom il relèvera la tête.

26 J'étendrai sa main sur la mer
   et son pouvoir sur les fleuves.

27 » Il me dira : Tu es mon père,
   mon Dieu, le rocher qui me sauve.
28 Et moi, j'en ferai l'aîné,
   le plus haut des rois de la terre.

29 » A jamais je lui garderai mon amour,
   mon alliance avec lui sera fidèle ;
30 j'établirai sa dynastie pour toujours
   et son trône aussi stable que les cieux.

31 » Si ses fils abandonnent ma loi
   et ne suivent pas mes préceptes,
32 s'ils violent mes ordres
   et n'observent pas mes volontés,

33 » je punirai leur rébellion en les frappant,
   et leur faute par des coups ;
34 mais sans lui retirer mon amour,
   sans trahir ma fidélité.

35 » Jamais je ne violerai mon alliance
   et ne changerai ce que mes lèvres ont proféré ;
36 je l'ai juré une fois sur ma sainteté :
   mentir à David, jamais !

37 » Sa dynastie durera toujours
   et son trône devant moi comme le soleil,
38 comme la lune est stable,
   témoin fidèle dans la nue. »

Cet oracle comporte dix couplets de rythme ternaire. On discerne
une structure concentrique dans la seconde partie, 29-38 : 29 correspond à 35-36, tandis que 30 correspond à 37-38. L'affirmation centrale
est la pérennité du trône davidique, même si les descendants de David
violent l'Alliance ; Dieu ne peut en effet violer celle-ci (34 « retirer »,
13 mss, Syr. Hier. ; TM « briser »). Notons le lien verbal « élever la
corne » (25 b) avec l'hymne qui précède (18 b). La victoire cosmique
de Dieu sur les puissances du chaos se poursuit par celle de « David »
sur tous ses ennemis comme dans le *Ps* 18. L'idéologie de la « guerre
sainte » (Weinfeld, 1983, 121) où Dieu combat et donne la victoire à
son peuple se combine ici, comme dans tout l'ancien Orient, avec
l'idéologie royale traditionnelle qui fait du roi l'élu et le fils de la
divinité. Le couple « amour » et « fidélité », leit-motif de tout le
Ps 89, garantit aussi bien le trône divin (15) que celui de David (34-
37). Adopté par YHWH, le Roi-Messie devient le Très-Haut *('Elyôn)*
sur tous les rois de la terre (27-28), et son bras (26) sera aussi fort
que le bras divin (11, 14, 22). Le v. 38 rappelle *Ps* 72, 5. 7 (Avishur,
1976, 16). On rapproche une inscription phénicienne de Karatépé :
« Que le nom d'Azitwadda soit fixé pour toujours comme le nom du
soleil et de la lune » (Lipiński, 1967, 78 ; Muller, 1983, 207).

Les quatre couplets qui suivent l'oracle rappellent la chute de la dynastie :

39 Pourtant tu l'as rejeté, méprisé,
  tu t'es emporté contre ton messie ;
40 tu as renié l'alliance avec ton serviteur,
  profané jusqu'au sol son diadème.

41 Tu as percé ses clôtures,
  tu as démantelé ses forteresses ;
42 tous les passants du chemin l'ont pillé,
  le voilà outragé par ses voisins.

43 Tu as relevé le pouvoir de ses adversaires,
  tu as mis en joie tous ses ennemis ;
44 tu as même retourné le tranchant de son épée,
  tu ne l'as pas épaulé dans le combat.

45 Tu as mis fin à sa splendeur
  et renversé à terre son trône ;
46 tu as écourté les jours de sa jeunesse
  et tu l'as couvert de honte.

Dieu a donc rejeté son « messie », son « serviteur », et jeté à terre son diadème (40 b) et son trône (45 b). Il a même retourné contre lui le tranchant de sa propre épée (cf. *Ps* 37, 15 ; Veijola, 1982, 45), ce qui est un comble ! Aussi le psalmiste va-t-il achever son poème par une supplication : le Dieu caché doit se manifester par une théophanie...

47 Jusqu'à quand, YHWH, resteras-tu caché,
  laisseras-tu flamber le feu de ta colère ?
48 Rappelle-toi combien courte est ma vie,
  pour quel néant tu as créé les fils d'Adam !
49 Qui donc peut vivre et ne pas voir la mort,
  qui arracherait sa vie aux griffes des enfers ?

50 Seigneur, où sont les prémices de ton amour,
  quand tu jurais fidélité à David ?
51 Rappelle-toi, Seigneur, les outrages à ton serviteur :
  je supporte en plein cœur les contestations des peuples,
52 les outrages dont tes ennemis m'accablent, YHWH,
  dont ils accablent les traces de ton messie.

Porte-parole officieux du roi Joiakîn encore emprisonné à Babylone, le psalmiste rappelle à quel point le dernier roi de Juda est humilié et outragé par les païens (Tournay, 1976, 382). Selon le Targum, les traces de l'Oint de YHWH évoquent la lenteur de la marche et le retard du Messie attendu par Israël. Au sens obvie, ces traces (littéralement « les talons ») évoquent la situation du pauvre roi de Juda, déchu et livré aux geôliers babyloniens. Les païens le ridiculisent et le « talonnent » (cf. *Ps* 49, 6 ; 56, 7) malicieusement au lieu d'embrasser ses pieds selon le protocole royal. Il doit se résigner à subir cet opprobre, comme le « Serviteur de YHWH » décrit par *Is* 53 (quatrième

chant du Serviteur) ; mais il attend avec confiance le jour où Dieu
accomplira ce qu'il a juré. Ajoutons que le dernier roi de Juda représente et récapitule en quelque sorte tout son peuple : ils partagent le
même sort douloureux. La leçon du *TM* « tes serviteurs » dans le
v. 51 b démontre le passage de l'individuel au collectif (cf. aussi 20 b).
Le thème du « Serviteur », dans le livre d'*Isaïe*, comporte la même
fluidité (Tournay, *RB*, 1984, 309). Ces écrits peuvent être plus ou moins
contemporains.

2. Psaume 132 (Fretheim, 1967, 289 ; Loretz, 1974, 237 ; Bee, 1978,
49). — Les contacts entre les *Ps* 89 et 132 sont très étroits. T. Veijola
(1982, 161) en a noté 28 ; 16 mots ou expressions se retrouvent identi-
quement dans 18 versets. Les deux psaumes dépendent de la théologie
deutéronomiste, surtout le *Ps* 132 qui insiste sur le choix par Dieu de
Sion, sa demeure : c'est *là* son lieu de repos, c'est *là* qu'il fera germer
le pouvoir (littéralement : une « corne ») pour David et qu'il apprê-
tera une lampe pour son messie. Ce dernier trait laisse supposer que
cette lampe est actuellement éteinte (cf. *1 R* 11, 36 ; 15, 4 ; *2 R* 8, 19).
D'autres indices permettent de situer le *Ps* 132 comme les autres
psaumes des Montées à l'époque postexilique. C'est l'opinion partagée
par beaucoup de commentateurs : Herrmann, 1965, 110 ; Loretz, 1979,
211 ; Seybold, 1979, 256 ; Coppens, 1979, 207 ; Veijola, 1982, 71 ;
Kruse, 1983, 279.

L'unité du *Ps* 132 a parfois été contestée ; mais les multiples répétitions de vocabulaire font de ce psaume un véritable entrelac littéraire, une sorte de tapisserie (Brekelmans, 1983, 262). On note en particulier la mention du roi David au début (1), au milieu (10) et à la
fin (17).

1 Garde mémoire à David,
  YHWH, de toute sa peine.
2 C'est lui qui jura à YHWH,
  fit ce vœu au Puissant de Jacob :

3 « Je n'entrerai pas sous la tente, ma maison,
  je ne monterai pas sur le lit où je m'étends,
4 je ne donnerai pas de sommeil à mes yeux
  ni de répit à mes paupières,
  avant de trouver un lieu pour YHWH,
  un séjour au Puissant de Jacob. »

6 Voici : on parle d'elle en Ephrata,
  nous l'avons découverte aux Champs-du-Bois ;
  entrons là où il séjourne,
  prosternons-nous devant son marchepied.

8 Lève-toi, YHWH, vers ton repos,
  toi et l'arche de ta force ;
9 tes prêtres se vêtiront de justice
  et des fidèles crieront de joie.

10 A cause de David ton serviteur,
  n'écarte pas la face de ton messie.

12

11 YHWH l'a juré à David,
   vérité qu'il ne reniera jamais :

« C'est le fruit sorti de tes entrailles
  que je mettrai sur le trône fait pour toi.
12 Si tes fils gardent mon alliance,
   mon témoignage que je leur fais connaître,
   leurs fils eux-mêmes à tout jamais
   siègeront sur le trône fait pour toi. »

13 Car YHWH a fait choix de Sion,
   il a désiré ce siège pour lui :
   C'est ici mon repos à tout jamais,
   là, je siègerai, car je l'ai désiré.

15 « Ses ressources, je les comblerai de bénédictions,
   ses pauvres, je les rassasierai de pain ;
16 ses prêtres, je les vêtirai de salut
   et ses fidèles jubileront de joie.

17 » Là je ferai germer le pouvoir pour David,
   j'apprêterai une lampe pour mon messie ;
18 ses ennemis, je les vêtirai de honte,
   mais sur lui fleurira son diadème. »

Le *Ps* 132 comprend deux parties symétriques. Les vv. 1-9 envisagent le passé (translation de l'Arche), et les vv. 10-18, l'avenir messianique et la destinée de Sion. On doit couper avant le v. 10 : « A cause de David ton serviteur » (cf. *2 S* 7, 21 ; *1 Ch* 17, 19). Les pronoms « tu » et « il », pour Dieu, alternent dans 10-11 comme dans 1-2. L'aspect midrashique du psaume est indéniable (Bloch, 1957, 1274). La « peine » ou le « labeur » de David (1 b ; LXX traduit « douceur ») ont consisté à rechercher l'Arche, à l'installer à Sion et aussi à combattre tous ses ennemis en subissant humiliations et trahisons. Le serment de David (2 a), inconnu par ailleurs, correspond au serment de YHWH (11 a). Selon *1 Ch* 28, 2 David déclare seulement : « J'ai eu à cœur de bâtir une Maison où reposeraient l'Arche de l'Alliance de YHWH et le marchepied de notre Dieu. » Le psalmiste fait ensuite parler les compagnons et serviteurs de David qui rappellent le lieu où ils ont découvert l'Arche : près de Bethléem (cf. *Mi* 5, 1 ; Ruth 4, 11), en Ephrata, nom qui évoque *perî* « le fruit » et signifierait la « fertile » ou la « féconde » (Renaud, 1977, 225). La suite correspond à une antienne de départ pour une procession dans le Temple (*Ps* 68, 2 ; *Nb* 10, 33 ; *Is* 33, 3).

A la prière du psalmiste, « Garde mémoire à David » (1), Dieu répond par un double oracle. Le premier reprend la prophétie de Nathan, comme le *Ps* 89, en formulant une condition : les descendants de David doivent observer les décrets de YHWH s'ils veulent conserver le trône de David « à tout jamais » (locution postexilique : *Is* 26, 4 ; 65, 18 ; *Ps* 83, 18 ; 92, 8). L'oracle sur le choix de Sion est plus long. Le verbe *bahar* « choisir, élire », concerne ici, non David (*2 S* 6, 21 ; *Ps* 78, 70), mais Sion, conformément à la doctrine deutéronomique (cf. *2 Ch* 6, 6). Dans 15 a, le mot « ressources » est employé après l'Exil (*Ps* 78, 25 ; *Jos* 9, 5.14 ; *Jb* 38, 41 ; *Ne* 13, 15). La fin fait écho aux textes messianiques sur le « germe » (*Za* 3, 8 ; 6, 12 ; *Is* 11, 1 ; *Jr* 33, 15 ; *2 S* 23, 5). Ce dernier terme appartient au vocabulaire dynastique attesté à Ougarit et dans les inscriptions royales néo-puniques (Dambrinne, 1971 ; Amsler, 1981, 84). Au lieu de « son diadème » (18 b ; *Ps* 89, 40), LXX et *Syr.* ont « mon diadème » qui correspond à « mon messie » (17 b) comme dans *1 S* 2, 10 et *Ps* 18, 51. Cette finale est proche de celle du Cantique d'Anne (*1 S* 2, 10 ; Tournay, 1981, 567) qui offre par ailleurs plusieurs contacts avec le *Ps* 132 : Dieu rassasie les pauvres et garde ses fidèles en abattant ses ennemis.

Le « Puissant de Jacob » (2 b ; *Is* 49, 26 ; 60, 16) siègera toujours à Sion, mais sans l'Arche de sa force (cf. *Ps* 78, 61) qui a disparu (*Jr* 3, 16). Comme dans le *Ps* 24, le lévite-chantre évoque un passé lointain, gage de l'avenir. L'ambiance est celle que retrace *Ne* 12, 36-43 lors de la dédicace des murs de Jérusalem par Néhémie à la fin du vᵉ siècle. Prêtres et lévites se purifient, le peuple est en grande liesse. C'est le même enthousiasme qu'expriment les vv. 9 et 16 du *Ps* 132, sorte de refrain rappelant *Is* 61, 10. L'Arche ayant disparu, Sion est devenu le marchepied de YHWH (*Lm* 2, 1 ; *Ez* 43, 7 ; *Ps* 99, 5). Il est vrai qu'*Is* 66, 1 relativise cette conception en affirmant que la terre est le marchepied de Dieu.

Comme dans le *Ps* 122, 5, le psalmiste parle des « sièges de la maison de David ». Le *Ps* 132 s'intègre normalement dans la collection des psaumes des Montées et fait partie de la liturgie des pèlerinages à Jérusalem pendant l'époque du second Temple. Il témoigne de l'intense espérance messianique d'Israël, à l'époque perse, laquelle s'exprime précisément dans les *Ps* 130, 7 et 131, 3. Signalons que, selon B. G. Ockinga (1980, 38) le thème de la vigilance du roi cherchant à bâtir un temple pour son dieu est attesté dans plusieurs inscriptions royales égyptiennes.

Les vv. 8-10 du *Ps* 132 ont été incorporés librement par le Chroniste dans une composition anthologique (*2 Ch* 6, 41-42) servant de conclusion à la prière de Salomon et reprenant aussi *Ps* 130, 2 et *Is* 55, 3 (Williamson, 1977, 143).

3. Psaume 110. — Les oracles (1-4) sont suivis d'une sorte de commentaire (5-7). Ce psaume oraculaire et messianique a comme entête « De David ». Le Targum retient cette attribution, mais ne paraphrase qu'une partie du *TM* (Grelot, 1985, 86). Les commentaires divergent beaucoup sur la structure (Auffret, 1982, 83) et l'interprétation du *Ps* 110, dont voici la traduction :

[1] Oracle de YHWH à mon Seigneur : « Siège à ma droite
tant que j'aie fait de tes ennemis ton marchepied. »

[2] YHWH étendra la puissance de ton sceptre :
« Depuis Sion, domine jusqu'au cœur de tes ennemis. »

[3] Le jour où paraît ta force, tu es prince,
avec les insignes sacrés dès l'origine [ ], l'aurore de ta jeunesse.

4 YHWH l'a juré dans un serment irrévocable :
« Tu es prêtre à jamais selon l'ordre de Melchisédech. »

5 A ta droite, Seigneur,
il frappe les rois au jour de sa colère ;

6 il sera le juge des nations : les cadavres s'entassent,
il frappe les chefs partout sur la terre ;

7 au torrent il s'abreuve en chemin,
c'est pourquoi il redresse la tête.

Ce poème se compose de stiques de 2 + 2 accents, sauf le distique du v. 7 qui obéit au rythme ternaire (3 + 3 accents) ; il faut supprimer le *maqqef* du *TM* au v. 5 après « le jour » comme au v. 3 a. Le poète insiste sur les ennemis du Messie (1-2) qui sont avant tout les rois (5). Ceux-ci seront frappés par le nouveau David, juge des nations, au jour de sa colère, le Jour de YHWH. Comme dans les autres psaumes messianiques (2, 45, 72), c'est la guerre sainte contre les ennemis de YHWH qui se déroule. Notons que jamais ailleurs, un roi d'Israël ne s'assied à la droite de YHWH ; il s'assied sur le trône de YHWH (*1 Ch* 29, 23 ; *Ps* 45, 7). Le thème de l'escabeau est classique dans l'Ancien Orient où l'on représente les ennemis terrassés sous les pieds du roi vainqueur. Signalons comme réminiscence le « sceptre de puissance » dans *Ez* 19, 11 ; *Jr* 48, 17. On rapproche *Jl* 4, 12-13 : « Je vais siéger pour juger les nations d'alentour. Étendez la faucille ... venez, dominez. » D'autres parallèles seront signalés plus loin.

C'est la mention de Melchisédech (v. 4), au centre du poème qui devrait orienter l'interprétation du psaume. Ce personnage n'est ailleurs mentionné que dans *Gn* 14, 18-20. Comme le dit J. W. Bowker (1967, 31), la compréhension du *Ps* 110 dépend en grande partie de la signification que l'on donne à *Gn* 14, 18-20. En effet, l'allusion fugitive du *Ps* 110 aurait été incompréhensible à l'époque du second Temple, si elle n'évoquait pas le récit de l'entrevue entre Abram et Melchisédech, roi de Shalem, nom qui désigne Jérusalem dans le *Ps* 76, 3 (cf. *Ez* 13, 16 ; *Ps* 122, 6 ; *Tb* 13, 16 ; *Jdt* 4, 4), mais qu'on a aussi parfois identifié à un village près de Sichem.

18 Et Melchisédech, roi de Shalem, fournit du pain et du vin.
Il était prêtre de Dieu, le Très-Haut ;

19 Il bénit (Abram) en disant :
« Béni soit Abram par le Dieu Très-Haut
qui crée le ciel et la terre !

20 Et béni soit le Dieu Très-Haut
qui a livré tes adversaires entre tes mains ! ».
Il (Abram) lui donna la dîme de tout.

On remarque que ce bloc littéraire sépare les vv. 17 et 21 qui parlent du roi de Sodome. Mais s'agit-il d'une insertion ? J. Doré (1981, 90) a montré que ce bloc occupe une place centrale dans *Gn* 14 et pourrait même être à l'origine de la rédaction de ce chapitre déconcertant. Malgré son apparence « historique », ce récit est de plus en plus

considéré comme une composition savante, destinée à mettre en relief
Abraham en tant que chef de guerre à la façon d'un Juge. Certains
parlent ici de récit midrashique aux traits archaïques, mais d'origine
postexilique. R. de Vaux (1971, 211, 246) parle de composition savante
et tardive. C'était déjà l'opinion de J. Wellhausen (1899, 312) ; elle est
partagée aujourd'hui par beaucoup d'exégètes [3]. S'il en est ainsi, nous
aurions ici un *terminus a quo* pour la composition du *Ps* 110. On
pourrait objecter qu'il aurait pu exister des traditions orales, indé-
pendantes de *Gn* 14. Mais on n'en a aucune trace avant les textes de
Qumrân et les apocryphes juifs.

D'autre part, l'auteur de *Gn* 14, 20 fait d'Abram un modèle parfait
pour l'observance de la dîme, versée au grand prêtre de Jérusalem (de
Pury, II, 1975, 444 ; Caquot, 1982, 257). Pour le livre des Jubilés (13,
25), Melchisédech est une sorte de personnification, sinon d'ancêtre
idéal du clergé lévitique (Auneau, 1984, col. 1284. 1325). C'est ainsi que
tous les descendants d'Abraham doivent imiter leur père. Quels que
soient ses antécédents (*Dt* 14, 22 ; 26, 12 ; *Am* 4, 4 ; *Gn* 28, 22 ; *1 S* 8,
15), l'institution de la dîme, vitale pour le clergé de Jérusalem, avait
besoin d'être fortement rappelée aux fidèles. *Ml* 3, 10 ordonne :
« Apportez intégralement la dîme à la salle du trésor. Qu'il y ait de la
nourriture dans ma maison ! » *Ne* 10, 38-40 rappelle qu'on doit apporter la dîme du sol aux Lévites. Des hommes furent chargés de la surveillance des chambres destinées aux prélèvements des prémices et
des dîmes (*Ne* 12, 44). Alors tout Juda apporta la dîme du blé, du
vin nouveau et de l'huile pour mettre dans les réserves (*Ne* 13, 5. 12).
Les lois sacerdotales (*Nb* 18, 21-32 ; *Lv* 27, 30-32) imposent la rede-
vance de la dîme à tout israélite. Selon *Tb* 1, 6-8, la pratique des trois
dîmes s'était même répandue. On comprend facilement pourquoi le
sacerdoce de Jérusalem ait voulu donner un fondement « historique »
à cette observance. C'est pourquoi il aurait mis en scène, au temps
d'Abram, le grand prêtre Melchisédech, nom à consonance phénicienne ou cananéenne, sur le type d'Adoni-Sédeq, roi amorite de
Jérusalem, mentionné au temps de Josué (*Jos* 10, 3). Si *Gn* 14 n'est
pas antérieur au Ve siècle avant J.-C., le *Ps* 110 doit être postérieur à
cette date de composition. Une convergence d'indices permet de le
situer avec vraisemblance vers le IVe ou IIIe siècle avant J.-C. (Tournay,
1960, 5 ; Meyer, 1966, 236 ; Deissler, 1968, 170 ; Schreiner, 1977, 222 ;
Loretz, 1979, 166).

Inséré dans le cinquième livre du psautier, le *Ps* 110 a été placé
après le *Ps* 109, apparemment en raison du mot-crochet « se tenir à la
droite » (109, 31). Parmi les contacts littéraires du *Ps* 110 avec d'autres écrits, il faut citer les oracles de Balaam. Le *Ps* 110 débute en
effet comme le 3e et le 4e oracles (*Nb* 24, 3. 15), auxquels s'ajoute le

---

3. MEYER, 1966, 236 ; ZIMMERLI, 1967, 255 ; BARTLETT, 1968, 1 ; SCHATZ, 1973, 296 ; THOMPSON,
1974, 320 ; SCHREINER, 1977, 216 ; LORETZ, 1979, 166 ; LEINEWEBER, 1980, 60 ; ANDREASEN, 1980, 59 ;
GIANOTTO, 1984, 30.

début des « dernières paroles de David » (*2 S* 23, 1 ; voir p. 26). On rapproche aussi « il frappe les rois ... il frappe le (les) chef (s)... » de *Nb* 24, 17 : « Le sceptre *(shebeṭ)* d'Israël frappe les tempes de Moab et le crâne des fils de Shet » (texte repris par *Jr* 48, 45). De même, le v. 2 a « Depuis Sion (cf. *Ps* 20, 3 b), domine (verbe *rdh*) au cœur de tes ennemis » rappelle *Nb* 24, 18-19 : « Ses ennemis, et Israël déploie sa puissance *(ḥayîl,* mot repris dans 110, 3 a) et il domine (verbe *rdh*) depuis Jacob. » La fin du *Ps* 110 n'est pas sans rapport avec *Nb* 23, 24 : « Le peuple ... boit *(yishteh)* le sang de ses victimes. » Selon H. Rouillard (1985), les deux derniers oracles de Balaam seraient d'époque postexilique (comme le *Ps* 110 et *2 S* 23, 1 ss).

Au lieu de *shebeṭ* « sceptre (d'Israël) », le *Ps* 110 a le mot *maṭṭeh* (2 a) qui désigne ailleurs le bâton d'Aaron *(Nb* 17, 18. 25) et convient au prêtre selon l'ordre de Melchisédech. Or, aussitôt après la péricope sur Balaam *(Nb* 23-24), *Nb* 25 raconte l'intervention du prêtre Pinhas, fils d'Éléazar, fils d'Aaron, qui arrête le fléau frappant les Israélites. YHWH conclut avec lui une alliance qui lui assure le sacerdoce à perpétuité, *kᵉhunnat 'olam (Nb* 25, 13). Le serment divin du *Ps* 110, 4 parle aussi d'un sacerdoce perpétuel (cf. *Ex* 29, 9 ; 40, 15 ; *Ps* 106, 31 ; *Si* 45, 24 ; *1 M* 14, 41 ; de Vaux, II, 1982, 144, 236, 265). Mais c'est un sacerdoce d'un type unique, non transmissible héréditairement et incommunicable. On sait que Melchisédech occupe une place considérable dans les apocryphes juifs et à Qumrân (Lipiński, 1970, 56 ; Fitzmyer, 1974, 223 ; Gianotto, 1984). On l'identifie alors à l'archange Michel ; il devient une sorte d'hypostase divine, ce qui permettrait de traduire 4 c : « selon mon ordre, Melchisédech » (Milik, 1972, 125, 138).

Le v. 3 du *Ps* 110 nous a été transmis sous plusieurs formes. La Septante semble refléter le texte hébreu le plus primitif *('immeka nedibût).* Le *TM* « ton peuple est volontaire » peut être une relecture à partir des parallèles (*Ps* 113, 8 ; *Jg* 5, 2 ; *Nb* 21, 18 ; *1 M* 2, 42) et du Chroniste qui affectionne le thème de l'engagement volontaire (*ndb* : van der Ploeg, 1950, 53 ; Tournay, 1983, 80). « A toi la rosée (de ta jeunesse) » manque dans la Septante. Le texte a pu être harmonisé sur le *Ps* 2, 7 : « Moi, aujourd'hui, je t'ai engendré. » La Septante a déjà « je t'ai engendré », mais traduit « avant l'aurore », ce qui correspondrait à *mishshaḥar* au lieu de l'hapax *mishḥar.* On peut se demander s'il n'y a pas ici un essai de paronomase avec *mashiaḥ* « messie », comme entre *reḥem* (3 b) et *hinnaḥem* (4 a). Il est important de noter les contacts de vocabulaire avec *Qo* 11, 10 : *yaldût* « jeunesse », *shaḥarût* « aurore », formes abstraites comme *nedibût,* et de langue tardive ; il en est de même pour *'al dibrat* « selon l'ordre » (4 b ; cf. *Qo* 3, 18 ; 7, 14 ; 8, 2 ; Zuckerman, 1983, 125).

Beaucoup de mss hébreux, Symmaque et Hier. ont la relecture « sur les monts sacrés », par harmonisation encore une fois avec le *Ps* 2, 6. Le thème des « habits sacrés » *(TM)* est lié à celui du sacerdoce et rejoint *Ps* 29, 2 (p. 103) ; il correspond à *1 Ch* 16, 29 et *2 Ch* 20,

21. Il est possible que *ḥlyk* (3 a) ait été interprété d'après le radical *ḥîl* « souffrir les douleurs de l'enfantement », d'où « enfanter », étant donné la mention du sein, qui suit. Ce thème de la naissance du Messie peut être à l'origine d'une glose targumique araméenne ancienne, postérieure à la traduction des Septante : « toi, enfant » *(lk ṭl[y])*, interprété ultérieurement d'après l'hébreu *ṭal* « la rosée », sous l'influence des contacts relevés avec la geste de Gédéon (*Jg* 6, 37-40 ; voir ci-après). « A toi, la rosée (de ta jeunesse) » est devenu le *TM* actuel. Rien n'appuie les conjectures « comme la rosée » *(kᵉṭal)*, « viendra la rosée » *(yelek ṭal)*.

Quoi qu'il en soit de ces variantes, le caractère sacré du Messie est ici présenté comme congénital, ce qui est précisément le cas du grand prêtre de Jérusalem, Melchisédech. Il y a ici une idéologie messianique très élaborée. Après la disparition prématurée de Zorobabel, c'est le grand prêtre qui siège sur le trône (*Za* 6, 13 ; voir p. 33) : la hiérocratie est née en Israël. *Jr* 33, 14-26 (texte postexilique) annonce l'association des pouvoirs royaux et sacerdotaux. En attendant, le grand prêtre reçoit l'onction jadis réservée aux rois et on prie pour lui en tant que messie (*Ps* 84, 10 ; voir p. 114). Mais le souverain sacerdoce du prince messianique ne pouvait être inférieur au sacerdoce aaronide.

Dans la seconde partie du *Ps* 110 (5-7) le psalmiste s'adresse à YHWH et commente les oracles qui précèdent. Il faut attribuer aux verbes des vv. 5-7 le même sujet, à savoir le roi-messie. Aucune correction consonantique ne s'impose (Möller, 1980, 287 ; Gilbert-Pisano, 1980, 343). Cette seconde partie s'inscrit dans un contexte de guerre sainte, livrée par le lieutenant de YHWH contre le monde païen. On retrouve ici le ton véhément des oracles d'Ézéchiel contre Gog et Magog. La colère de Dieu est aussi celle de son lieutenant (cf. *Ps* 2, 5 ; 21, 10). Au « roi de justice » (Melchisédech) s'opposent « les rois » dont les têtes seront brisées (cf. *Ps* 68, 22 ; *Ha* 3, 14 ; *Si* 36, 9), tandis que la tête du prince messianique s'élèvera (cf. *1 S* 2, 10 ; *Ps* 3, 4 ; 27, 6). Le psalmiste mentionnait dans 2 a le sceptre puissant, lequel n'était aux origines qu'un casse-tête, une massue. Le v. 6 a dû choquer, car plusieurs versions (Aquila, Symmaque, Hier.) ont substitué « vallées » à « cadavres », mots graphiquement très proches. Le terme hébreu *gewiâh* « cadavre » est un hapax dans le livre des Psaumes. Il est possible qu'il ait été choisi en raison de sa ressemblance avec *goyîm* « païens ». Le thème des « vallées » rappelle *Éz* 32, 5 ; 35, 8 ; 39, 11, d'autant qu'*Éz* 39, 18-19 annonce que les bêtes sauvages et les oiseaux « boiront le sang des princes de la terre » (cf. *Is* 34, 7 ; *Za* 9, 15). Certains commentateurs (Midrash Tehillim et Kimḥi) ont même pensé à un torrent de sang, au v. 7, ce qui rappelle *Nb* 23, 24 (cf. *Is* 15, 9 ; 34, 3 ; *Jr* 46, 10 ; *Éz* 32, 6 ; *Dt* 32, 42 ; *Ap* 16, 6 ; 17, 6). Le texte est ambigu, car il peut s'agir aussi d'un torrent d'eau (*Jr* 31, 9 ; *Éz* 47), à rapprocher du *Ps* 36, 9 : « Au torrent de tes délices, tu les abreuves. » Dans cette interprétation, le prince messianique sortira vainqueur de la guerre sainte après avoir bu à la source des grâces divines. Sa dignité et sa force sont un don de YHWH. On a encore pensé à *1 S* 30, 9 où David passe le torrent de Besor, et à *1 R* 17, 4 et 18, 40 où le prophète Élie boit au torrent et égorge les prêtres de Ba'al au torrent du Quishôn.

Mais on ne peut s'empêcher de penser ici aux temps pré-monarchiques, quand Josué frappa à mort les cinq rois amorites (*Jos* 10, 26), quand Yaël transperça la tête de Sisera (*Jg* 5, 26) et quand une femme fracassa le crâne d'Abimélech (*Jg* 9, 53). C'est surtout la geste de Gédéon qui semble être ici l'arrière-plan, avec les oracles de Balaam. En effet, l'Ange de YHWH dit à Gédéon (Jg 6, 12) : « YHWH est avec toi *('immeka)*, guerrier vaillant *(heḥayîl)*. » Gédéon reçoit les têtes coupées de Oreb et de Zéeb (7, 25) ; il coupe les têtes de Zevaḥ et de Çalmunna (8, 21). Il amène les siens pour boire au ruisseau et il massacre les Madianites (7, 5 ss) : épisode resté célèbre (*Is* 9, 3 ; *Ha* 3, 7 ; *Ps* 83, 12). Ses ennemis ne relèvent plus la tête (8, 28 ; Olivier, 1981, 143). Enfin, on connaît l'épisode de la rosée (*Jg* 6, 37-40 ; Humbert, 1957, 487). Celle-ci est un symbole de vie et de fécondité : « Je serai comme la rosée pour Israël » (*Os* 14, 6). — « Le reste de Jacob sera comme une rosée venant de YHWH » (*Mi* 5, 6). Dans le *Ps* 72, 6, au lieu du *TM* « il descendra comme la pluie sur le regain », les versions ont traduit « toison ». Le thème apparaît dans *Is* 45, 8 : « Cieux, répandez de là-haut comme une rosée. » Il n'est pas étonnant que la glose araméenne du v. 3 ait été après coup interprétée dans ce contexte messianique, avec à l'arrière-plan la geste de Gédéon (cf. *TOB* 769, n. x). On s'explique aussi que le psalmiste ait pensé aux temps pré-monarchiques. Comme l'a montré B. Renaud (1977, 273, 412) à propos du deutéro-Michée (4-5), s'il y a un lien entre le temps des Juges et celui de David (cf. *2 S* 7, 7.11), il en est de même à l'époque du second Temple, dans l'attente anxieuse des temps eschatologiques, de l'avènement du nouveau David, du règne universel de Dieu après la victoire de son lieutenant sur ses ennemis, déjà décrite dans les *Ps* 108 et 109.

Psaume anthologique aux tendances midrashiques, le *Ps* 110 semble multiplier à plaisir les allusions et défier les traducteurs. Ainsi, au v. 6 b, *ro'sh* demeure ambigu : tête ? chef ? Est-ce un mot collectif ? De même la suite : « sur la terre immense » (cf. *Ps* 78, 15). S'agit-il du territoire des ennemis, ou de l'univers (*Ps* 72, 8) ? Malgré son obscurité et son ton véhément, le *Ps* 110 est cité dans le Nouveau Testament (*Mt* 22, 24 et par. ; *Ac* 2, 34) et surtout par l'épître aux Hébreux. Le v. 1 fait intervenir le symbolisme de la session à la droite. Cette image sert à exprimer la foi pascale, la session de Jésus à la droite de Dieu (Gourgues, 1978 ; Longenecker, 1978, 161). Le roi-prêtre Melchisédech, supérieur à Abraham et aux prêtres aaronides, est ainsi devenu une figure prophétique du Christ, prêtre parfait, éternel, de la Nouvelle Alliance.

4. Psaume 2 (Tournay, 1966, 46 ; E. Zenger, 1986, 495). — Cité 17 fois dans le Nouveau Testament, dont 9 fois pour le v. 7, le *Ps* 2 est

attribué dans *Ac* 4, 25 au « prophète » David. Après la libération des
apôtres Pierre et Jean, la communauté des croyants adresse à Dieu
cette prière :

> Maître, c'est toi qui as créé le ciel, la terre, la mer et tout ce qui s'y trouve,
> toi qui as mis par l'Esprit Saint ces paroles dans la bouche de notre père David,
> ton serviteur :

Pourquoi ces nations en tumulte,
ce vain grondement de peuples ?
Les rois de la terre se dressent,
les princes s'ameutent contre YHWH et son Messie.

Telle fut la première prière liturgique de la communauté chrétienne (Rimaud, 1957, 99). Celle-ci considérait le *Ps* 2 comme inspiré
à David par Dieu. Dans *Ac* 13, 33, Paul cite le *Ps* 2, 7 en disant :
« Comme il est écrit dans le psaume premier... » Les *Ps* 1 et 2 comp-
taient, alors comme un psaume unique ; il en est de même dans le
Talmud de Babylone (*Berakhôt*, fol. 9 b). Ces deux psaumes au vocabulaire si proche célèbrent en effet les deux fondements du judaïsme :
la Loi mosaïque et la promesse messianique.

La première strophe du *Ps* 2 décrit la coalition païenne dirigée
contre YHWH et son Messie. Il s'agit d'une rébellion religieuse et non
politique. Le monde païen et ses chefs refusent de se soumettre à
Dieu et à son lieutenant terrestre :

« Allons, brisons leurs entraves,
allons, faisons sauter leurs liens. »

Celui qui trône dans les cieux (cf. *Ps* 11, 4 ; 123, 1 ; *Is* 40, 22 ; 66, 1)
riposte avec ironie et donne libre cours à sa colère :

4 Celui qui siège dans les cieux s'en amuse,
  YHWH les tourne en dérision ;
5 puis, dans sa colère, il leur parle,
  dans sa fureur, il les frappe d'épouvante :

6 « C'est moi qui ai sacré mon roi
  sur Sion, ma sainte montagne. »

Le roi messianique proclame alors lui-même le décret (cf. *Ps* 105,
10 ; *Jb* 14, 5 ; *Is* 24, 5) divin qui l'investit et le consacre :

7 Je proclame le décret de YHWH :
  Il m'a dit : « Tu es mon fils,
  moi, aujourd'hui, je t'ai engendré.

8 Demande et je te lègue les nations,
  je te soumets les terres lointaines.

9 Tu les briseras avec un sceptre de fer,
  tu les casseras comme un vase de potier ».

La dernière strophe du *Ps* 2 tire la leçon de l'oracle et s'achève
comme le *Ps* 1, 6 : « Le chemin des impies va se perdre » :

[10] Maintenant, rois comprenez
    instruisez-vous, juges de la terre.

[11] Servez YHWH avec crainte,
    rendez-lui votre hommage en tremblant.

[12] Qu'il s'irrite et vous vous perdrez en chemin,
    d'un coup prend feu sa colère !

Heureux qui trouve en lui son refuge !

Comme on le voit, le *Ps* 2 offre une structure concentrique avec l'oracle au centre. Sans traiter ici de cet aspect littéraire (Auffret, 1977 ; 1982, 143 ; Ringgren, 1983, 91), il faut insister sur le contenu pour situer le *Ps* 2 par rapport aux autres psaumes messianiques. Les avis des exégètes sont très partagés. On ne peut rien conclure de la présence de trois aramaïsmes *(rgsh, r'', br)* ; mais l'examen des parallèles et des expressions oriente plutôt vers une datation récente (Deissler, 1981, 283).

En effet, l'insurrection religieuse dirigée contre le Roi de Sion rappelle plusieurs textes avant-coureurs des écrits apocalyptiques comme *Éz* 38-39 (rapproché du *Ps* 2 par le *Midrash Tehillim*), *Is* 17, 12 ; 25, 3-5 ; 33, 3-5, 11-14 ; *Jl* 4, 9 ; *Za* 12-14, ainsi que les *Ps* 46, 83, 149. On note les contacts étroits avec les *Ps* 31, 14 et 55, 6. 15. 20, l'usage postexilique du couple « nations/peuples », du verbe *bhl* au piel (5 b ; Vanderkam, 1977, 245) comme dans le *Ps* 83, 16. On souligne le procédé anthologique dans la reprise du couple « entraves/liens » (*Os* 10, 11 ; *Jr* 2, 20). C'est surtout l'oracle qui oriente vers le temps des Chroniques. Le mont Sion et le Roi-Messie appartiennent à YHWH, le Roi céleste : c'est sa montagne, son trône, son roi, son messie. Le *Ps* 2 rejoint les parallèles des *Ps* 18, 51 ; 45, 7 ; 89, 19 ; *1 S* 2, 10. Il est vrai que l'on discute sur le sens de *nsk* (6 a, « sacrer » (Targum), « oindre », « constituer » (*ThWAT* 5, 1984, 492). Une dérivation de *skk* « tisser » est à rejeter (Gilbert, 1979, 209). On rapproche plutôt *nasîk* « celui qui est investi », c'est-à-dire le scheikh (akkadien : *nasîku* ; cf. *Mi* 5, 4).

Le laconisme de 7 b : « Il m'a dit : Tu es mon fils, aujourd'hui, je t'ai engendré » suppose bien connu en Israël la nature de cette filiation messianique. Reportons-nous au *Ps* 89, 27 : « Il (le fils de David) m'appellera : Mon père, mon Dieu, le Rocher qui me sauve. » Ce texte se réfère à l'oracle de Nathan qui reprend une formule d'adoption : « Je serai pour lui un père, et il sera pour moi un fils » (*2 S* 7, 14 ; *1 Ch* 17, 13). En vertu de l'alliance mosaïque, le peuple d'Israël était devenu « fils de Dieu » (*Ex* 4, 22 ; *Os* 11, 1). En vertu de l'Alliance davidique, le Roi-Messie d'Israël le devient à un titre unique [4].

L'aujourd'hui de 7 c rappelle *1 R* 1, 48 : « YHWH a donné aujourd'hui quelqu'un pour s'asseoir sur mon trône. » Mais la perspective est nouvelle et rejoint celle de *1 Ch* 28, 5-7 : « Je (Dieu) lui ai préparé

---

4. GEORGES, *RB*, 1965, 206 ; *ThWNT* 8, 1969, 347 ; SCHLISSKE, 1973 ; LARCHER, 1981, 260 ; del AGUA PEREZ, 1984, 391 ; HENGEL, 1984.

(à Salomon) une royauté éternelle, s'il pratique avec courage comme aujourd'hui mes commandements et mes lois. » Cette promesse ne peut se réaliser que dans une perspective qui dépasse infiniment la durée du règne de Salomon et concerne le Messie davidique, lequel règnera pour les siècles des siècles (*Ps* 45, 7 ; 72, 7), l'aujourd'hui de l'éternité (*He* 1, 5 ; 5, 5). Il ne s'agit pas d'un jour de fête (les Tentes ?) comme dans les *Ps* 95, 7 et 118, 24, mais du jour de la Colère de Dieu, quand il viendra juger le monde, comme l'annoncent les psaumes du « Règne de YHWH ».

Le v. 8 fait écho à *1 R* 3, 5. Salomon, sacré roi d'Israël, voit en songe YHWH à Gabaon. Dieu lui dit : « Demande ce que je dois te donner ». Toute filiation donne droit à l'héritage ! Dans le *Ps* 2, le Messie est censé hériter de toutes les nations du monde (cf. *Mi* 5, 3 ; *Jn* 3, 35). Notons que le terme *'aḥuzzah*, parallèle à *naḥalah* « héritage », est un mot très fréquemment employé dans les écrits post-exiliques. Rois et princes s'insurgent contre cette décision divine, car ils ne comprennent pas le dessein divin (cf. *Mi* 4, 14). Dieu donne tout pouvoir à son Messie qui brisera toute opposition et vaincra le monde païen, thème repris par le *Ps* 110 (cf. *Jn* 16, 33).

Au lieu de « tu les briseras » (9 a, *TM*, verbe araméen), LXX traduit « tu les paîtras » *(tir'em)*, éliminant ainsi le parallélisme avec le second stique « tu les casseras » (Emerton, 1979, 495). Cette leçon reparaît dans le 17e psaume de Salomon, v. 24, et dans l'Apocalypse (2, 27 ; 12, 5 ; 19, 15) ; elle édulcore la phrase. Un « double entendre » semble possible dans l'hébreu non vocalisé. Serait-il suggéré par « comprenez » (10 a) ? Notons les jeux de mots *nsk/nshq* ; *'bd/'bd* (comme dans *Is* 60, 12), sans parler des allitérations (Emerton, 1979, *ibid.*). Le fait de briser des vases d'argile rappelle les rites égyptiens d'exécration ; on écrivait sur des vases ou des figurines en céramique les noms des ennemis et on les brisait ensuite. Par ailleurs, le thème du roi-pasteur est traditionnel (Wilhelm 1977, 196).

Le psalmiste lance aux rois un ultimatum à la fin du *Ps* 2. Comme le ferait un maître de sagesse, il les invite à méditer sur l'oracle divin (cf. *Ps* 64, 10) afin d'éviter le châtiment et la ruine. Il leur faut servir Dieu comme le sert Israël : « C'est Dieu que tu craindras, c'est lui que tu serviras » (*Dt* 6, 13). Dans 11 b-12 a, *TM* pourrait se traduire : « Et tressaillez (cf. *Os* 10, 5) de terreur (cf. *Is* 33, 14), embrassez le fils (*bar*, mot araméen) », ou bien « ce qui est pur », à savoir la Tôrâ (*Ps* 19, 9). Beaucoup de conjectures ont été proposées (Holladay, 1978, 110). A la suite de Bertholet (1908), on propose de transposer 12 a avant 11 b et de lire *beraglaw* « (à) ses pieds ». D'où « baisez ses pieds avec tremblement », et en paraphrasant « rendez-lui hommage en tremblant ». On sait que le rite de la proscynèse était pratiqué envers les rois païens et les idoles ; de plus, il était choquant de parler des « pieds » de Dieu. On a donc cherché à éliminer cet anthropomorphisme et du même coup, on pouvait évoquer la Tôrâ grâce à l'ambivalence du mot *bar*, équivalent araméen de *ben* « le fils » (dont parlait 7 b). Cette allusion possible à la Loi rendrait peut-être compte de la traduction inattendue des LXX, suivis par la Vulgate et le Targum : « Recevez l'instruction. » D'autre part, on aurait ici la plus ancienne mention du rite du baisement du rouleau sacré.

Le dernier stique du v. 12 est proche des *Ps* 55, 24 et 84, 13. Cette strophe a inspiré *Sg* 6, 1 ss où Salomon est censé inviter les rois à réfléchir, eux qui dictent les lois dans le monde entier. Une allusion à la puissance romaine serait ici possible (Larcher, 1984, 402).

Souverain universel au pouvoir absolu, le Roi-Messie est présenté dans le *Ps* 2 comme un personnage sacré en tant que Fils de Dieu. Selon le Nouveau Testament, c'est au moment de sa résurrection que Jésus a été intronisé comme Fils de Dieu (*Mt* 3, 17 ; *Mc* 1, 11 ; *Lc* 3, 22) et qu'il est entré en possession de son héritage et de sa dignité royale (*Jn* 18, 37). Tout pouvoir lui a été donné dans le ciel et sur la terre (*Mt* 28, 18) et tout a été remis entre ses mains (*Jn* 3, 35 : *Col* 1, 16). Premier-né d'entre les morts (*Col* 1, 18), Jésus est le roi des rois de la terre (*Ap* 1, 5) et le souverain des nations (*Ap* 15, 3) qu'il jugera au dernier jour.

5. Psaume 45. — Sans parallèle dans tout le psautier, le *Ps* 45 est un poème royal dans lequel un prophète cultuel coraïte célèbre l'intronisation d'un jeune roi, et ses noces avec une princesse.

² Mon cœur a frémi d'éloquentes paroles :
  je vais dire mon poème en l'honneur d'un roi,
  ma langue est le roseau d'un scribe agile.

³ « Tu es beau, le plus beau de tous les hommes,
  la grâce est répandue sur tes lèvres,
  aussi tu es béni de YHWH à jamais.

⁴ « Ceins ton épée, vaillant, à ton côté,
  dans la splendeur et l'éclat, ⁵ [ ] chevauche et triomphe
  pour la cause de la vérité, de la justice et du pauvre.

⁶ « Ta main droite te fera faire des exploits terrifiants ;
  tes flèches sont aiguës, voici les peuples à ta merci,
  ils perdent courage, les ennemis du roi.

⁷ « Ton trône est de Dieu, pour toujours et à jamais ;
  sceptre de droiture, le sceptre de ton règne ;
⁸ tu aimes la justice, tu hais l'impiété.

  « Aussi YHWH ton Dieu t'a consacré
  d'une huile d'allégresse comme aucun de tes compagnons ;
⁹ tes vêtements ne sont que myrrhe, cannelle et aloès.

  « Des palais d'ivoire, les orchestres te ravissent.
¹⁰ Debout, parmi tes préférées, sont des filles de rois ;
  à ta droite, une dame sous les ors d'Ophir. »

¹¹ « Écoute, fille, regarde et tends l'oreille,
  oublie ton peuple et la maison de ton père ;

5. On omet le doublet.

¹² alors le roi désirera ta beauté,
   il est ton seigneur, prosterne-toi devant lui !
¹³ Les gens de Tyr, par des présents, réjouiront ton visage,
   les plus riches, ¹⁴ par tant de joyaux [ ] sertis d'or. »

Vêtue ¹⁵ de broderies, ' la princesse ' est amenée
' à l'intérieur ' vers le roi, des vierges à sa suite ;
¹⁶ on amène ¹⁵ les compagnes qui lui sont destinées ;
en grande liesse, elles entrent au palais royal.

¹⁷ « A la place de tes pères te viendront tes fils,
   tu en feras des princes sur toute la terre.
¹⁸ Je ferai vivre ton nom pour les âges des âges
   et les peuples te rendront grâce toujours et à jamais. »

D'après l'en-tête, il s'agit ici d'un « chant d'amour », c'est-à-dire d'un épithalame. La rubrique « sur les lys » (Tournay, *RB*, 1968, 437) fait penser au Cantique des Cantiques avec lequel le *Ps* 45 présente tant d'affinités (Tournay, 1962, 168). Les nombreux égyptianismes que contiennent ces deux écrits conviennent parfaitement au mariage de Salomon avec une princesse égyptienne (*1 R* 3, 1). Aucun autre roi, surtout pas Achab malgré la mention des « palais d'ivoire » (*1 R* 22, 39) et de la « fille de Tyr », ne peut être ici évoqué. Au v. 13 a, tous les témoins ont un *waw* « et » avant « la fille de Tyr », sauf 1 ms. hébreu ; le vocatif est impossible. Il s'agit donc d'un nom collectif (cf. *Ps* 9, 15 ; 137, 8) désignant la population de Tyr, réputée par sa richesse, au temps de Hiram. Mais s'agit-il du Salomon de l'histoire ou du nouveau Salomon, le Roi-Messie ? (Mulder, 1972 ; Tournay, *RB*, 1973, 603).

La langue du *Ps* 45 contient plusieurs aramaïsmes : *rḥsh* (le premier mot !), *'ani 'omer* (2), *ypyph* (3), *qeṣi'a* (9), *lamed* devant *reqamôt* (15). Le terme *shegal* (10), emprunté au babylonien, ne reparaît que dans *Ne* 2, 7. Le mot *malkût* (7) caractérise la langue des Chroniques. Plusieurs mots (*penimâ, shebuṣôt, riqmâ, yaṣaq*) appartiennent au vocabulaire de la tradition sacerdotale. Les parfums nommés au v. 9 entrent dans la composition de l'huile d'onction, le chrême sacerdotal (*Ex* 30, 22 ss). On signale aussi les contacts avec *Is* 61 et *Za* 9, 9, textes postexiliques. Si l'on traduit dans 7 a « ton trône, ô dieu... », il serait possible de penser à l'époque ptolémaïque (Couroyer, 1971, 211). Mais il est permis de proposer une autre interprétation : « Ton trône (celui de) Dieu » (cf. *Nb* 25, 12 « mon alliance de paix », etc.), conformément à l'idéologie des Chroniques : David, Salomon, leurs successeurs, y compris le Messie à venir, s'assoient sur le « trône de YHWH » (*1 Ch* 7, 14 ; 28, 5 ; 29, 20. 23, etc.).

Quelle que soit la préhistoire du *Ps* 45, c'est s'engager dans une impasse que d'y voir un poème de cour d'époque monarchique. La *shegal* n'évoque-t-elle pas l'aïeule du peuple élu, la belle Sara, venue de Mésopotamie, et à travers elle, la Fille de Sion, épouse du nouveau Salomon, le Roi-Messie ? Ce thème prophético-messianique transparaît dans les deux discours adressés l'un au roi (3-10), et l'autre plus

court, à la reine (11-14) (Mannati, 1967, 106). On rejoint alors l'interprétation du Targum qui paraphrase ainsi le v. 3 : « Ta beauté, ô
Roi Messie, surpasse les fils des hommes ; l'esprit de prophétie a été
donné à tes lèvres... » Déjà le titre du *Ps* 45, dans le Targum, parlait
d'une prophétie (voir p. 15).

C'est dans cette perspective prophético-messianique que l'on peut
deviner sous la graphie longue *yehôdukâ* (18), « (les peuples) te loueront » le nom de *Yehouda*, Juda, tribu d'où sortira le Messie (*Gn* 49, 8 ;
Mi 5, 1 ; *Za* 10, 3) et dont il est dit : « Juda, tes frères te loueront »
(cf. *Gn* 29, 35). De même, le v. 17 peut se référer aux prédictions concernant la descendance d'Abraham et de Jacob d'où sortiront des « princes » *(śarîm)*, comme le disent *Gn* 17, 6 et 35, 11. C'est de Sara, la
« princesse » que naîtront ces « princes ». Avec Abraham, Sara fut
invitée à « quitter son peuple et la maison de son père » (*Gn* 12, 1 ;
Ruth 2, 11). Il faut aussi souligner les contacts du *Ps* 45 avec *1 Ch*
29, 22 ss qui décrivent l'avènement du roi Salomon, allant s'asseoir
sur le « trône de YHWH ».

Le lévite-prophète célèbre la beauté du roi et celle de son épouse.
Ne pense-t-il pas à la beauté de David, à la magnificence de Salomon, à
la belle Sara ? Ces textes préfigurent la beauté de la Fille de Sion et
celle du Roi-Messie (cf. *Is* 33, 17). Le jeune roi doit défendre avec
succès la justice (Olivier, 1979, 45) et les pauvres. La bénédiction et
l'onction divines en font le lieutenant de YHWH, installé pour toujours sur ce trône divin (cf. *Ps* 72, 5). Parfums et musiques accompa-
gnent le cortège nuptial (les deux mots « la princesse à l'intérieur »
sont anticipés dans le *TM*, v. 14). On rejoint *Ct* 3, 6-11 où sont décrits
l'équipage et l'escorte du roi « Salomon » au « jour de ses épou-
sailles ». Myrrhe, encens, argent, or, guerriers armés de l'épée, sans
parler de l'aloès (*Ct* 4, 14 ; Rouillard, 1985, 360), autant de traits qu'on
peut rapprocher du *Ps* 45 (Tournay, 1982, 32. 44. 79).

Dans les oracles d'Osée, de Jérémie, d'Ézéchiel, du livre d'*Isaïe*,
l'allégorie nuptiale servait à illustrer les relations d'amour entre
YHWH et le peuple d'Israël. Dans le Cantique des Cantiques, selon
le texte qui nous est parvenu, il s'agit aussi des relations privilégiées
entre le nouveau « Salomon », fils de David, et la Fille de Sion, la
Shulammit. Selon l'interprétation ici proposée, c'est la même perspective qui apparaît dans le *Ps* 45, sous forme psalmique et liturgique.

Ces « fiançailles » messianiques ont trouvé leur plein achèvement
dans le cadre de la Nouvelle Alliance, avec l'union de Jésus et de
l'Église, son Épouse. La fin de l'Apocalypse (*Ap* 19, 7 ; 21, 2) décrit la
Jérusalem céleste, Épouse de l'Agneau immolé, descendant du ciel
après s'être faite belle comme une jeune mariée parée pour son époux.
He 1, 8-9 applique au Christ les vv. 7-8 du *Ps* 45 selon la traduction
des LXX : « Ton trône, ô Dieu, est pour les siècles des siècles... ».

6. Psaume 72. — L'en tête du Psaume mentionne Salomon ;
8 mss hébreux omettent cette mention et 3 mss relient 72 à 71. Ce

psaume royal est à la fois une prière et un oracle, si l'on s'en tient aux temps des verbes (jussifs et inaccomplis ; LXX a des futurs de 4 à 16). On ne peut donc dissocier le souhait de l'oracle. Le psalmiste demande à YHWH pour le « fils de roi » un règne juste et pacifique, illimité dans le temps et l'espace, heureux et prospère. La doxologie (18-19) clôt la 2ᵉ collection du psautier et est suivie du colophon : « Fin des prières de David, fils de Jessé. »

1 Dieu, donne au roi tes jugements,
   à ce fils de roi, ta justice.
2 Qu'il gouverne ton peuple avec justice
   et qu'il fasse droit au malheureux !

3 Montagnes, portez au peuple la paix,
   et vous, collines, la justice.
4 Qu'il fasse droit aux malheureux de son peuple,
   qu'il sauve les pauvres, qu'il écrase l'oppresseur !

5 Qu'il dure sous le soleil et la lune
   pour les siècles des siècles !
6 Qu'il descende comme la pluie sur le regain,
   comme la bruine mouillant la terre !

7 En ses jours fleurira la justice
   et grande paix jusqu'à la fin des lunes.
8 Qu'il domine de la mer à la mer
   et du fleuve jusqu'au bout de la terre !

9 Des peuplades s'inclineront devant lui,
   ses ennemis mordront la poussière.
10 Les rois de Tarsis et des îles
   apporteront leur tribut.

   Les rois de Saba et de Séba
   feront leur offrande ;
11 tous les rois se prosterneront devant lui,
   tous les pays le serviront.

12 Il délivrera le pauvre qui appelle
   et le malheureux sans recours ;
13 il aura souci du pauvre et du faible,
   il sauvera la vie des pauvres.

14 Il les rachète à la violence, à l'oppression,
   leur sang est d'un grand prix à ses yeux.
15 Qu'il vive ! on lui donnera l'or de Saba,
   on priera pour lui sans relâche,
   tout le jour on le bénira.

16 Qu'il y ait profusion de froment sur la terre,
   qu'il ondule au sommet des montagnes,
   comme le Liban faisant surgir ses fruits et ses fleurs
   autant que l'herbe de la terre !

17 Qu'il ait un nom éternel,
   sous le soleil, que subsiste son nom !
   En lui les hommes se béniront,
   tous les pays le diront bienheureux.

Dans ce psaume de structure très régulière (sauf le v. 15), les couplets se groupent deux par deux pour le sens : 1-4, 5-8, 9-11, 12-15,

16-17. Le poète multiplie les répétitions et s'inspire des épisodes de la
vie de Salomon (*1 R* 3, 12. 28 ; 4, 20 ; 5, 14 ; 10, 1. 8. 22 ; 11, 42). Le
v. 6 rappelle *Gn* 13, 10 ; le v. 8 envisage la réalisation de Gn 15, 18, et
le v. 17, la réalisation de *Gn* 12, 3 et 22, 18 (cf. *Si* 44, 21). L'ensemble
offre des contacts étroits avec *Is* 60 (Steck, 1986, 291) et *Za* 9, 9 ss ;
on rapproche beaucoup d'autres textes [6]. C'est donc un psaume anthologique apparenté aux écrits postexiliques, comme d'ailleurs le suggère des aramaïsmes (*zarzif, pissat*, etc.). Le Targum et la tradition
judéo-chrétienne ont interprété le *Ps* 72 dans un sens messianique.
Déjà le *TM* offre des relectures messianiques : au v. 7 a : « le juste »
(cf. *Jr* 23, 5 ; *Za* 9, 9) au lieu de « la justice » (3 mss et les versions) ;
au v. 17 b *yinnôn* (*TM* qerê ; ketib *yanîn*) « il prolifiera » ou « sera
prolifique » (de *nîn* « rejeton », *Ps* 74, 8), verbe qui est devenu l'un
des noms du Messie dans le rabbinisme ; mais le texte supposé primitif *yikkôn* « il durera » est attesté par les versions et 1 ms. hébreu
(cf. *Ps* 89, 38). La préexistence du Messie serait déjà indiquée aux
vv. 5 « avant la lune » et 17 « avant le soleil » ; ainsi le comprennent
LXX et les commentaires rabbiniques. Le Targum paraphase ici :
« Avant que soit le soleil, son nom était préparé. » Notons que dans
17 b, LXX ajoute « toutes les tribus de la terre » (*Gn* 12, 3 ; 28, 14),
mots sans doute omis dans le *TM* par homéotéleuton et traduit ici
par « les hommes ». Une vocalisation défectueuse du *TM*, dans 5 a,
« ils te craindront » (cf. *Is* 59, 19) est à corriger d'après les versions
« qu'il dure ».

Toutefois, les commentateurs modernes sont ici frappés par
l'usage du « style de cour », si en vogue dans les inscriptions royales
de l'ancien Orient. On souhaite au roi une longue vie, une suprématie
absolue, un règne de paix et de justice, une prospérité paradisiaque.
Le v. 16 parle d'abondantes moissons et récoltes (le *TM* a souffert :
lire *weṣîṣô* « et sa fleur » ; Tournay, 1964, 97). On ne peut nier un
certain nombre de ressemblances avec les textes babyloniens, syriens,
phéniciens, égyptiens [7]. Mais ces contacts ne suffisent pas à rendre
compte intégralement du texte. Selon E. Podechard (1949, 314), il faudrait éliminer comme des additions 4 c, 10, 15 a, peut-être aussi 5, 6, 14,
16. Personne n'acceptera cette solution. L'interprétation la plus simple n'est-elle pas une exégèse messianique ? Le Messie attendu sera un
nouveau Salomon (Peterca, 1981, 87). Notons néanmoins que le *Ps* 72
n'est jamais cité dans le Nouveau Testament, sinon implicitement
dans l'épisode des rois mages (Bonnard, 1981, 259). S. Justin le cite en
entier dans le *Dialogue avec Tryphon*.

---

6. *Jb* 29, 12 ; *Is* 45, 8 ; 49, 23 ; *Mi* 5, 3-4 ; 7, 17 ; *Ez* 27, 15 ; *Ps* 116, 15, etc. Sur Tarsis,
voir ALVAR, 1982, 211 ; C. H. WAGNER, dans *Rivista di Studi Fenici* 14 (1986), pp. 201-228.
    7. PAUTREL, 1961, 157 ; GRELOT, 1957, 319 ; VEUGELERS, 1965, 317 ; GREENFIELD, 1971, 267 ;
PAUL, 1972, 351 ; MALAMAT, 1982, 215.

7. Psaume 101 (Kaiser, 1962, 195 ; Kenik, 1976, 391). C'est un psaume royal d'un type unique. Comme la seconde partie du *Ps* 2, il contient un « discours du trône » sévère à l'égard des impies et des opposants. D'après l'en-tête, c'est David qui est censé parler :

¹ Je veux chanter justice et bonté,
   pour toi, YHWH, je psalmodie.
² Je veux progresser sur le chemin le plus parfait ;
   quand viendras-tu vers moi ?

   Je me conduirai avec un cœur parfait,
   à l'intérieur de ma maison ;
³ je n'aurai pas même un regard
   pour des actes pernicieux.

   Je déteste les pratiques des apostats,
   elles n'ont sur moi nulle prise ;
⁴ loin de moi, le cœur tortueux,
   le méchant, je l'ignore.

⁵ Qui dénigre en secret son prochain,
   je le réduirai au silence ;
   le regard hautain, le cœur ambitieux,
   je ne peux les tolérer.

⁶ Je saurai voir les honnêtes gens du pays,
   ils siégeront à mes côtés ;
   celui qui se conduit parfaitement,
   celui-là me servira.

⁷ Pas de siège parmi ceux de ma maison
   pour qui se livre à la fraude ;
   celui qui profère le mensonge
   ne tiendra pas sous mon regard.

⁸ Chaque matin, je réduirai au silence
   tous les impies du pays
   pour extirper de la ville de YHWH
   tous ceux qui font le mal.

Dans le prélude hymnique (1-2 ab ; *TM* mal coupé) qui rappelle celui du *Ps* 89, 2, David est censé entonner un chant psalmique avec musique *(zmr)* conformément à la tradition (2 S 23, 1) ; mais il parle ici comme un sage et même comme un prophète. Sorte de monarque idéal comme le roi des *Ps* 18, 45 et 72, il s'engage à faire régner la justice et le *ḥesed* qui découlent de l'Alliance conclue entre YHWH et la « maison » (vv. 2.7 ; 2 S 7, 11 ; 23, 5) de David. Il sera intègre et fidèle dans la ville de YHWH (8 c), c'est-à-dire à Jérusalem, comme David (*Ps* 18, 21-25). Il rejettera le cœur hypocrite (cf. *Ps* 18, 27). Le poète s'est inspiré de l'histoire de David et de Salomon. Dès le prélude, le roi se promet de progresser, de réussir comme David, le *maskîl* (1 S 18, 5. 14-15), comme Salomon, le sage, à condition d'observer les lois divines (1 R 2, 3). Le titre de *maskîl* est attribué ailleurs au Serviteur de YHWH (*Is* 52, 13), aux lévites-chantres (2 *Ch* 30, 22), aux doctes dont parle *Dn* 11, 33. 35, et au Maître de justice à Qumrân (Carmignac, 1963, II, 35). Dans le *Ps* 2, 10 le roi adjure les rebelles à se montrer sages et intelligents en se soumettant à YHWH. Le psalmiste parle aussi dans le *Ps* 101 comme un maître de sagesse ; son discours rappelle maint passages des Proverbes. M. Weinfeld (1982, 224) a rapproché ce psaume des protestations d'innocence dans les textes égyptiens et surtout des instructions pour les visiteurs des temples. Kselman (1985, 45) a proposé de voir dans les vv. 7-8 un oracle divin. De fait, le comportement du roi correspond ici à celui de Dieu (Mannati, III, 251). Le verbe « servir » (6 c) a déjà une forte résonance cultuelle. YHWH, lui aussi a les yeux sur son fidèle (voir p. 131). Il réduit les impies au silence le jour du Jugement (*Ps* 54, 7 ; 73, 27 ; 94, 23 ; 143, 12). Il admet seulement les bons dans son intimité (*Ps* 5, 5-6 ; 15, 1 ss ; 24, 3 ss., etc.).

De plus, le roi idéal doit extirper toutes les actions de Bélial (3 ; cf. *Ps* 41, 9), calomnies, mensonges, impiété, comme il est dit à la fin des « dernières paroles de David » (2 *S* 23, 6). Il doit faire disparaître le mal, thème deutéronomique qui apparaît déjà dans les textes babyloniens, comme l'épopée de Gilgamesh ou le Code de Hammourabi (Dion, 1980, 338). Ce motif intervient précisément dans l'histoire de David (2 *S* 4, 11). Celui-ci ordonne de tuer les deux assassins benjaminites d'Ishboshet, fils de Saül ; il s'écrie : « Ne dois-je pas vous supprimer de la terre ? » Ce Jugement doit avoir lieu chaque matin (voir p. 120), temps symbolique des règlements, des libérations, du salut, ou comme le dit le Targum, du monde futur.

Ce portrait du roi idéal rejoint les souhaits formulés dans le *Ps* 72 et décrit à l'avance ce que sera « mon serviteur David », le Messie attendu. C'est pourquoi la demande faite à Dieu par le psalmiste au début du psaume : « Quand viendras-tu vers moi ? » exprime fortement l'attente anxieuse des lévites-chantres. On reprend ici sous une forme différente l'interrogation de « David » : « Tout le salut que je désire, ne le fera-t-il pas germer ? » (2 *S* 23, 5). Seule, la venue du Messie, fils de David, pourra réaliser ce règne de justice et de sainteté. Ce n'est donc pas sans raison que la tradition judéo-chrétienne a vu dans le roi idéal du *Ps* 101 le Messie lui-même.

Au terme de cet exposé sur les psaumes « royaux », replacés dans leur dimension prophétique et oraculaire, on voit comment ce groupe de psaumes ne peut être interprété séparément du reste du psautier. Ils expriment en effet de façon très cohérente, à partir des anciens oracles messianiques, l'espérance des lévites-chantres, porte-parole de toute la communauté, à l'époque du second Temple. Bien entendu, comme les autres psaumes, ils ont des antécédents plus ou moins éloignés dans le temps en Israël et dans tout l'ancien Orient. Mais on manque de critères sûrs pour tenter d'en reconstituer les étapes antérieures. Pour bien les comprendre dans leur teneur définitive, il est nécessaire de les interpréter dans le cadre de l'Alliance

davidique telle qu'elle s'exprime dans les écrits d'époque perse et hellénistique (Feuillet, 1985, 5). Cette époque doit être considérée comme
l'âge d'or de la littérature biblique. Les hagiographes inspirés tentent
alors de compenser la disparition de la grande prophétie et de ranimer
la foi des croyants dans les promesses divines, malgré le silence de
Dieu. C'est dans ce contexte historique qu'il est possible de situer la
composition des psaumes qui esquissent à l'avance les traits du Roi
messianique, fils de David.

CONCLUSION

Au terme de cette recherche, il apparaît clairement que la psalmique israélite comporte en elle-même une dimension prophétique. Tout au long du psautier et plus généralement dans toute l'hymnologie israélite interviennent continuellement des évocations théophaniques et des oracles cultuels. Le Dieu d'Israël est un Dieu vivant, présent parmi les siens, quoique de façon invisible. On peut le voir et l'entendre si l'on croit en lui et si l'on s'efforce de le chercher dans la prière psalmique, car il se laisse alors trouver.

Au-delà des approches classiques comme l'examen des genres et des structures littéraires, ou les rapprochements avec les parallèles extra-bibliques, c'est cet aspect essentiel qui permet de découvrir toute la richesse spirituelle de cette psalmique. On a vu que les lévites-chantres du second Temple en étaient pleinement conscients. Ils avaient à cœur de réconforter la communauté des croyants regroupés autour du sanctuaire de Sion, nouvellement rebâti. Porteurs des promesses divines, gardiens des traditions et des anciens écrits, ils voulaient suppléer à la disparition de la grande prophétie et au silence apparent du Dieu de l'Alliance.

C'est grâce aux célébrations liturgiques qu'il leur était donné de pouvoir rappeler les raisons d'espérer dans l'avènement du Règne de Dieu et de son fils, le Messie, nouveau David et nouveau Salomon. Face à la montée de l'incrédulité, de l'impiété, de l'apostasie, de la persécution religieuse, le peuple juif apprenait ainsi à rencontrer Dieu avec les yeux de la foi, à dialoguer avec lui, à demeurer en sa présence (Terrien, 1978), lui, l'Emmanuel, Dieu avec nous, au milieu de nous (*Ex* 17, 7). Dès la naissance d'Israël, YHWH avait vu, oui, il avait vu la misère de son peuple (*Ex* 3, 7) et il l'avait libéré de ses oppresseurs. Il demeurait au cours des siècles son unique Sauveur : rien n'échappait aux regards divins, aux oreilles divines. Tout fidèle pouvait ainsi aller voir la face de Dieu et lui présenter ses demandes. Il répondait par l'entremise des oracles cultuels insérés dans les cantiques et les psaumes.

On a vu précédemment que ces prières psalmiques n'étaient pas un fait isolé, mais qu'elles faisaient partie d'un ensemble de textes de même époque : *Malachie, Jonas, Job, Abdias, Joël*, les additions postexiliques aux recueils prophétiques d'*Isaïe*, de *Jérémie*, d'*Ézéchiel*, de *Zacharie*. Elles rejoignaient les écrits d'inspiration deutéronomique et de la tradition sacerdotale.

Il était dès lors tout indiqué de les interpréter dans ce même *Sitz im Leben*, à une époque où s'exprime l'anxiété d'un peuple attendant le Jour de YHWH. Ces appels incessants pour une intervention divine naissent d'une conviction profonde : le Dieu caché ne peut abandonner les siens ; il est fidèle dans ses promesses et fera surgir quand il le voudra un monde nouveau, issue de l'Alliance nouvelle et éternelle (*Jr* 31, 31 ; *Éz* 37, 26 ; *Is* 55, 3 ; 59, 21 ; 61, 8). « Quand viendras-tu vers moi ? » (*Ps* 101, 2) — « Ah ! si tu déchirais les cieux, si tu descendais ! » (*Is* 63, 19).

Cette Alliance éternelle était celle que YHWH avait conclue avec le prophète David (*2 S* 23, 5) et qui devait se réaliser par la venue de son descendant messianique. Ce n'est donc pas sans raison que le Targum araméen des psaumes, suivi par la tradition judéo-chrétienne, attribue aux psaumes une portée messianique. Il en est de même pour le Cantique des Cantiques où le dialogue entre les partenaires débouche sur le mystérieux dialogue entre le Messie davidico-salomonien et la Fille de Sion : « Viens, mon bien-aimé ! » (*Ct* 7, 12 ; Tournay, 1982, 124).

C'est ainsi que les disciples de Jésus adoptèrent d'emblée le livre des psaumes, si souvent cité (126 fois)[1] dans le Nouveau Testament. Les premiers chrétiens, à Jérusalem, issus en partie du judaïsme, connaissaient bien les psaumes, dont s'inspirent d'ailleurs le *Benedictus* et le *Magnificat*. Jésus dut les pratiquer dès son plus jeune âge. Selon les Évangiles, il se les applique à lui-même. C'est le *Ps* 22 qu'il entonne du haut de la croix. Les Évangélistes multiplient les citations psalmiques dans le récit de la Passion[2]. Après sa résurrection Jésus rappela aux apôtres qu'il leur avait dit avant sa mort : « Il faut que s'accomplisse tout ce qui est écrit de moi dans la Loi de Moïse, les Prophètes et les Psaumes » (*Lc* 24, 44 ; Ravesi, I, 1981, 25). « L'Ancien Testament a été son livre ; son Dieu, le Père, est le Dieu de l'Ancienne Alliance ; enfin Jésus affirme que l'Écriture parle de lui, l'annonce » (Larcher, 1962, 45).

Dès les débuts de l'Église, les psaumes ont inspiré la prédication, la liturgie de la parole, la prière privée, l'apologétique. Au début de l'une des plus anciennes liturgies baptismales actuellement connues (Salles, 1958, 39), ceux qui seront baptisés sont examinés pour savoir « si leur préparation au baptême a eu lieu, s'ils ont lu les Écritures et s'ils ont appris les psaumes. » La *Didascalie syrienne*, du IIIᵉ siècle, dit qu'on passait la Vigile pascale en « lisant les Écritures et les psaumes » (Vööbus, II, 1979, 199). Les *Canons d'Hippolyte* (*Patrol. Orient.*, 31, 386) et le *Canon des Apôtres* (Canon 19) prescrivent la récitation des psaumes (Trublet, 1986, col. 2518). S. Hilaire de Poitiers écrit : « Quelle que soit la personne en laquelle l'Esprit de prophétie

---

1. Cf. art. Psaumes, *DBS* 9, 1979, col. 207.
2. *Mt* 26, 23 ; 27, 43. 46. 48 ; *Mc* 14, 18 ; 15, 55 ; *Lc* 22, 69 ; 23, 34-35. 46 ; *Jn* 19, 24. 28. 36.

a parlé, tout cela cependant a pour but la connaissance de l'avènement de Notre Seigneur Jésus-Christ, de son incarnation, de sa passion et de son règne, et se réfère à la gloire ainsi qu'à la puissance
de notre résurrection » (*Instr. Psalm.* 5 ; *PL* 9, 235).

Le chant des psaumes apparaît au tournant des IIe-IIIe siècles,
dans l'apocryphe appelé les *Actes de Paul*. Il y est question d'une
eucharistie suivie d'agapes accompagnées de chants : « Chacun prit
part au pain et ils se restaurèrent, selon la coutume du temps de
jeûne, au chant des psaumes de David et de cantiques » (Gelineau,
1978, 101). Dans la lettre à Marcelin (*PG* 27, 12), S. Athanase écrit :
« Le livre des Psaumes concentre tous les trésors des autres livres,
tel un jardin, et y joint un charme supplémentaire qui lui est le propre, à savoir le chant. » Citons encore S. Basile (lettre 207 ; *PG* 32,
764) : « La psalmodie est organisée de la même manière dans toutes
les Églises de Dieu ; elle y résonne agréablement. Le peuple se lève
la nuit et se rend à la maison de prière, et... quand il a prié, il psalmodie... Après avoir passé la nuit à psalmodier, il chante le psaume
de la pénitence (*Ps* 51). » S. Basile conclut en se demandant « pourquoi accorder une telle faveur aux psaumes ? ... Parce que les hymnes
sont des formules humaines, tandis que les psaumes sont les chants
de l'Esprit. » (Trublet, 1986, 2518).

Or, le monde chrétien se trouve après l'ascension du Christ dans
une situation qui n'est pas sans ressembler à celle des Juifs vivant à
l'époque du second Temple. La Révélation ayant pris fin à la mort du
dernier apôtre, c'est invisiblement que Jésus, Dieu vivant, reste auprès
des siens jusqu'à la consommation des siècles (*Mt* 28, 20 ; cf. *Jn* 14,
19). C'est seulement dans la foi que l'Église chrétienne peut entrer en
contact avec son Époux divin (*Jn* 20, 29), en attendant le Jour de
Notre Seigneur Jésus-Christ, son second avènement, la Parousie (*Jn*
8, 56 ; *Mt* 24, 3 ; *Lc* 17, 30 ; *1 Co* 1, 8 ; 15, 23).

Le second Temple a disparu en 70 après J.-C. Mais le corps du
Christ ressuscité est devenu le nouveau Temple, un Temple spirituel
non fait de main d'homme (*Jn* 2, 19-22) (Congar, 1958, 275). Le vrai
Temple est le Chrétien (*Jn* 14, 23 ; *Ap* 3, 20), dans lequel Dieu demeure ;
c'est ce qu'explique l'Épître de Barnabé en commentant le psautier
(Vesco, *RB*, 1986, 18). Aux figures et aux symboles de l'Ancienne
Alliance ont fait place les réalités de l'ordre sacramentel, en attendant l'achèvement céleste dans la vérité du Royaume. La grande théophanie pascale est actualisée au sein de l'Église par la célébration de
l'Eucharistie qui est, comme le nom l'indique, l'action de grâce par
excellence. C'est là que le Seigneur continue de parler aux croyants,
à chacun d'entre nous, par la voix de ses représentants. Quand deux
ou trois disciples se réunissent pour prier le Christ et invoquer son
Nom, il est là, au milieu d'eux (*Mt* 18, 20). Tout en rendant grâce à

Dieu, nous pouvons nous faire les porte-parole des autres hommes, spécialement de ceux dont la voix est étouffée par l'intolérance, la persécution, l'athéisme (voir p. 48).

Tant de voix s'élèvent aujourd'hui de par le monde pour proclamer que « Dieu est mort », faisant ici écho à ceux qui demandaient aux Juifs : « Où est-il, ton Dieu ? ». La réponse à cet athéisme pratique est l'affirmation de la présence de l'Esprit au sein de l'Église du Christ. Le souhait de Moïse : « Ah ! puisse tout le peuple de YHWH être prophète ! » s'est en effet réalisé dès le jour de la Pentecôte (*Ac* 2, 16-18 ; cf. *Jl* 3, 1 ss). Désormais l'Esprit Saint anime l'Église. « Le Paraclet, l'Esprit Saint, que le Père enverra en mon nom, vous enseignera tout et vous rappellera tout ce que je vous ai dit » (*Jn* 14, 26).

Plus que jamais, la prière psalmique qui nous prête son langage divin demeure celle des Pauvres de YHWH, après avoir été celle de Jésus, le grand Pauvre (*Ph* 2, 7-8). Prière prophétique par excellence, elle nous permet de voir et d'entendre Dieu dès ici-bas, de rencontrer le « Rocher qui nous sauve » à la lumière de la foi, en attendant de le voir face à face, tel qu'il est (*1 Jn* 3, 2).

La communauté de Qumrân avait conscience de participer à la liturgie céleste en louant Dieu et en célébrant l'offrande du sabbat (Newsome, 1985). On lit dans la colonne 11 de la Règle de la Communauté : « A ceux que Dieu a élus, il leur a donné une possession éternelle, il a placé leur héritage dans le lot des Saints ; avec les fils des cieux il a associé leur assemblée selon l'idéal de la Communauté » (lignes 7-8 ; Carmignac-Guilbert, I, 1961, 77).

La louange psalmique de l'Église correspond aussi mystérieusement à la louange des êtres célestes [3]. Dès ici-bas, cette prière psalmique qui se poursuit depuis deux mille ans nous fait participer au culte du temple céleste, en expérimentant une sorte de communion avec les anges et les bienheureux : « Je te chante en présence des anges » (*Ps* 138, 1). Le livre de l'*Apocalypse* multiplie les hymnes de louange et d'action de grâces que chantent les anges et les élus dans le ciel [4].

« Récitez entre vous des psaumes, des hymnes et des cantiques inspirés, chantez et célébrez le Seigneur de tout votre cœur ! » (*Éph* 5, 19).

Maranatha ! (*1* Co 16, 22)
Viens, Seigneur Jésus ! (*Ap* 22, 20)

---

3. *Ap* 4, 8-11 ; 5, 9-14 ; 11, 17-18 ; 12, 10-12 ; 15, 3-4 ; 19, 1-7.
4. Sur la « liturgie céleste », cf. Erik PETERSEN, *Das Buch van den Engeln. Stellung und Bedeutung der heiligen Engel im Kultus*, Jakob Hegner, Leipzig, 1935 ; M. L.-H. GRONDIJS, « Croyances, doctrines et iconographie de la liturgie céleste (le trône de grâce et le Christ-prêtre officiant) », *Mélanges d'Archéologie et d'Histoire* 74, 1962, 665-703 ; M. PHILONENKO, « Prière du soleil et liturgie angélique », *Colloque de Strasbourg* (19 oct. 1983), PUF, 1985, 221-228.

APPENDICE

Extrait d'une lettre de Paul CLAUDEL (27 octobre 1948)

Il est grave de toucher à la parole de Dieu. Et grâce au langage qui l'enveloppe, la conversation que nous entretenons avec Lui et dont les psaumes nous fournissent le véhicule a pris un caractère majestueux, distant, pour ne pas dire lointain, conventionnel et un peu endormant. En latin ou dans le français « classique », ce sont toujours les mêmes expressions vagues, étrangères à nos besoins actuels d'expression. Or j'ai toujours senti que David, ce n'est pas ça !

S'il y a quelqu'un qui a un besoin violent, immédiat, urgent, impérieux, naïf, d'un ami, d'un père, d'un secours, d'un camarade, quelqu'un qui hurle, qui sanglote, qui pleure, qui a mal, qui a peur, qui supplie, et tout à coup qui est transporté de joie, qui remercie, qui saute en l'air, qui raconte en extase à tout le monde, les choses qu'on lui a faites et qu'on lui a montrées, et qu'on lui a fait faire, quelqu'un possédé de Dieu, ivre de Dieu, et à qui Dieu sort de partout, on ne sait comment, par tous les pores, c'est l'auteur de ce recueil passionné et ses émules. Passion, voilà le mot ! La vie, la passion, l'espoir, le désespoir, s'y déchaînent, et l'on en fait quelque chose de solennel, de morne et presque sépulcral. Et alors moi, j'essaye d'être David à mon tour ! Cette parole de David, je l'avale à longs traits, je la digère longuement les yeux fermés, jusqu'à ce qu'à son tour elle fasse éruption, éruption à sa manière qui si souvent bouscule et chavire le texte. L'essentiel tout de même est de parler David à Dieu, de lui dire, de lui raconter, avec cet instrument tel qu'on l'a mis à notre disposition, qu'on a fait le mal, qu'on voudrait être meilleur, que c'est magnifique d'avoir Dieu, d'avoir toute la terre, d'avoir le Créateur, le Rédempteur, à sa disposition, et tous ces salauds autour de nous, de leur sortir un peu notre opinion avec la manière de s'en servir ! En un mot, quand on a besoin de Dieu, non pas comme une relation mondaine, avec qui l'on entretient des rapports convenables et cérémonieux, mais comme une nécessité vitale, essentielle, continuelle, indispensable, on est bien forcé d'user d'un langage disons « raccourci », je ne dis pas familier, c'est beaucoup plus brutal que le familier. C'est comme ces enfants qui ne font pas façon avec le sein de leur mère. Me comprenez-vous ?

---

1. Voir aussi : Paul CLAUDEL, *Psaumes. Traductions 1918-1953* (Collection Foi vivante 74), Desclée De Brouwer, 1968 ; ID., *Psaumes*, Postface de Léopold Sedar Senghor, Téqui, 1986.

BIBLIOGRAPHIE

Cette bibliographie ne comprend que les livres et les articles mentionnés au cours de l'exposé.

Pour une bibliographie plus complète sur les Psaumes et la liturgie du Temple de Jérusalem, voir le *Catalogue de la Bibliothèque de l'École Biblique et Archéologique Française de Jérusalem* (12 volumes in-4°), l'*Elenchus* annuel de *Biblica* et le commentaire de G. RAVASI, *Il libro dei Salmi. Commento e Attualizzazione*. Vol. 1 (1-50), vol. 2 (51-100), vol. 3 (101-150), Éd. Dehoniane, Bologne, 1981-1984.

ABEL F.-M. et J. STARCKY. — *Les livres des Maccabées (BdJ)*, 3e éd., 1961.
ACKERMAN J. S. — « An Exegetical Study of *Ps* 82. The Rabbinic Interpretation of Psalm 82 and the Gospel of John », *HThR* 59, 1966, 186-191.
AGUA PEREZ A. del. —« Procedimientos derásicos del Sal 2, 7 b en el Nuevo Testamento. Tu eres mi hijo, yo te he engendrado hoy », *EstB* 42, 1984, 391-414.
AHARONI Y. — « The Conquest of David according to Psalm 60 and 108 », *Bible and Jewish History ... Dedicated to the Memory of J. Liver*, Tel-Aviv, 1971, 13-17 (en hébreu).
AHLSTRÖM G. W. — *Psalm 89. Eine Liturgie aus dem Ritual des leidenden Königs*, Lund, 1959.
ALETTI J.-N. et J. TRUBLET. — *Approche poétique et théologique des Psaumes. Analyse et Méthodes*, Paris, 1983.
ALLEN L. C. — « David as Exemplar of Spirituality : The Redactional Function of Psalm 19 », *Bib* 67, 1986, 544-546.
ALLMAN J. E. — *A Biblical Theology of the Hymns in the Book of Psalms*, Univ. Microfilms International, 1984, 142-199.
ALVAR J. — « Aportaciones al estudio del Tarshish biblico », *Rivista di Studi Fenici* 10, 1982, 211-230.
AMIT Y. — « The Role of Prophecy and Prophets in the Book of Chronicles », *Beit Mikra* 93, 1983, 113-117 (206-207).
AMSLER S., etc. — *Aggée, Zacharie, Malachie* (Commentaire de l'A.T. XI c), Neuchâtel, 1981.
ANDERSEN F. I. and D. N. FREEDMAN. — *Hosea* (The Anchor Bible 24), 1980.
ANDREASEN N.-E. A. — « Genesis 14 in its Near Eastern Context », *Scripture in Context*, 1980, 59-77.
ARENS A. — *Die Psalmen im Gottesdienst des alten Bundes. Eine Untersuchung zur Vorgeschichte des christlichen Psalmengesanges*, Trier, 1961.
ATTRIDGE H. W. and R. A. ODEN. — *Philo of Byblos. The Phoenician History* (CBQ Mon. Series 9), 1981.
AUFFRET P. — « Note sur la structure littéraire du Psaume LVII », *Semitica* 27, 1977, 65-73.
— *The Literary Structure of Psalm 2*, JSOT Suppl. Ser. 3, 1977.
— « Notes conjointes sur la structure littéraire des psaumes 114 et 29 », *EstB* 37, 1978, 103-113.

— « Essai sur la structure littéraire du Psaume 90 », *Bib* 61, 1980, 262-276.
— *Hymnes d'Égypte et d'Israël. Études de structures littéraires* (*OBO* 34), Fribourg, 1981.
— *La Sagesse a bâti sa maison* (*OBO* 49), Fribourg, 1982.
— « Note sur la structure littéraire du Psaume CX », *Semitica* 32, 1982, 83-88.
AUNEAU J. — Art. Sacerdoce, *DBS* 10, 1984, col. 1203-1306.
AVISHUR Y. — « Studies of Stylistic Features Common to the Phoenician Inscriptions and the Bible », *UF* 8, 1976, 1-22.
— *Stylistic Studies of Word-Pairs in Biblical and Ancient Semitic Literatures* (*AOAT* 210), 1984.

BAARS W. — A New Witness to the Text of the Barberini Greek Version of Habakkuk III », *VT* 15, 1965, 381-382.
BAILLET M. — *Qumrân, Grotte 4, III (4Q482-4Q520). Discoveries in the Judaean Desert, VII, 1982.*
BALENTINE S. E. — *The Hidden God: The Hiding of the Face of God in the Old Testament* (Oxford Theolog. Monographs), Oxford, 1983.
BALTHAZAR Urs von. — *La gloire et la croix. Les aspects esthétiques de la Révélation. III. Théologie. L'ancienne Alliance* (Théologie 82), Aubier, 1974, 33-183.
BALTZER K. — « Considerations Regarding the Office and Calling of the Prophet », *HThR* 61, 1968, 567-581.
BARRE M. L. — « The Formulaic Pair *ṭob (we)ḥesed* in the Psalter », *ZAW* 98, 1986, 100-105.
BARTLETT J. R. — « Zadok and His Successor at Jerusalem », *JThS* 19, 1968, 1-18.
BARUCQ A. — *L'expression de la louange divine et de la prière dans la Bible et en Égypte*, Le Caire, 1962.
— *Cahiers d'Évangile*, Supplément au cahier 27, Paris, Le Cerf, 1979.
BARUCQ A. et F. DAUMAS. — *Hymnes et Prières de l'Égypte ancienne* (*LAPO* 10), 1980.
BASSER H. W. — *Midrashic Interpretations of the Song of Moses*, Peter Lang, 1984.
BATTO B. F. — « The Read Sea : Requiescat in Pace », *JBL* 102, 1983, 26-35.
BEAUCAMP E. — « La théophanie du *Ps* 50 (49) », *NRTh* 81, 1959, 897-915.
— « Le problème du *Ps* 87 », *SBFLA* 13, 1962-1963, 53-75.
BECKER J. — *Israel deutet seine Psalmen*, Stuttgart, 1967.
— Recension de E. Lipiński, *Le poème royal du Psaume LXXXIX 1-5. 20-38, Bib* 49, 1968, 279.
— *Messiaserwartung im Alten Testament*, Stuttgart, 1977.
— *Messianic Exspectation in the Old Testament*, Philadelphia, 1980.
BECKING B., « Is het boeck Nahum een literaire eenheid ? », *NedThZ* 32, 1978, 107-124.
BEE R. F. — « The Use of Syllabe Counts in Textual Analysis », *JSOT* 6, 1978, 49-53.
BEGRICH J. — « Das priesterliche Heilsorakel », *ZAW* 54, 1934, 81-92.
— *Gesammelte Studien zum A.T.* (Theol. Bücherei 21), 1964, 217-231.
BELLINGER W. H. Jr. — « Psalmody and Prophecy », *JSOT* Suppl. Ser. 27, 1984.
BERG W. — *Die sogenannten Hymnenfragmente im Amosbuch*, M. Lang, 1974.
BERGER P. R. — « Zu *Ps* 24, 7 und 9 », *UF* 2, 1970, 335-336.
BERGLER S. — « Der längste Psalm-Anthologie oder Liturgie ? », *VT* 29, 1979, 257-288.
BERLIN A. — « The Dynamics of Biblical Parallelism », Indiana Univ. Press, 1985.
BERNHARDT K. H. — *Das Problem der altorientalischen Königsideologie im A.T.*, *SVT* 8, 1961, 183-261.
BESNARD A.-M. — *Le mystère du nom* (Lectio Divina, 35), Paris, 1962.
BEYERLIN W. — *Herkunft und Geschichte der ältesten Sinaitraditionen*, Tübingen, 1961.
— « Schichten im 80. Psalm », *Das Wort und die Wörter. Festschrift O. Friedrich*, 1973, 9-24.
— « Psalm 8 », *ZThK* 73, 1976, 1-22.

BEYSE K.-M. — *Serubbabel und die Königserwartungen der Propheten Haggai und Sacharia*, Calver-Verlag, 1972.
BIARD P. — *La Puissance de Dieu* (Travaux de l'Institut Catholique de Paris, 7), Bloud et Gay, 1960.
BLENKINSOPP J. — *A History of Prophecy in Israel*, London, 1984.
BLOCH R. — Art. Midrash, *DBS* 5, 1957, 1263-1281.
BONNARD P. E. — *Le psautier selon Jérémie* (Lectio divina, 26), Paris, 1960.
— « Le psaume 72. Ses relectures, ses traces dans l'œuvre de Luc », *RSR* 69, 1981, 259-278.
BOOIJ Th. — « The Background of the Oracle in Psalm 81 », *Bib* 65, 1975, 465-471.
— *Godswerden in den Psalmen. Hun Funktie en Achtergronden*, 2 vol., Amsterdam, 1978.
— « Mountain and Theophany in the Sinai Narrative », *Bib* 65, 1984, 1-26.
BOSTON J. R. — « The Wisdom Influence upon the Song of Moses », *JBL* 87, 1968, 198-202.
BOURKE J. — « Le jour de Yahvé dans Joël », *RB* 66, 1959, 191-212.
BOWKER J. W. — « Psalm CX », *VT* 17, 1967, 31-41.
BRADLEY H. — « Psalm LXXXV, 9 », *JThS*, 21, 1920, 243-244.
BRANDSCHEIDT R. — *Gotteszorn und Menschenleid. Die Gerichtsklage des leidenden Gerichten in Klgl 3* (Trierer Theolog Studien 41), Trier, 1983.
BRAUN F.-M. — *Jean le Théologien. III. Sa théologie. I. Le mystère de Jésus-Christ* (Études Bibliques), 1966, 195-209.
BREKELMANS C. — « Psalm 132 : Unity and Structure », *Bijdragen* 44, 1983, 262-265.
BROADRIBB J. — « A Historical Review of Studies of Hebrew Poetry », *Abr Nahraim* 13, 1972, 66-87.
BROWN E. E. — *The Gospel According to John (I-XII)* (The Anchor Bible, 29), 1966.
BRUEGGEMANN W. — « Vengeance : Human and Divine », *Praying the Psalms* (Winona, Minn. : St Mary's Press), 1982, 67-80.
BRUNGER H. A. — « Der Eifer des Herrn Zebaoth », *VT* 13, 1963, 268-284.
BUSS M. J. — « The Idea of Sitz im Leben. History and Critique », *ZAW* 90, 1978, 159-170.

CAMPANOVA O. — *Königtum, Königsherrschaft und Reich Gottes in den frühjüdischen Schriften* (*OBO* 58), 1984.
CAQUOT A. — « Brève explication de la prophétie de Natan (2 Sam 7, 1-17) », *Mélanges H. Cazelles* (*AOAT* 212), 51-70.
— « Le livre des Jubilés. Melkisedeq et les dîmes », *JJS* 33, 1982, 257-264.
CAQUOT A., M. SZNYCER, A. HERDNER. — *Textes ougaritiques. Tome I. Mythes et Légendes* (*LAPO* 7), Paris, 1974.
CARENA Omar. — *Il Resto di Israele. Studio storico-comparativo delle iscrizioni reali assire e dei testi profetici sul tema del resto*, Edizioni Dehoniane Bologna, 1986.
CARLSON R. A. — « Élie à l'Horeb », *VT*, 19, 1969, 416-439.
CARMIGNAC J., P. GUILBERT. — *Les Textes de Qumran traduits et annotés*, I, 1961.
CARMIGNAC J., É. COTHENET et H. LIGNÉE. — *Les textes de Qumran traduit et annotés*, II, 1963.
CARNITI C. — *Il salmo 68. Studio letterario* (Biblioteca di Scienze Religiose-68), LAS, Roma, 1985.
CARRILLO ALDAY S. — *El Cantico de Moises (Dt 32)*, Madrid, 1970.
CARROLL R. P. — *When Prophecy Failed. Reactions and Responses to Failure in the Old Testament Prophetic Traditions*, London, 1978.
CASSIN E. — *La splendeur divine*, Paris, 1968.
CASTELLINO G. — *Le Lamentazioni individuali e gli inni in Babilonia e in Israele*, Torino, 1940.
— « Psalm XXXII, 9 », *VT* 2, 1952, 37-42.
— *Libro dei Salmi* (La Sacra Bibbia), Torino-Roma, 1955.
— « Mesopotamian Parallels to Some Passages of the Psalms », *Beiträge zur*

alttestamentlischen Theologie. Festschrift W. Zimmerli, Göttingen, 1977, 60-62.

CAZELLES H. — Art. Nouvel An (Fête du), *DBS* 6, 1960, 620-645.

— *Les livres des Chroniques (BdJ),* 2ᵉ éd., 1961.

— « The Hebrews », *Peoples of Old Testament Times,* ed. D. Wiseman, London, 1973.

— *Le Messie de la Bible,* Paris, 1978.

Chiasmus in Antiquity. Structures, Analyses, Exegesis, ed. J. W. Welch, Gerstenberg Verlag, 1981.

CHILDS B. S. — *Memory and Tradition in Israel,* London, 1982.

— « Psalm Titles and Midrashic Exegesis », *JSS* 16, 1971, 137-150.

— « Reflections on the Modern Study of the Psalms », *Magnalia Dei. The Mighty Acts of God... In Memory of G. E. Wright,* Doubleday, 1976, 377-388.

CHILTON B. D. — *The Glory of Israel. The Theology and Provenience of the Isaiah Targum, JSOT* Suppl. Ser. 23, 1983, 48-56, 69-77.

CHISHOLM R. B. — *An Exegetical and Theological Study of Psalm 18 (2 Samuel 22),* Univers. Microfilms International, 1986.

CHRISTENSEN D. L. — « The Acrostic of Nahum Reconsidered », *ZAW* 87, 1975, 17-30.

— « Two Stanzas of a Hymn in Deuteronomy 33 », *Bib* 65, 1984, 382-389.

— « Josiah's Program of Political Expansion », *CBQ* 46, 1984, 671-677.

— « Prose and Poetry in the Bible. Narrative Poetics of Deuteronomy 1, 9-18 », *ZAW* 97, 1985, 179-189.

CLIFFORD R. J. — *The Cosmic Mountain in Canaan and the Old Testament,* 1972.

— « Psalm 89. A Lament over the Davidic Ruler's Continued Failure », *HThR* 73, 1980, 35-47.

CODY A. — *A History of Old Testament Priesterhood,* Rome, 1969.

CONGAR M.-J. — *Le mystère du Temple* (Lectio divine 22), 1958, 275-293.

CONROY A. M. — Recension R. K. Gnuse, *Bib* 56, 1985, 432.

COOPER A. M. — « Psalm 27 : 7-10. Mythology and Exegesis », *JBL* 102, 1983, 37-60.

— « The Life and Times of King David according to the Book of Psalms », *The Poet and the Historian. Essays... (HSS* 26), 1983, 117-131.

COPPENS J. — « Les psaumes 6 et 41 dépendent-ils du livre de Jérémie ? », *HUCA* 32, 1961, 217-226.

— *Le messianisme royal. Ses origines, son développement et son accomplissement* (Lectio divina 54), 1968.

— *Le Messianisme et sa relève prophétique. Les anticipations vétérotestamentaires. Leur accomplissement en Jésus* (Bibl. *EThL* 38), 1974.

— *La relève apocalyptique du Messianisme royal. I. La royauté. Le règne. Le royaume de Dieu dans le cadre de la relève apocalyptique* (Bibl. *EThl*), 1979.

— « La prophétie de Nathan. Sa portée dynastique », *Von Kanaan bis Kerala. Festschrift van der Ploeg (AOAT* 211), 1982, 91-100.

COSTACURTA B. — « L'agressione contro Dio. Studio del Salmo 83 », *Bib* 64, 1983, 518-541.

COSTECALDE C. B. — Art. Sacré, *DBS* 10, 1985, col. 1393-1415.

COUROYER B. — « Le chemin de vie en Égypte et en Israël », *RB* 56, 1949, 412-432.

— « Dieu ou Roi ? Le vocatif dans le psaume XLV (vv. 1-9) », *RB* 78, 1971, 233-241.

— « Un égyptianisme dans Ben Sira 4, 11 », *RB* 82, 1975, 216-217.

— « 'Avoir la nuque raide', ne pas incliner l'oreille », *RB* 88, 1981, 216-225.

CRENSHAW. — « Amos and the Theophanic Tradition », *ZAW* 80, 1968, 203-215.

— « Wedorèk 'al bamotè 'areṣ », *CBQ* 34, 1972, 39-53.

CROSS F.-M. — *Canaanite Myth and Hebrew Epic,* 1973.

— « The Priestly Tabernacle in the Ligth of Recent Research », *A. Biran. Temples and High places in Biblical Times,* Jerusalem, 1981.

CROSS F.-M. and D. N. FREEDMAN. — *Studies in Ancient Yahwistic Poetry (SBL* Diss. Ser. 21), 1975.

CRÜSEMANN F. — *Studien zur Formgeschichte von Hymnen und Danklied in Israel,* 1969.

CULLEY C. — *Oral Formulaic Language in the Biblical Psalms*, Toronto, 1967.
CUNCHILLOS J. L. — *Cuando los Angeles eram Dioses* (Bibl. Salmant. XIV. Estudios 12), Salamanca, 1976.
— *Estudio del Salmo 29*, Valencia, 1976.
CURTIS A. H. W. — Recension : Eaton, *Kingship and The Psalms*, JSS 24, 1979, 277.

DAHOOD M. — *Psalms I, 1-50* (Anchor Bible 16), 1985 ; *Psalms II, 51-100* (*ibid.* 17), 1968 ;*Psalms III, 101-150* (*ibid.* 17 A), 1970.
DAMBRINNE L. — *L'image de la croissance dans la foi d'Israël. Étude sur la racine smḥ et ses dérivés* (Mémoire dactylographié), Lausanne 1971 (Cf. Amsler, Aggée..., 1981, 84, note 1).
DAY J. — « Shear-Jashub (Isaiah VII, 3) and the « Remnant of 'Wrath » (Psalm LXXVI, 11) », VT 31, 1981, 76-78.
— *God's Conflict with the Dragon and the Sea. Echoes of a Canaanite Myth in the Old Testament* (Oriental Public. 35), Univ. of Cambridge, 1985.
DEISSLER A. — *Psalm 119 (118) und seine Theologie. Ein Beitrag zur Erforschung der anthologischen Stillgattung im Alten Testament*, München, 1955.
— *Le livre des Psaumes 76-150* (Verbum Salutis), Paris, 1968.
— « Der Messianism von Psalm 2 », *De la Tôrah au Messie. Mélange H. Cazelles*, Desclée, Paris, 1981, 283-292.
DELEKAT L. — « Zum hebräischen Wörterbuch », VT 14, 1964, 35-49.
DELITZSCH F. — *Die Psalmen* (Biblischer Kommentar...), 4ᵉ éd., Leipzig 1983.
DESCAMPS A. — « Les genres littéraires du Psautier. Un état de la question », *Le Psautier*, éd. R. de Langhe, Louvain, 1962, 73-88.
DEVESCOVI U. — « Camminare sulle alture », *RivBib* 9, 1961, 235-242.
DE WAARD J. — « The Quotation from Deuteronomy in Acts 3, 22-23 and the Palestinian Text, Additional Arguments », *Bib* 52, 1971, 537-540.
DEXINGER F. — « Der ' Prophet wie Mose ' in Qumran und bei den Samaritanern », *Mélanges Delcor* (AOAT 215), 1985, 97-111.
DHORME P. — *L'emploi métaphorique des noms de parties du corps en hébreu et en akkadien*, Extrait de la RB 1920-1923, Paris, 1923, 51-60.
DIEZ MERINO L. — « Il vocabulario relativo alla ' Ricerca di Dio ' nell' Antico Testamento. Il termino biqqeš », *Bibbia e Oriente* 24, 1982, 129-145.
— *Targum de Salmos* (Bibliotheca Hispana Biblica, 6), Madrid, 1984.
DION P.-E. — « The Patriarcal Tradition and the Literary Form of the Oracle of Salvation », *CBQ* 29, 1967, 198-206.
— *Dieu universel et peuple élu* (Lectio divina 84), 1975, 102-107.
— « Tu feras disparaître le mal », *RB* 86, 1980, 321-349.
— Art. Ressemblance et image de Dieu, *DBS* 1981, 365-403.
DONNER H. — « Ugaritismen in der Psalmenforschung » *ZAW* 79, 1967, 322-350.
DONNER H.-W., RÖLLIG. — *Kanaanäische und aramäische Inschriften*. II, 2ᵉ éd., Wiesbaden, 1968.
DORÉ J. — « La rencontre Abraham-Melchisédech et le problème de l'unité littéraire de Genèse 14 », *De la Tôra au Messie. Mélanges H. Cazelles*, Desclée, Paris, 1981, 75-95.
DREYFUS P. — « Pour la louange de sa gloire (*Ep* 1, 12. 14). L'origine vétérotestamentaire de la formule », *Paul de Tarse, Apôtre de notre temps*, Rome, 1979, 233-248.
— « Sauve-nous pour la gloire de ton nom », *Vie Spirituelle* 106, mai 1962, 523-531.
DRIJVERS P. — *Les Psaumes. Genres littéraires et thèmes doctrinaux* (Lectio divina 21), Le Cerf ; Paris, 1956.
DUMORTIER J. B. — « Un rituel d'intronisation : le *Ps* 89, 2-38 », VT 22, 1972, 176-196.
DUPONT J. — Art. Nom de Jésus, *DBS* 6, 1960, 514-541.
— *Les Béatitudes. II. La Bonne Nouvelle* (Études Bibliques), 11-142, 1969.
DURHAM J. I. — « šlwm and the Presence of God », *Proclamation and Presence. Old Testament Essays in Honour of G. H. Davies* (Ed. S. Terrien), 1970/1983, 272-293.

EATON J. H. — *Kingship and the Psalms*, London, 1966 ; 2ᵉ éd. *JSOT* Press, 1986.

EHRLICH E. — *Der Traum im Alten Testament* (*BZAW* 73), 1953.

EISSFELDT O. — « Zweiverkannte militär-technische Termini im Alten Testament », *VT* 5, 1955, 232-235.

— *Das Lied Moses Deuteronomium 32, 1-43 und das Lehrgedicht Asaphs Psalm 78 samt einer Analyse der Umgebung des Mose-Liedes*, Berichte über die Verhandlungen der Sächsischen Akademie der Wissenschaften zu Leipzig, Phil.-Histor. Klasse, B. 104, H. 5, Berlin ; Akademie-Verlag, 1958.

— « Zur Frage nach Alter der Phönizischen Geschichte des Sanchuniaton », *Kleine Schriften* 2, 1963, 127-129.

— « Psalm 80 », *Kleine Schriften* 3, 1973, 9-24.

ELLENMEIER E. — *Prophetie in Mari und Israel*, 1968.

ELLIGER H. — *Leviticus* (*HAT* 4), 1966, 121-131.

— *Jesaja II* (*BKAT* XI), 1970.

EMERTON J. A. — Some New Testament Notes. « The Interpretation of Psalm LXXXII in John X, 34 », *JThS* NS 11, 1960, 329-332.

— « The Translation of the Verbs in the Imperfekt in Psalm II, 9 », *JThS* NS 29, 1978, 495-503.

FENSHAM F. C. — « Ps 68:23 in the Light of the Recently Discovered Ugaritic Tablets », *JNES* 19, 1960, 292-293.

— « A Covenant Song ? », *ZAW* 77, 1965, 193-202.

— « Neh. 9 and *Pss*. 105, 106, 135 and 136. Postexilic Historical Tradition in Poetic Form », *Jour. of Northwest Semitic Languages* 9, 1981, 35-51.

FEUILLET A. — « Les psaumes eschatologiques du Règne de Yahweh », *NRTh* 73, 1951, 244-260, 352-363.

— « Note sur la traduction de Jer XXXI, 3 », *VT* 12, 1962, 122-124.

— « Les problèmes posés par l'exégèse des Psaumes. Quatre Psaumes royaux (II, XLV, LXXII, CX) », *RTh* 85, 1985, 5-37.

FITZMYER J. A. — « David ' Being therefore a Prophet... ' (Act 2:30) », *CBQ* 34, 1972, 332-339.

— « Now This Melchizedek... », *Essays on the Semitic Background of the New Testament*, Missoula, 1974, 223-227.

FOHRER G. — « Das Gebet der Prophet Habakuk (Hab 3, 1-16) », *Mélanges M. Delcor* (*AOAT* 215), 1985, 159-167.

FORESTI F. — « Funzione semantica dei brani participiali di Amos : 4, 13 ; 5, 8 s. ; 9, 5 s. », *Bib* 62, 1981, 169-184.

FREEDMAN D. N. — « Divine Names and Titles in Early Hebrew Poetry », *Magnalia Dei ... G. E. Wright*, 1976, 55-107.

— *Pottery, Poetry and Prophecy. Studies in Early Hebrew Poetry*, Eisenbrauns, 1980.

FRETHEIM T. L. — « Psalm 132 : A Form-Critical Study », *JBL* 86, 1967, 289-300.

FRITSCH C. T. — « A Study of Greek Translation of the Hebrew Verbs ' to see ' with Deity as Subject or Object », *Eretz Israel* 16, 1982, 51 *-56 * (en hébreu).

GARCÍA LÓPEZ F. — « Un profeta como Moisés. Estudio critico de *Dt* 18, 9-22 », *Simposio Biblico Español*, Madrid, 1984, 289-308.

GELIN A. — *Les Pauvres de Yahvé* (Témoins de Dieu), Paris, 1953.

— Art. Messianisme, *DBS* 5, 1957, 1165-1212.

GELINEAU J. — « Les Psaumes à l'époque patristique », *Maison-Dieu* 135, 1978, 99-116.

GEORGES A. — « Jésus, Fils de Dieu dans S. Luc », *RB* 72, 1965, 185-209.

GERLEMAN G. — *Zephanja. Textkritisch und literarisch untersucht*, Lund, 1962.

GESE H. — « Zur Geschichte der Kultsänger am zweiten Tempel », *Abraham unser Vater. O. Michel Festschrift*, Leiden, 1963, 222-234, ou *Von Sinai zum Sion*, München, 1974, 147-158.

— « Psalm 50 und das alttestamentliche Gesetzverständnis », *Rechtfertigung. Festschrift E. Käsemann*, Tübingen, 1976, 57-77.

GIANOTTO C. — *Melchisedek e la sua Tipologia. Tradizioni giudaiche, cristiane e gnostiche (sec. II a.C-sec. III a.C)*, Riv. Bibl. Suppl. 12, 1984, Paideia Editrice.

GILBERT M. — *La Sagesse dans l'Ancien Testament* (Bibl. EThL 51), 1979, 209-211.

GILBERT M.-S. PISANO. — « Psalm 110 (109), 5-7 », *Bib* 61, 1980, 343-356.

GIRARD M. — *Les Psaumes-Analyse structurelle et interprétation. Psaumes 1-50* (Recherches. Nouvelle Série, 2), Montréal-Paris, Cerf, 1984.

GLOBE A. — « The Text and Literary Structure of Judges 5, 4-5 », *Bib* 55, 1974, 168-178.

GNUSE R. K. — *The Dream Theophany of Samuel. Its Structure in Relation to Ancient Near Eastern Dreams and its Theological Significance*, Lanham, New York, London University Press of America, 1984.

GOLDBERG A. — *Untersuchungen über die Vorstellung von der Schekhinah in der frühen rabbinischen Literatur* (Studia Judaica 5), Berlin, 1969.

GOLDINGAY J. — « Repetition and Variation in the Psalms », *JQR* 68, 1977/8, 146-151.

GONÇALVES F. — *L'expédition de Sennachérib en Palestine dans la littérature hébraïque ancienne* (Études Bibliques N.S.7), 1986.

GOOD E. M. — « The Barberini Greek Version of Habakkuk III », *VT* 9, 1959, 11-30.

GOODWIN. — *Text-Restoration Method in Contemporary U.S.A. Biblical Scholarship*, Naples, 1969.

GORDON C. — « History of Religion in Psalm 82 », *Biblical and Near Eastern Studies. Essay in Honor W. S. LaSor*, 1978, 129-131.

GÖRG M. — *Das Zelt der Begegnung* (BBB 27), 1967.

GORR W. R. — « The Qinah : A Story of Poetic Meter, Syntax and Style », *ZAW* 95, 1983, 54-75.

GOSSE B. — « Le 'moi' prophétique de l'oracle contre Babylone d'Isaïe XXI, 1-10 », *RB* 93 ,1986, 70-84.

GOULDER M. D. — *The Psalms of the Sons of Korah*, JSOT Suppl Ser. 20, 1982.

GOURGUES M. — *A la droite de Dieu. Résurrection de Jésus et actualisation du Psaume 110 : 1 dans le Nouveau Testament* (Études Bibliques), Paris, 1978.

GOY W.-A. — « Dieu a-t-il changé ? Psaume 77 », *Hommage à M. Vischer*, 1960, 56-62.

GRADWOHL R. — *Die Farben im Alten Testament* (BZAW 83), 1963.

GRAF BAUDISSIN W. W. — « 'Gott schauen' in der alttestamentlichen Religion », *Archiv für Religionswissenschaft* 18, 1915, 173-239.

GRAY J. — « The Day of Yahweh in Cultic Experience and Eschatological Prospect », *Svensk Exegetical Årsbok* 39, 1974, 5-37.

GREENBERG M. — « Psalms 140 », *Eretz-Israel* 14, 1978, 125 *-126 * (88-99 hébreu).
— *Ezekiel 1-20* (Anchor Bible 22), 1983.

GREENFIELD J. C. — « The Background and Parallel to a Proverb of Ahiqar », *Hommages à A. Dupont-Sommer*, Paris, 1971, 48-49.
— « Scripture and Inscription : The Literary and Rhetorical Element in Some Early Phoenician Inscriptions », *Near Eastern Studies in Honor W. F. Albright*, Ed. N. Goedicke, 1971, 253-268.
— « Ba'al's Throne and Isa. 6:1 », *Festschrift M. Delcor* (AOAT 215), 1985, 193-198.

GRELOT P. — « Un parallèle babylonien d'Isaïe LX et du Psaume LXXII », *VT* 7, 1957, 319-321.
— *Sens chrétien de l'Ancien Testament*, Desclée, Paris, 1962.
— *Les Targums. Textes choisis* (Cahiers Évangiles, Suppl. 54), 1985, 86-87.

GRETHER O. — *Name und Wort im Alten Testament* (BZAW 64), 1934.

GROSS M. — « Le prétendu 'ministère prophétique' en Israël », *Recherches Bibliques* 8, 1966, 93-105.

GRUBER M. E. — « The Many Faces of Hebrew 'nasa panim', lift up the face », *ZAW* 95, 1983, 252-260.

GUGGISBERG F. — *Die Gestalt des Male'ak Jahwe im Alten Testament*, Neuchâtel, 1979.

GUILLET J. — « Cette génération infidèle et dévoyée », *RSR* 35, 1948, 275-281.

GUNKEL H. — *Die Psalmen*, Göttingen, 1926.

GUNKEL H.-J. BEGRICH. — *Einleitung in die Psalmen* (1928-1933), § 9. *Das prophetische in den Psalmen*, 329-381.

HAGLUND E. — *Historical Motifs in the Psalms* (Coniectanea Biblica, Old Testament Series 23), Uppsala, 1984.

HANSON P. D. — « Jewish Apocalyptic against its Near Eastern Environment », *RB* 78, 1971, 31-58.

— *The Dawn of Apocalyptic*, Philadelphia, 1975.

— *Alphabetic Acrostics. A Form Critical Study*, Univ. Microfilms Intern. 1984, 296-314.

HARAN M. — « The Nature of the 'ohel mo'edh in Pentateucal Sources », *JSS* 5, 1960, 50-55.

— « The Use of Incense in the Ancient Israelite Ritual », *VT* 10, 1960, 113-129.

— *Temples & Temple Service in Ancient Israel*, Oxford, 1978.

— « The Shining of Moses' Face : A Case Study in Biblical and Ancient Near Eastern Iconography », *JSOT* Suppl. Ser. 31, 1984, 159-173.

HARRIS J. S. — *Prophetic Oracles in the Psalter*, Ann Arbor, Michigan, 1971.

HAURET C. — « L'interprétation des Psaumes dans l'École 'Myth and Ritual' », *RevSR* 33, 1959, 321-342 ; 34, 1960, 1-34.

— « Un problème insoluble ? La chronologie des Psaumes », *RevSR* 35, 1961, 225-256.

HAUPT P. — « Die Psalmverse in I Chr 25, 4 », *ZAW* 34, 1914, 142-145.

HAYWARD R. — *Divine Name and Presence: the Memra*, Oxford, 1981.

HEINTZ J.-G. — « Oracles prophétiques et 'guerre sainte' selon les archives royales de Mari et l'A.T. », *SVT* 17, 1969, 112-138.

— « Le 'feu dévorant', un symbole du triomphe divin dans l'A.T. et le milieu sémitique ambiant », *Le feu dans le Proche-Orient antique*, Actes du Colloque de Strasbourg, 1972, Brill, 1973, 63-78.

— « De l'absence de la statue divine ou 'Dieu qui se cache' (Esaïe 45/15) : aux origines d'un thème biblique », *Prophètes, Poètes et Sages d'Israël. Hommage à E. Jacob*, RHPhR 59, 1979, 427-437.

HEMMERDINGER B. — « Selah », *JThS* 22, 1971, 152-153.

HENGEL M. — *Il figlio di Dio* (Studi Biblici 67), Brescia, 1984.

HENTON DAVIES. — « Psalm 95 », *ZA* 85, 1973, 183-195.

HERRMANN S. — *Die prophetischen Heilserwartung im A.T., Ursprung und Gestaltwandel* (WMANT 5/5), 1965.

HERTZBERG H. W. — « Die prophetische Kritik am Kult », *ThLZ* 75, 1950, col. 219-226.

HESSE F. — *Das Verstockungsproblem im Alten Testament* (BZAW 74), 1955.

HILL A. E. — « Patchwork Poetry or Reasoned Verse ? Connective Structure in 1 Chronicles XVI », *VT* 33, 1983, 159-170.

HÖFFKEN P. — « Werden und Vergehen der Götter. Ein Beitrag zur Auslegung von *Ps* 82 », *ThZ* 39, 1983, 129-137.

HOFFMAN Y. — « The Day of the Lord as a Concept and a Term in the Prophetic Literature », *ZAW* 93, 1981, 31-50.

HOLMBERG Bo. — « Le Seigneur et la nuée dans l'Ancien Testament », Svensk Exegetisk Årsbok 48, 1983, 31-47 (en suédois).

HONEYMAN A. M. — « ID-DU and Psalm LXII, 12 », *VT* 11, 1961, 348-350.

HORST F. — « Segen und Segenhandlungen in der Bibel », *The Expository Times* 7, 1947, 19.

HOVARD G. — « The Tetragram and the New Testament », *JBL* 96, 1977, 63-83.

HOWELL J. C. — *A Hermeneutical Approach to Psalm 90*, Univers. Microfilm Intern. 1984.

HUGGER P. — *Jahwe meine Zuflucht. Gestalt und Theologie des 91. Psalms*, 1971.

HULTGÅRD A. — « Théophanie et présence divine », *La littérature intertestamentaire*, PUF, oct. 1983, 43-55.

HUMBERT P. — « Le problème du livre de Nahum », *RHPhR* 12, 1932, 1-15.

— *La terou'a. Analyse d'un rite biblique*, 1946.

— « La rosée tombe en Israël. A propos d'*Is* 26, 19 », *ThZ* 13, 1957, 487-493.

HUNTER A. Vanlier. — *Seek the Lord ! A Study of the Meaning and Function of the Exhortations in Amos, Hosea, Isaiah, Micha and Zephaniah*, Baltimore, 1982.

HURVITZ A. — « The Chronological Evidence of 'Aramaismus' in Biblical Hebrew », *IEJ* 18, 1968, 234-240.
— *The Transition Period in Biblical Hebrew. A Study in Post-Exilic Hebrew and its Implications for the Dating of Psalms*, Jerusalem, 1972 (en hébreu).
— « Originals and Imitations in Biblical Poetry », *Biblical and Related Studies, Presented to S. Iwry*, 1985, 115-121.

ITTMANN H. — *Die Konfessionen Jeremias (WMANT 54)*, 1981.

JACKEN P. — « War Habakuk ein Kultprophet ? », *Bausteine Biblischer Theologie* ... *G. Botterweck (BBB 50)*, 1977, 319-332.
JACOB E. et H. CAZELLES. — Art. Ras Shamra, *DBS* 9, 1979, col. 1425-1439.
JACQUET L. — *Les Psaumes et le cœur de l'homme*, 3 vol., Paris, 1975-1979.
JAGERSMA H. — « Some Remarks on the Jussive in Numbers 6, 24-25 », *Von Kanaan bis Kerala. Festschrift van der Ploeg (AOAT 211)*, 1982, 131-136.
JAPHET S. — « The Supposed Common Autorship of Chronicles and Ezra-Nehemia », *VT* 9, 1968, 330-371.
— *The Ideology of the Book of Chronicles and its Place in Biblical Thought*, Jerusalem, 1977 (en hébreu), 1986 (en anglais).
— « The Historical Reliability of Chronicles », *JSOT* 33, 1985, 83-107.
JEFFERSON H. G. — « Psalm LXXVII », *VT* 13, 1963, 87-91.
JENNI E. — « Aus des Literatur zur Chronistische Geschichtschreibung », *ThRv* 45, 1980, 97-108.
JEREMIAS Joerg. — *Theophanie. Die Geschichte einer alttestamentlichen Gattung (WMANT 10)*, Neukirchen, 1965.
— *Kultprophetie und Gerichtsverkündigung in der späten Königszeit Israels (WMANT 35)*, 1970.
JOHNSON A. R. — *The Cultic Prophet in Ancient Israel*, 1944, 2ᵉ éd. 1962.
— « Aspects of the Use of Term *panim* in the Old Testament », *Festschrift O. Eissfeldt*, 1947, 155-159.
— *Sacral Kingship in Ancient Israel*, 1955, 2ᵉ éd. 1967.
— *The Cultic Prophet and Israel's Psalmody*, Cardiff, 1979.
JONES G. H. — « 'Holy War', or 'Yahweh War' », *VT* 25, 1975, 642-658.
JÜNGLING H.-W. — *Der Tod der Götter. Eine Untersuchung zu Ps 82 (SBS 38)*, Stuttgart, 1929.

KAISER O. — « Erwägungen zu Psalm 101 », *ZAW* 74, 1962, 195-209.
KAPELRUD A. S. — « Quelques aspects des rapports entre les textes de Ras Shamra et l'Ancien Testament », *Svensk Exegetisk Årsbok* 40, 1975, 5-17.
— *The Message of Prophet Zephania*, 1975.
KAUFMANN Y. — *History of the Religion*, IV, « From the Babylon Captivity to the End of Prophecy. The End of Prophecy », 1977, 449-484.
KEEL O. — *Jahwe Visionen in Siegel-Kunst*, 1977.
— *Die Welt des orientalischen Bildsymbolik und A. T.*, 1977.
— *The Symbolism of the Biblical World. Ancient Near Eastern Iconography and the Book of Psalms. A Crossroad Book*, New York, The Seaburg Press, 1978.
KELLENBERGER E. — *häsäd wä'ämät als Ausdruck eines Glaubenserfahrung*, Zürich, 1984.
KELLER C.-A. et R. VUILLEUMIER. — *Michée-Nahoum-Habacuc-Sophonie* (Commentaire de l'A.T., XI b), Neuchâtel, 1971.
KELLERMANN U. — « Erwägungen zum historischen Ort von Psalm 60 », *VT* 28, 1978, 56-65.
KENIK H. A. — « Code of Conduct for a King : Psalm 101 », *JBL* 95, 1976, 391-403.
KIM E. K. — *A Study of the Rapide Change of Mood in the Lament Psalms, with a Special Inquiry into the Impetus for its Expression*, University Microfilm International, 1986.
KITTEL R. — *Theologisches Wörterbuch zum Neuen Testament*, 6, 1959, *Prosôpon* 769-781.

Kloos C. — *Yhwh's Combat with the Sea. A Canaanite Tradition in the Religion of Ancient Israel*, Brill, 1986.

Knibb M. A. — « Prophecy and the Emergence of the Jewish Apocalypses », *Israel's Prophetic Tradition. Essays in Honour of P. R. Ackroyd* (Ed. R. Coggin, A. Philipps & M. Knibb), 1982, 155-180.

Knutson F. Brent. — *Divine Name and Epithets in the Akkadian Texts. Râs Shamra Parallels* 3 (An. Or. 51), 1981.

Koenig J. — « Aux origines des théophanies iahvistes », *RHR* 169, 1966 A, 1-36.

— « Les indices volcaniques de l'ancienne littérature israélite : bilan et problèmes majeurs », *Le feu dans le Proche-Orient Antique*. Colloque de Strasbourg, 1972, Brill, 1973, 79-92.

König E. — *Die Psalmen*, Gütersloh, 1927.

Krašovec J. — *Der Merismus in biblisch-hebräischen und nordwestsemitischen*, Rome, 1977.

— « Merism — Polar Expression in Biblical Hebrew », *Bib.* 64, 1983, 231-239.

— *Antithetic Structure in Biblical Hebrew Poetry*, VTS 35, 1984.

Kratz R. — *Rettungswunder, Motiv-, traditions- und formkritisches Aufarbeitung einer biblischen Gattung*, Peter Lang, Frankfurt, 1979.

Kraus H.-J. — *Psalmen 1-59 ; 60-150* (BKAT XV, 1, 2), 5ᵉ éd., 1978.

Kreuzer S. — *Der Lebendige Gott* (BWANT 116), 1983.

Krinetzki L. — « Der anthologische Stil des 46 Psalms und seine Bedeutung für die Datierungsfrage », *MThZ* 12, 1961, 52-71.

Kruze H. — « Psalm CXXXII and the Royal Zion Festival », *VT* 33, 1983, 279-297.

Kselman J. S. — « Psalm 77 and the Book of Exodus », *JANES* 15, 1983, 51-58.

— « Psalm 101 ; Royal Confession and Divine Oracle », *JSOT* 33, 1965, 45-62.

— « A Note on Numbers XII, 6-8 », *VT* 26, 1976, 500-505.

— « A Note on Psalm 85 : 9-10 », *CBQ* 46, 1983, 23-27.

Küchler F. — « Das priesterliche Orakel in Israel und Juda », *Festschrift Baudissin* (BZAW 33), 1918, 285-301.

Kuntz J. K. — « The Canonical Wisdom Psalms of Ancient Israel. Their Rhetorical, Thematic and Formal Dimensions », *Rhetorical Criticism Essays in Honour of J. Muilenburg*, 1974, 186-222.

— « Psalm 18. A Rhetorical-Criticism Analysis », *JSOT* 26, 1983, 3-31.

Kutsch E. — *Die Salbung als Rechtakt im Alten Testament und Alten Orient* (BZAW 87), 1963.

Kutscher E. Y. — *The Langage and Linguistic Background of the Isaiah Scroll*, Jerusalem, 1959.

Labuschagne C. J. — *The Incomparability of Yahweh in the Old Testament*, Leiden, 1966.

— « The Song of Moses : Its Framework and Structure », *De Fructu Oris Sui, Essays... van Selms*, 1971, 85-98.

— « The Tribes in the Blessing of Mose », *Language and Meaning. Old Testament Studiën*, 19, 1974, 97-112.

Lack R. — « Les origines d'Elyôn, le Très-Haut, dans la tradition cultuelle d'Israël », *CBQ* 24, 1962, 44-64.

— *La symbolique du livre d'Isaïe. Essai sur l'image littéraire comme élément de structuration* (An. Bib. 59), Rome, 1973.

Lactance. — *La colère de Dieu* (Sources chrétiennes 289), Le Cerf, Paris, 1982.

Lagrange M.-J. — « Notes sur le messianisme dans les Psaumes », *RB* 1905, 37-57.

Lambert W. — *Babylonian Wisdom Literature*, 1960.

Langlamet F. — *Gilgal et les récits de la traversée du Jourdain* (Cahiers de la *RB*, 11), Paris, 1969.

— « Israël et 'l'habitant du pays' », *RB* 76, 1969, 481-507.

— « Les récits de l'institution de la royauté (I Sam. VII-XII) », *RB* 77, 1970, 161-200.

Lapointe R. — « La nuit est ma lumière », *CBQ* 33, 1971, 397-402.

Larcher C. — *L'actualité chrétienne de l'A.T.* (Lectio divina 34), Paris, 1962.

— *Études sur le livre de la Sagesse* (Études Bibliques), 1969.

— *Le livre de la Sagesse ou la Sagesse de Salomon* (Études Bibliques), I, 1983 ; II, 1984 ; III, 1985.

LE DÉAUT R. — *La nuit pascale. Essai sur la signification de la Pâque juive à partir du Targum d'Exode XII 42* (An. Bib ; 22), Rome, 1963.

— *Introduction à la littérature targumique*, 1ʳᵉ partie, Rome, 1966.

LE DÉAUT R. et J. ROBERT. — *Targum des Chroniques*, I-II (An. Bib. 51), Rome, 1971.

LEINEWEBER W. — *Die Patriarchen im Licht der archäologischen Entdeckungen*, P. Lang, Bern, 1980.

LEMAIRE A. — « Le sabbat à l'époque royale israélite », *RB* 80, 1973, 161-185.

LEVENSON J. D. — « A Technical Meaning for *n'm* in the Hebrew Bibel », *VT* 35, 1985, 61-67.

LÉVÊQUE J. — *Job et son Dieu*, I et II (Études Bibliques), 1970.

L'HOUR J. — « Yahweh Elohim », *RB* 81, 1974, 524-556.

LINDBLOM J. — « Theophanies in Holy Places in Hebrew Religion », *HUCA* 32, 1961, 91-106.

LINDSAY CRAFT S. J. — *The Identity of the Individual in the Book of Psalms*, Vol. I-II, Doctoral Thesis Supplied by the British Library, Document Supply Center, 1984.

LIPIŃSKI E. — *La royauté de Yahvé dans la poésie et le culte de l'ancien Israël*, 1965.

— *Le poème royal du Psaume LXXXIX 1-5, 20-38* (Cahiers de la *RB*, 6), 1967.

— « Juges 5, 4-5 and Psalm 68, 6-11 », *Bib* 48, 1967, 185-206.

— *La liturgie pénitentielle dans la Bible* (Lectio divina, 52), 1969.

— « Étude sur des textes messianiques de l'A.T. II. L'investiture du prêtre Sadoq : Psaume 110, 4-5 », *Semitica* 20, 1970, 41-57.

— Art. Psaumes, *DBS* 9, 1979, col. 1-125.

LOEWENSTAMM S. E. — *Comparative Studies in Biblical and Ancient Oriental Literatures* (AOAT 204), 1980, 137-145 ; 173-189 ; 528.

LOHFINK N. — « Zefanya und das Israel der Armen », *Bibel und Kirche*, H. 3/3, Quartal., 1984, 100-108.

— « Zur Deuteronomischen Zentralisationsformel », *Bib* 65, 1984, 297-239.

— « Von der ʼAnawin-Partei ʼ zur ʼKirche der Armen ʼ », *Bib* 67, 1986, 153-176.

LONG B. O. — « Prophetic Call Traditions and Reports of Visions », *ZAW* 84, 1972, 494-500.

LONG BURKE O. — « The Effect of Divination upon Israelite Literature », *JBL* 92, 1973, 489-497.

LONGENECKER R. — « The Melchizedek Argument of Hebrews : A Study in the Development and Circumstantial Expression of New Testament Thought », *Unity and Diversity in New Testament Theology. Essays in Honour of G. E. Ladd*, 1978, 161-185.

LONGMAN T. — « A Critique of two Recent Metrical Systems », *Bib* 63, 1982, 230-254.

LORETZ O. — « Poetischer Aufbau von Psalm 8 », *UF* 3, 1971, 104-115.

— « Stichometrische und tectologische Probleme ... Anhang III. *Ps* 132 », *UF* 6, 1974, 237-240.

— *Die Psalmen* II (AOAT 207/2), 1979.

— *Der Prolog des Jesaja Buches (1, 1-2, 5). Ugaritische und kolometrische Studien zum Jesaja-Buch*. Band I, Akad. Bibliothek, 1984.

— *Psalm 29. Kanaanäische El-und Baaltraditionen in jüdischen Sicht* (Ugaritische Biblische Literatur, 1), 1984.

LUBSCZYK N. — « Einheit und heilsgeschichtliche Bedeutung von *Ps* 114/115 (113) », *BZ* 11, 1967, 161-173.

LUTZ H.-M. — *Jahwe, Jerusalem und die Völker* (WMANT 27), 1968.

LUZARRAGA J. — *Las tradiciones de la nube en la Biblia y en judaismo primitivo* (Anal. Bibl. 54), Rome, 1973.

MACHOLZ C. — « Psalm 29 and Könige 19 — Yahwes und Baals Theophanie », *Werden und Wesen des Alten Testaments. Festschrift Westermann*, 1980, 325-339.

MACINTOSH A. A. — « A Third Root 'dh in Biblical Hebrew », VT 24, 1974, 454-473.

MADROS P. — Six Arabic Translations of the Psalms. Problems of Exegesis and Philology (Thesis), Jerusalem, 1984.

MAIBERGER P. — Topographische und Historische Untersuchungen zum Sinaiproblem (OBO 54), 1984.

MAIER J. — Das altisraelitische Laderheiligtum (BZAW 13), 1965.

MALAMAT A. — Mari and the Bible. A Collection of Studies, 2ᵉ éd., 1980.

— « Longevity : Biblical Concepts and Some Ancient Near Eastern Parallels », AfO Beih 19, 1982, 215-224.

MANN T. W. — Divine Presence and Guidance in Israelite Traditions : The Typology of Exaltation, Baltimore, 1977.

MANNS F. — « Exégèse rabbinique et exégèse johannique », RB 92, 1985, 525-538.

MANNATI M. — Les Psaumes, 1 (1966), 2 (1967), 3 (1967), 4 (1968), Desclée De Brouwer.

— TÛB-V. en Ps XXVII, 13 : La bonté de Y. ou Les biens de Y. », VT 19, 1969, 488-493.

— « Le psaume 50 est-il un rîb ? » : Semitica 23, 1973, 27-50.

— « Les accusations du Psaume L, 18-20 », VT 25, 1975, 659-669.

— « Le psaume XI », VT 29, 1979, 222-228.

MARBÖCK J. — « Henoch-Adam-Thronwagen », BZ 25, 1981, 103-111.

MARCH W. E. — « A Note on the Text of Psalm XII 9 », VT 21, 1971, 610-612.

MARGALIT B. — « A Matter of ' Life and Death ' », AOAT 206, 1980, 219-228.

MARTIN-ACHARD R. — « Amos. L'homme, le message, l'influence », Genève, 1984.

MAYS J. Luther. — « The David of the Psalms », Interpretation 40, 1986, 143-155.

McBRIDE S. Dean. — The Deuteronomic Name Theology (Ph. Thesis), Harvard, 1969 (inédit).

McCARTER Jr. P. Kyle. — II Samuel (Anchor Bible 9), 1984.

McCONVILLE J. G. — « God's ' Name ' and God's ' Glory ' », Tyndale Bulletin 30, 1979, 149-163.

McKANE W. — « Observations on the tikkûnê sôperîm », In Honor of E. A. Nida, 1974, 53-68.

— « MŚ in Jeremiah 23, 33-40 », Prophecy — Essays Presented to G. Fohrer, 1980, 35-54.

McKAY J. W. — « ' My Glory ' — A Mantle of Praise », Scott Journ. Theol., 31, 1978, 167-172.

MEINERTZ M. — « ' Dieses Geschlecht ' im N.T .», BZ NF 1, 1957, 283-289.

MERRILL A. L. and J. R. SPENCER. — « The ' Upssala School ' of Biblical Studies », In the Shelter of Elyon. Essays... in Honor of G. W. Åhlström, JSOT 31, 1984, 13-26.

MESHEL Z. — « New Data about the Desert Kites », Tel Aviv, 1974, 129-143.

METTINGER T. N. D. — King and Messiah. The Civil and Sacral Legitimation of the Israelite King, Lund, 1976.

— The Dethronement of Sabaoth. Studies in the Shem and Kabod Theologies, Lund, 1982.

— A Farewell to the Servant Songs. A Critical Examination of an Exegetical Axiom, Scripta Minora, 1982-3 ; 3, Lund, 1983.

METZGER M. — « Himmlische and irdische Wohnstadt Jahwes », UF 2, 1970, 139-158.

MEYER E. de. — « kbd comme nom divin en éblaïte, ougaritique et hébreu », RTL 11, 1980, 225-228.

— « La Sagesse psalmique et le Psaume 94 », Bijdragen 42, 1981, 22-45.

— « La dimension sapientiale du Psaume 62 », Bijdragen 42, 1981, 350-365.

MEYER R. — « Melchisedek von Jerusalem und Moresedek von Qumran », VTS 15, 1966, 228-239.

MICHAELI F. — Les livres des Chroniques, d'Esdras et de Néhémie (Commentaire de l'A.T., XVII), 1967.

MILIK J. T. — « ' Milkî-sedeq et Milkî-reša ' dans les anciens écrits juifs et chrétiens », JJS 23, 1972, 95-144.

MILLER J. M. — « The Korahites of Southern Judath. The Korahite Psalms », CBQ, 1970, 58-68.

MILLER P. D. — *The Divine Warrior in Early Israel* (HSM 5), Cambridge, Harvard Univ. Press, 1973.
— « YAPIAḤ in Psalm XII, 6 », *VT* 29, 1979, 495-500.
MOBERLY R. W. L. — « At the Mountain of God : Story and Theology in Exodus 32-34 », *JSOT* Suppl. 22, 1983.
MÖLLE Herbert. — *Das ' Erscheinen' Gottes im Pentateuch. Ein literaturwissen-schaftlicher Beitrag zur alttestamentlichen Exegese* (Europäische Hochschul-schriften XXIII/18) ; Bern-Frankfurt, 1973.
MÖLLER H. — « Der Textzusammenhang in *Ps* 110 », *ZAW* 92, 1980, 287-289.
MONLOUBOU L. — *L'imaginaire des psalmistes. Psaumes et symboles* (Lectio divina 101), 1980.
MOOR J. C. de, et P. van der LUGT. — « The Spectre of Pan-Ugaritism », *BiOr* 31, 1974, 3-26.
MOORE G. F. — *Judaism in the First Centuries of the Christian Era. The Age of Tannaim*, I, 1927.
MORAN W. L. — « New Evidence from Mari on the History Prophecy », *Bib* 50, 1969, 15-56.
MOWINCKEL S. — *Psalmenstudien*. Band 2. Buch 3. *Kultprophetie und prophe-tischen Psalmen*, Oslo, 1921-1924 ; 2ᵉ éd. 1961.
— *The Psalms in Israels Worship*, 2 vol. Oxford, 1962.
MULDER S. — *Studies on Psalm 45*, Diss. Nijmegen, 1972.
MULLER E. T., Jr. — *The Divine Council in Canaanite and Early Hebrew Literature* (HSM 24), 1980.
— « The Divine Witness and the Davidic Royal Grant : *Ps* 89, 37-38 », *JBL* 102, 1983, 207-218.
MÜLLER H. P. — « Die kultische Darstellung der Theophanie », *VT* 14, 1964, 183-191.
— « Der 90. Psalm. Ein Paradigma exegetischer Aufgaben », *ZThK* 81, 1984, 265-185.
MÜLLER K. — « Die Propheten sind schlafen gegangen. SyrBAR 85, 3 », *BZ* 26, 1982, 179-207.
MUÑOZ LEÓN. — *Gloria de la Shekina en los Targumim del Pentateuco*, Madrid, 1977.
MURPHY R. — « A New Classification of Literary Forms in the Psalter », *CBQ* 21, 1959, 83-89.
MURRAY R. — « Prophecy and the Cult », *Israel's Prophetic Tradition. Essays in Honour of P. R. Ackroyd* (Éd. R. Coggins, A. Philipps & M. Knibb), 1982, 205-216.
MYERS J. L. — *I Chronicles. II Chronicles* (Anchor Bible), 1965.

NASUTI H. P. — *Tradition, History and the Psalms of Asaph*, Univer. Microfilms International, 1983.
NAVEH J. — « Old Hebrew Inscriptions in a Burial Cave », *IEJ* 13, 1963, 74-92.
NEWSOM C. — *Songs of the Sabbath Sacrifice : A Critical Edition* (HSS 27), 1985.
NEWSOME J. D. — « Toward a New Understanding of the Chronicler and his Pur-poses », *JBL* 92, 1975, 201-217.
NIDITCH S. — *The Symbolic Vision in Biblical Tradition* (HSM 30), 1983.
NIELSEN K. — « Yahweh as Prosecutor and Judge. An Investigation of the Pro-phetic Lawsuit (Rîb Pattern) », *JSOT* Suppl. Ser. 9, 1978.
— « Das Bild des Gerichts (rîb-pattern) in Jes I-XII. Eine Analyse der Bezie-hungen zwischen Bildsprache und dem Anliegen der Verkündigung », *VT* 29, 1979, 309-324.
NILSSEN, Leif Holmström. — *Hjälpmedel för Unga Psalmforskare. Literatur i marknaden*, B. I (18 pp.), Luleå, 1985 ; B. II (99 pp.), Bibliografi, 1986.
NORIN S. I. L. — *Er spaltete das Meer. Die Auszugsüberlieferung in Psalmen und Kult des alten Israels*, Lund, 1977.
NORTH C. R. — « Psa. LX, 8 ; Psa. CVIII, 8 », *VT* 17, 1967, 242-243.
NORTH R. — « Prophecy to Apocalyptic via Zachariah », *SVT* 22, 1972, 47-71.

Noth M. — *Das zweite Buch Mose. Exodus (ATD 5)*, 1959.
— *Das dritte Buch Mose. Leviticus (ATD 6)*, 1962.
— *Das vierte Buch Mose. Numeri (ATD 7)*, 1966.
Nötscher F. — *Das Angesicht Gottes Schauen nach biblische und babylonische Auffassung*, Würzburg, 1924 ; 2ᵉ éd. 1969.

Ockinga B. G. — « An Example of Egyptian Royal Phraseology in Psalm 132 » (*Biblische Notizen* 11), Bamberg, 1980, 38-42.
O'Connor M. — *Hebrew Verse Structure*, Eisenbrauns, 1980.
O'Connor M. P. — « Ugarit and the Bible », *The Bible and its Traditions, Michigan Quart. Review* 22, 1983, 205-218.
Ogden G. S. — « Ps 60 : Its Rhetoric Form and Function », *JSOT* 31, 1985, 83-94.
Olivier J. P. J. — « The Sceptre of Justice and Ps 45 : 7 b », *Journal of Northwest Semitic Languages* 7, 1979, 45-54.
— « The Day of Midian and Isaiah 9 : 3 b », *Journal of Northwest Semitic Languages* 9, 1981, 143-149.
Olmo Lete del G. — « David's Farewell Oracle (2 Samuel XXIII, 1-7). A Literary Analysis », *VT* 34, 1984, 414-437.
Oppenheim A. L. — « The Interpretation of Dreams in the Ancient Near East », *Transactions of the Amer. Philos. Society*, NS 46, Part 3, Philadelphia, 1956.
— « The Eyes of the Lord », *JAOS* 88, 1968, 173-180.
O'Rourke W. J. — « Moses and the Prophetic Vocation », *Scripture* 15, 1963, 44-55.
Otto E. — *Jakob in Sichem* (BWANT 110), 1979.
Ouellette J. — « Variantes qoumrâniennes du Livre des Psaumes », *RdQ* 7, 1969, 105-123.

Paul Sh. — « Psalm 72,5. A Traditional Blessing for the Life of the King », *JNES* 31, 1972, 351-355.
Pautrel R. — « Le style de cour et le Psaume LXXII », *A la rencontre de Dieu ; Mémorial Gelin, 1961*, 157-163.
Perdue Leo G. — *Wisdom and Cult (SBL 30)*, 1977.
Peterca V. — *L'immagine di Salomone nella Bibbia ebraica et greca. Contributo allo studio del « Midrash »*, Rome, 1981.
Petersen D. L. — *Late Israelite Prophecy. Studies in Deutero-Prophetic Literature and in Chronicles (SBL 23)*, 1977.
— *The Roles of Israel's Prophets, JSOT* Supl. Ser. 17, 1981, 41-50.
— *Haggai and Zecharia 1-8. A Commentary*, Philadelphia, 1984.
Pietersma A. — « David in the Greek Psalms », *VT* 30, 1980, 213-236.
Plöger O. — « Prophetische Erbe in den Sekten des frühen Judentums », *ThLZ* 79, 1954, col. 291-296.
Podechard E. — *Le psautier*, Lyon 1949 (306 pp.), 1954 (184 pp.).
Polk T. — *The Prophetic Persona, Jeremiah and the Language of the Self, JSOT* Suppl. Ser. 32, 1984.
Porter J. R. — *Leviticus* (Cambridge Bible Commentary), 1976.
Potin J. — *La théophanie du Sinaï et le don de la loi dans le cadre de la liturgie juive de la fête de la Pentecôte. 1. Étude des textes liturgiques. 2. Textes - Les Targums d'Exode 19-20*, Lyon, 1968, 2 vol.
— *La fête juive de la Pentecôte. Étude des textes liturgiques. 1. Commentaire. 2. Textes* (Lectio Divina 65 a-b), 1971.
Pratt S. — « Studies in the Diction of the Psalter », *JBL* 32, 1913, 80-106, 159-183 ; 33, 1914, 1-24, 127-151.
Puech E. — « Sur la racine ṣlḥ en hébreu et en araméen », *Semitica* 21, 1971, 5-19.
— « L'inscription de la statue d'Amman et la paléographie ammonite », *RB* 92, 1985, 5-24.
— « La racine śyṭ-š'ṭ en araméen et en hébreu », *RdQ* 11, 1983, 367-378.
Pury de A. — *Promesse divine et légende cultuelle dans le cycle de Jacob* (Études Bibliques), I-II, Paris, 1975.

Quinteus W. — « La vie du roi dans le Psaume 21 », *Bib* 58, 1978, 516-541.

RAD G. von. — *Das Geschichtsbild des Chronistischen Werkes* (*BWANT* 4/3), 1930.
— « ' Gerechtigkeit ' und ' Leben ' in der Kultsprache der Psalmen », *Festschrift Bertholet*, 1950, 418-437 ; *Gesammelte Studien zum A.T.*, 1958, 225-247.
— *Das fünfte Buch Mose (ATD 8)*, 1964.
— *Der Heilige Krieg im alten Israel*, Zürich, 1951 ; 4ᵉ éd. Göttingen, 1965.
— « The Levitical Sermon in I and II Chronicles », *The Problem of Pentateuch and Other Essays*, 1966, 267-280, Ed. E. W. Dicken.
RÄISÄNEN H. — *The Idea of Divine Hardening*, Publ. Finn. Exegetical Soc. 25, Helsinki, 1972.
RAMLOT L. — Art. Le prophétisme, *DBS* 8, 1972, col. 811-1222.
RANAVELLI V. — « Aspetti letterari del Salm 89 », *Liber Annuus* 30, 1980, 7-46.
RAMSEY A.-M. — *La gloire de Dieu et la transfiguration du Christ* (Lectio divina 40), 1965.
RAVASI G. — *Il libro dei Salmi. Commento e attualizzazione*, 3 vol. 1981-1984.
REINDL J. — *Das Angesicht Gottes in Sprachgebrauch des A.T.*, 1970.
— « Weisheitliche Bearbeitung von Psalmen. Ein Beitrag zum Verständnis der Sammlung des Psalters », *VTS* 32, 1981, 333-356.
RENAUD B. — *Je suis un Dieu jaloux. Étude d'un thème biblique* (Lectio divina 36), 1963.
— *La formation du livre de Michée* (Études Bibliques), 1977.
— « La figure prophétique de Moïse en Ex 3, 1-4, 17 », *RB* 94, 1987, 510-534.
RENDSBURG G. — « Les deux lectures du *Ps* 114 », *RevSR* 52, 1978, 14-28.
— « Hebrev '*šdt* and Ugaritic *išdym* », *Journal of Northwest Semitic Literature* 8, 1980, 81-84.
RENDTORFF R. — « Die Offenbarungsworstellungen im A.T. », *Pannenberg Offenbarung als Geschichte*, 1961, 26-32.
— « El, Ba'al und Jahwe », *ZAW* 78, 1966, 277-292.
RICHTER W. — *Exegese als Literaturwissenschaft. Entwurf einer alttestamentlichen Literaturtheorie und Methodologie*, 1971.
RIDDERBOS H. — « Die Theophanie in Ps L, 1-6 », *Oudtest. Stud.*, 15, 1969, 213-226.
RIMAUD D. — « La première prière liturgique dans le livre des Actes », *La Maison-Dieu* 51, 1957, 99-115.
RINGGREN H. — « Eine Schilderungen des Göttlichen Zorns », *Tradition und Situation. Studien zur alttestamentliche Prophetie. A. Weiser...*, Göttingen, 1963 107-113.
— « Yahvé et Rahab Léviathan », *Mélanges H. Cazelles* (*AOAT* 212), 1981, 387-393.
— « Psalm 2 and Bêlit's Oracle for Ashurbanipal », *Essays ... N. Freedman. The Word of the Lord shall go Forth* (*ASOR*), Philadelphia, 1983, 91-95.
ROBERT A. — « Le sens du mot Loi dans le *Ps* CXIX », *RB* 46, 1937, 182-206.
— « Le psaume CXIX et les sapientiaux », *RB* 48, 1939, 5-20.
— Art. Historique (Genres), *DBS* 4, 1949, 19-23.
— « L'exégèse des Psaumes selon les méthodes de la ' Formgeschichteschule ' », *Miscellanea Biblica B. Ubach*, Montserrat, 1953.
ROBERTSON D. A. — *Linguistic Evidence in Dating Early Hebrew Poetry* (SBL Dissert. Ser. 3), 1972.
ROBINSON A. — « Zion and Ṣaphôn in Psalm XLVIII 3 », *VT* 24, 1974, 118-123.
ROTH W. M. W. — *Numerical Sayings in the Old Testament. A Form-Critical Study*, *VTS*, 13, 1965.
ROUILLARD H. — *La péricope de Balaam (Nombres 22-24). La prose et les « oracles »*. (Études Bibliques N.S. 4), Paris, 1985.
ROWLEY H. H. — « Ritual and the Hebrew Prophets », *JSS* 1, 1956, 338-360.
RUDOLPH W. — « ' Aus des Munde der jungen Kinder und Säuglinge... ' (Psalm 8, 3) », *Festschrift W. Zimmerli*, 1977, 388-396.
RUPPERT L. — « Klagelieder in Israel und Babylonien. Verschiedene Deutungen der Gewalt », *Gewalt und Gewaltlosigkeit im A.T.*, Ed. N. Lohfink, 1983, 111-158.

SABOURIN L. — « Un classement littéraire des Psaumes », *Sciences Ecclésiastiques*, 1964, 1, 23-58.

— *The Psalms, Their Origin and Meaning*, Staten Island, N. Y. Alba House, 1969.

SAEBO M. — « Von Grossreich zum Weltreich. Erwägung zu *Ps* 72, 8 ; 89, 26 ; *Za* 9, 10 b », *VT* 28, 1978, 83-92.

SAKENFELD K. H. — *The Meaning of Hesed in the Hebrew Bible* (*HSM* 17), 1978.

SALLES A. — *Trois antiques rituels du baptême* (Sources chrétiennes 59), Paris, Le Cerf, 1958.

SANDERS J. A. — *The Dead Sea Psalm Scroll*, New York, 1967.

SANDERS J. T. — « *Ben Sira and Demotic Wisdom* » (*SBL* Monogr. Ser. 28), Chico, 1983.

SAUER B. G. — « Die Ugaritik und die Psalmenforschung », *UF*, 401-406.

SAWYER J. F. A. — « Joshua 10, 12-14 and the Solar Eclipse of 30 september 1131 B. C. », *Palestine Explor. Fund Quart. Stat.*, 104, 1972, 139-146.

SCHÄFER P. — *Die Vorstellungen von heiligen Geist in der rabbinischen Literatur*, München, 1972.

SCHATZ W. — *Genesis 14. Eine Untersuchung*, Bern, 1972.

SCHENKER A. — « Gerichtsverkündigung und Verblendung bei den vorexilischen Propheten », *RB* 93, 1986, 563-580.

SCHLISSKE W. — *Gottessöhne und Gottessohn im A.T.* (*BWANT* 97), 1973.

SCHMID R. — « Heute, wenn ihr auf seine Stimme Hört (*Ps* 95, 7), *Wort, Lied und Gottesspruch. Festschrift J. Ziegler*, II, 1972, 91-96.

SCHMITT R. — *Zelt und Lade als Thema alttestamentlicher Wissenschaft*, Gütersloh Verlaghaus, 1972.

SCHMUTTERMAYR G. — *Psalm 8 und 2 Sam 22. Studien zu einer Doppeltext*, 1971.

SCHNUTENHAUS F. — « Das Kommen und Erscheinen Gottes im A.T. », *ZAW* 76, 1964, 1-22.

SCHOLEM G. — *Le Nom et les symboles de Dieu dans la mystique juive*, Le Cerf, Paris, 1981.

SCHOTTROFF W. — *'Gedenken' im Alten Orient und im Alten Testament. Die Wurzel zakar in semitischen Sprachkreis* (*WMANT* 15), 1964.

SCHREINER S. — « Psalm CX und die Investitur des Hohenpriesters », *VT* 27, 1977, 216-222.

SCHULZ H. — *Das Buch Nahum. Eine redaktionskritische Untersuchung* (*BZAW* 129), 1973.

SCHULZ W. — « Der Namenglaube bei den Babyloniern », *Anthropos* 26, 1931, 895-928.

SCHWARTZ B. — « Psalm 50. Its Subject, Form and Place », *Shnaton* 3, 1978, 77-106.

SEELIGMANN I. L. — « Voraussetzungen der Midrashexegese », *SVT* 1, 1953, 150-181.
— « A Psalm from pre-regal Times », *VT* 14, 1964, 75-92.

SEGALLA G. — « Quaerere Deum' nei Salmi, *Quaerere Deum. Atti della XXV Settimana Biblica*, Brescia, 1981, 191-212.

SEYBOLD K. — « Die Redaktion der Wallfahrtspsalmen », *ZAW* 91, 1979, 247-268.
— « Die Geschichte des 29 Psalms und ihre theologische Bedeutung », *ThZ* 36, 1980, 208-219.
— « Psalm LVIII. Ein Lösungsversuch », *VT* 30, 1980, 53-60.
— « Beiträge zur Psalmenforschung », *ThRv* 46, 1981, 1-18.

SIEVERS J. — « Là où deux ou trois... Le concept rabbinique de Shekina et Matthieu 18, 20 », *SIDIC* 16, 1984, 4-11.

SKEHAN P. W. — Art. Qumran *DBS* 9, 1979, col. 805-822.
— « Gleanings from Psalm Texts from Qumrân. I. 4Q236 (= 4QPs 89) : A practice Page Written from Memory ? », *Mélanges H. Cazelles* (*AOAT* 212), 1982, 439-445.

SLOMOVIC E. — « Toward an Understanding of the Formation of Historical Titles in the Book of Psalms », *ZAW* 91, 1979, 350-380.

SMELIK K. A. D. — « The Origin of Psalm 20 », *JSOT* 31, 1985, 75-81.

SNAITH N. H. — *Leviticus and Numbers* (New Century Bible), London, 1967.

SORG R. — *Habaqquq III and Selah*, Fifield, Wisconsin, 1969.

— *Ecumenical Psalm 87. Original Form and Two Rereadings. With an Appendix on Psalm 110*, 3, Fifield, Wisconsin, 1969.

Souza B. de. — « The Coming of the Lord », *Liber Annuus* 20, 1970, 53-66.

Springer S. — *Neuinterpretation im A.T. Untersucht an der Themenkreisen des Herbsfestes und der Königspsalmen in Israel*, Stuttgart, 1979.

Stähl H. P. — *Solare Elemente im Jahweglauben des Alten Testaments* (*OBO* 66), 1985.

Steck O. H. — « Das Problem theologischer Strömungen in nachexilischer Zeit », *EvT* 28, 1968, 445-458.

— « Grundtext in Jesaja 60 und seine Aufbau », *ZThK* 83, 1986, 261-296.

Stehly R. — « David dans la tradition islamique à la lumière des manuscrits de Qumran », *RHPhR* 59, 1979, 357-367.

Stein B. — *Der Begriff kebod Jahweh und seine Bedeutung für die alttestamentliche Gotteserkenntnis*, 1939.

Steiner R. O. — « A Paganized Version of Psalm 20 : 2-6 from the Aramaic Text in Demotic Script », *JAOS* 103, 1983, 261-274.

Stendebach F. J. — « Glaube und Ethos. Überlegungen zu Ps 82 », *Freude an der Weisung des Herrn. Beiträge zur Theologie der Psalmen. Festgabe zum 70. Geburtstag von H. Gross*. (Stuttgarter Biblische Beiträge 13), 1986, 425-440.

Stolz F. — *Strukturen und Figuren im Kult von Jerusalem* (*BZAW* 118), 1970. *Psalmen in nachkultischen Raum*, *Theol. St.* 129 Zürich, 1983.

Strack-Billerbeck. — *Kommentar zum N.T. aus Talmud und Midrash*, I, 1922 ; II, 1924 ; III, 1926 ; IX, 1928.

Strauss H. — « Das Meerlied des Mose—Ein ' Siegeslied ' Israel's ? », *ZAW* 97, 1985, 103-109.

Stuart D. K. — *Studies in Early Hebrew Meter*, Missoula, 1976.

Talmon S. — « Emendation of Biblical Texts on the Basis of Ugaritic Parallels », *Scripta Hierosolymitana*. 31, *Studies in Bible*, 1986, 279-300.

Tarragon J. M. de. — « La Kapporet est-elle une fiction ou un élément du culte tardif ? », *RB* 88, 1981, 5-12.

Teeple H. M. — *The Mosaic Eschatological Prophet* (*JBL* Monogr. Ser. 10), Philadelphie, 1957.

Terrien S. — *The Elusive Presence. Toward a New Biblical Theology*, New York, 1978.

Thompson J. A. — *The Book of Jeremiah* (New Intern. Commentary O.T.), 1980.

Thompson T. L. — *The Historicity of the Patriarchal Narratives* (*BZAW* 133), 1974.

Thureau-Dangin F. — *Une relation de la 8ᵉ campagne de Sargon (714 av. J.-C.)*, Geuthner, Paris, 1912.

Tillich P. — « The Divine Name », *Christianity and Crisi* 20, 1960-1, 55-119.

Torczyner H. — « A Psalm by the Sons of Heman », *JBL* 88, 1949, 247-249.

Tournay R. J. — « Poésie biblique et traduction française », *RB* 53, 1946, 349-364.

— « Les psaumes complexes », *RB* 54, 1947, 521-542.

— « L'eschatologie individuelle dans les Psaumes », *RB* 56, 1949, 481-506.

— « En marge d'une traduction des Psaumes », *RB* 63, 1958, 161-181, 469-512.

— « Sur quelques rubriques des Psaumes », *Mélanges Bibliques A. Robert*, 1957, 197-204.

— « Le psaume et les bénédictions de Moïse », *RB* 65, 1958, 181-213.

— « Recherches sur la chronologie des Psaumes », *RB* 66, 1959, 161-190.

— « Le Psaume LXVIII et le livre des Juges », *RB* 66, 1959, 358-368.

— « Le Psaume CX », *RB* 67, 1960, 5-41.

— « Les affinités du Ps XLV avec le Cantique des Cantiques et leur interprétation messianique », *VTS* 9, 1962, 168-212.

— « Le Psaume 72, 16 et le réveil de Melqart », *Mémorial du Cinquantenaire de l'École des Langues Orientales de l'Institut Catholique*, Paris, 1964, 97-104.

— « Le Psaume II (*Ps* 2). Le Roi-Messie », *Assemblées du Seigneur, Fête du Christ-Roi*, n° 88, 1966, 46-63.

— « Le Psaume 8 et la doctrine biblique du nom », *RB* 78, 1971, 18-30.

— « Notes sur les Psaumes (*Ps* XLII, 9 ; LXXV, 7-9 ; XC, 5 et LXXVI, 2 ss) », *RB* 79, 1972, 39-58.
— « Zacharie XII-XIV et l'histoire d'Israël », *RB* 81, 1974, 355-374.
— « Note sur le Psaume LXXXIX, 51-52 », *RB* 83, 1976, 280-289.
— « Psaume LXXVI, 11 : Nouvel essai d'interprétation », *Studia Hierosolymitana*. II. *Studi esegetici*, 1976, Jérusalem, 20-26.
— « El Salmo 29 : estructure e interpretation », *Ciencia Tomista* 106, 1979, 733-753.
— « Les dernières paroles de David : II Samuel XXIII, 1-7 », *RB* 88, 1981, 481-504.
— « Le Cantique d'Anne. I Samuel II, 1-10 », *Mélanges D. Barthélemy* (*OBO* 38), 1981, 553-576.
— *Quand Dieu parle aux hommes le langage de l'amour. Études sur le Cantique des Cantiques* (Cahiers de la *RB* 21), 1982.
— « Le Psaume XXXVI : Structure et doctrine », *RB* 90, 1983, 5-22.
— « Le Psaume CXLI. Nouvelle interprétation », *RB* 90, 1983, 321-333.
— « Le Psaume CXLIV ; Structure et interprétation », *RB* 91, 1984, 520-530.
— « Le Psaume LXXIII : Relecture et interprétation », *RB* 92, 1985, 187-199.
— « Le Psaume LI et les murs de Jérusalem », *Festschrift M. Delcor* (*AOAT* 215), 1985, 417-424.
— « Le Psaume 149 et la « vengeance des pauvres de YHWH », *RB* 92, 1985, 349-358.
— *Le Psautier de Jérusalem*, Le Cerf, Paris, 1986.
TOURNAY R. et R. SCHWAB, etc. — *Les Psaumes* (La Sainte Bible), 3ᵉ éd., Paris, Le Cerf, 1964.
TRAUTMANN C. — « La citation du psaume 85 (84, 11-12) et ses commentaires dans la Pistis Sophia », *RHPhR* 59, 1979, 551-557.
TRUBLET J. — Art. Psaumes, Dictionnaire de Spiritualité, 12 (Beauchesne, 1986), col. 2504-2562.
TSEVAT M. — *Study of the Language of the Biblical Psalms* (*JBL* Monogr. Ser. 9), 1955.

URBACH E. E. — *The sages. Their Concepts and Beliefs*, Jerusalem, 1975, 37-65.
UTZSCNEIDER H. — *Hosea Prophet vor der Ende. Zum Verhältnis von Geschichte und Institution in der alttestamentlichen Prophetie* (*OBO* 31), 1980.

Van CANGH J.-M. et M. van ESBROECK. — « La primauté de Pierre (*Mtt* 6, 16-19) et son contexte judaïque », *RTL* 11, 1980, 310-314.
Van den BERGHE P. — « Ani et Anaw dans les Psaumes », *Le Psautier. Ses origines. Ses problèmes littéraires. Son influence*, Éd. R. De Langhe, Louvain, 1962, 273-295.
VANDERKAM J. — « BHL in *Ps* 2 : 5 ant its Etymology », *CBQ* 39, 1977, 245-250.
Van der LUGT O. — *Strofische Structuren in de Bijbels-Hebraeuwse Poëzie*, Dissert. Nederland., Kampen, 1980.
Van der PLOEG J. — « Les chefs du peuple d'Israël et leurs titres », *RB* 57, 1950, 40-61.
— « Le psaume XVII et ses problèmes », *Oudtestam. Studiën* 14, 1965, 273-295.
— « Réflexions sur les genres littéraires des Psaumes », *Studia Biblica et Semitica T. Ch. Vriezen ... dedicata*, 1966, Wageningen, 265-277.
— « L'étude du Psautier, 1960-1967 », *De Mari à Qumrân... Hommage à Mgr J. Coppens*, Louvain, 1969, 174-191.
— « Le sens et un problème textuel du *Ps* LXXXIX », *Mélanges H. Cazelles* (*AOAT* 212), 1982, 471-481.
Van der TOORN K. — *Sin and Sanction in Israel and Mesopotamia : A Comparative Study* (Studia semitica neerlandica 22), van Gorcum, 1985.
— « L'oracle de victoire comme expression prophétique du Proche-Orient ancien », *RB* 94, 1987, 63-98.
Van der WOUDE A. S. — Art. Shem, *THAT* II, 1976, 935-963.
— *Jona-Nahum* (De prediking van het Oude Testament), Nijkerk, 1978.

VANEL A. — *L'iconographie du dieu de l'orage dans le Proche-Orient ancien jus-qu'au VIIe siècle avant J.-C.* (Cahiers de la *RB* 3), 1965.
— Art. Sagesse (Courant de), *DBS* 11, 1986, col. 4-58.
VANHOYE A. — « Longue marche ou accès tout proche », *Bib* 49, 1968, 9-26.
Van IMSCHOOT P. — « Sagesse et Esprit dans l'Ancien Testament », *RB* 47, 1938, 23-49.
Van SELMS A. — « The Expression 'The Holy one of Israel' », *Von Kanaan bis Kerala. Festschrift van der Ploeg (AOAT* 211), 1982, 257-269.
Van UDEN D. J. — « 'Als je leven zoekt'. De Interpretative van het woord 'leven' in *Ps* 16, 11 in de rabbijnse Literatuur », Bijdragen 41, 1980, 386-400.
VAUX R. de. — « Le lieu que Yahvé a choisi pour y établir son nom », *Das Ferne und Nahe Wort. Festschrift F. Rost (BZAW* 105), 1967, 319-228.
— « Les Chérubins et l'Arche d'Alliance, les Sphinx gardiens et les trônes divins dans l'Ancien Orient », *Bible et Orient*, Paris, 1967, 231-259.
— « Le roi d'Israël, vassal de Yahvé », *Bible et Orient*, 1967, 286-301.
— *Histoire ancienne d'Israël (Études Bibliques)*, I, 1971.
— « The Revelation of the Divine Name YHWH », *Proclamation and Presence Old Testament Essays … C. H. Davies*, 1983, 48-75.
— *Les Institutions de l'Ancien Testament*, I et II, 4e éd., Le Cerf, 1982.
VEIJOLA T. — *Verheissung in der Krise. Studien zur Literatur und Theologie der Exilzeit anhand des 89. Psalms*, Helsinki, 1982.
VERMEYLEN J. — *Du prophète Isaïe à l'apocalyptique* (Études Bibliques), I, 1977 ; II, 1978.
VESCO J.-L. — « La lecture du Psautier selon l'épître de Barnabé », *RB* 93, 1986, 5-37.
— « Le Psaume XVIII : relecture davidique », *RB* 94, 1987, 5-52.
VEUGELERS P. — « Le Psaume LXXII, poème messianique ? », *EThL* 41, 1965, 317-343.
Vie spirituelle 122, mars 1970, n° 569 : « Pour ou contre les psaumes d'impré-cation », 291-336.
VIGANO L. — *Nomi e titoli di YHWH alla luce del semitico del Nord-Ovest*, Rome, 1976.
VILER HUESCO V. — « El Salmo 24. Unidad literaria y ambiente historico », *Anales del Seminario del Valencia*, 3, 1963, 7-16.
VOGT E. — « 'Die Himmel troffen' (*Ps* 68, 9) ? », *Bib* 46, 1965, 207-209.
VÖÖBUS A. — *Didascalia Apostolorum in Syriac* (CSCO 408. Scriptores Syri 180), II, Chapters XI-XXVI, Louvain, 1979.
VORLÄNDER H. — *Mein Gott (AOAT 23)*, 1975.
VOSBERG L. — *Studien zum Reden von Schöpfer in den Psalmen*, München, Kaiser, 1975.
VUILLEUMIER R. — *La tradition cultuelle d'Israël dans la prophétie d'Amos et d'Osée* (Cahiers Théologiques 45), Neuchâtel, 1960.

WAGNER M. — *Die lexicalischen und grammatikalischen Aramaismen im alttesta-mentlichen Hebräisch (BZAW* 96), Berlin, 1966.
WAGNER S. — « Das Reich des Messias. Zur Theologie der alttestamentlichen Königspsalmen », *ThLZ* 109, 1984, col. 865-874.
WANKE G. — *Die Zionstheologie der Korachiten*, ZAW Beih. 97, 1966.
— Prophecy and Psalms in the Persian Period », *The Cambridge History of Judaism*, I. *Introduction. The Persian Period*, chap. 8, Ed. W. D. Davies and L. Finkelstein, Cambridge, 1984, 162-188.
WARD J. M. — « The Literary Form and Liturgical Background of Psalm LXXXIX », *VT* 11, 1961, 321-339.
WATSON W. G. E. — « Trends in the Development of Classical Hebrew Poetry. A Comparative Study », *UF* 14, 1982, 265-277.
— *Classical Hebrew Poetry*, JSOT Supl. Ser. 26, 1984.
WATTS J. D. W. — « Yahweh Malak Psalms », *ThZ* 21, 1965, 341-348.
WEINFELD M. — « Rider of the Clouds' dans 'Gather of the Clouds' », *JANES* 5, 1973, 421-426.

— « Sabbath, Temple and the Enthronment of the Lord — Problem of the Sitz
     im Leben of Genesis 1 : 2 : 3 », *Festschrift H. Cazelles (AOAT 212), 1981,*
     505-512.
— « Instructions for Temple Visitors in the Bible and in Ancient Egypt »,
     Scripta Hierosolymitana 28, 1982, 224-250.
— « Divine Intervention in War in Ancient Israel and in Ancient Near East »,
     *History, Historiography and Interpretation. Studies in Biblical and Cunei-
     form Literatures.* Ed. Tadmor-Weinfeld, Jerusalem, 1983, 121-147.
— « The Pagan Version of Psalm 20 : 3-6. Vicissitudes of a Psalmodic Creation
     in Israel and its Neighbours », *Eretz-Israel* 18, 1985, 130-140.
— « The day of the Lord. Aspirations for the Kingdon. of God in the « Bible
     and Jewish Liturgy », *Scripta Hierosolymitana* 37. Studies in Bible, 1986,
     341-372.
WEIPPERT M. — « 'Heiliger Krieg' in Israel und Assyrien ; Kritische Anmerkungen
     zu Gerhardt von Rads Konzept des 'Heiligen Krieges im alten Israel' »,
     ZAW 84, 1972, 460-493.
— « Der Ort, den Jahwe erwählen wird, um dort seinen Namen wohnen zu
     lassen. Die Geschichte einer alttestamentlichen Formel », *BZ* NF 24, 1980,
     76-94.
— « 'Ecce non dormitabit neque dormiet, qui custodit Israel'. Zur Klärung
     von Psalm 121, 4 », *Lese-Zeichen für A. Findeiss zum 65 Geburtstag am
     15 Marz 1984,* Heidelberg, 75-87.
WEISER A. — « Zur Frage nach den Beziehungen der Psalmen zum Kult. Die
     Darstellung der Theophanie in den Psalmen und im Festkult », *Festschrift
     Bertholet,* 1950, 513-531.
— *Glaube und Geschichte im Alten Testament und andere ausgewählte
     Schriften,* Göttingen, 1961.
WEISS M. — *The Bible from Within,* Jerusalem, 1984, 93-100, 352-378.
WELLHAUSEN J. — *Die Composition des Hexateuchs...* Berlin, 1899.
WENHAM G. J. — *The Book of Leviticus* (The New Intern. Commentary on the
     O.T.), 1981.
WESTERMANN C. — *Das Loben Gottes in den Psalmen,* Göttingen, 1954.
— *The Praise of God in the Psalms,* 1965.
— « Die Herrlichkeit Gottes in der Priesterschrift », *Forschungen am A.T.
     Gesammelte Studien.* 2 (Theol. Bücherei — A.T. 55), München, 1974, 115-137.
— *Theologie des A.T. in Grundzügen. Grundriss zum A.T.,* Göttingen, 1974.
WHITNEY J. T. — « 'Bamoth' in the Old Testament », *Tyndale Bulletin* 30, 1979,
     125-147.
WILDBERGER H. — *Jesaja (BKAT,* X), Neukirchener Verlag, 1972-1982.
WILHELM G. — « Der Herr mit dem eisernen Szepter. Überlegungen zu Psalm II, 9 »,
     VT 27, 1977, 196-204.
WILLIAMSON H. G. M. — « Eschatology in Chronicles », *Tyndale Bulletin* 28, 1977,
     143-154.
— « The Origins of Twenty-Four Priestly Courses. A Study of Chronicles
     XXIII-XXVII », *VTS* 30, 1979, 251-268.
— « The Dynastic Oracle in the Book of Chronicles », *Festschrift I.L. Seelig-
     mann,* III, 1983, 305-318.
WILLIS J. T. — « Ethics in a Cultic Setting », *Essays in Old Testament Ethics J.
     Ph. Hyatt in Memorian,* 1974, 145-169.
WILSON G. H. — « The Qumran Psalms Manuscripts and the Consecutive Arran-
     gement of Psalms in the Hebrew Psalter », *CBQ* 45, 1983, 377-388.
— *The Editing of the Hebrew Psalter* (SBL 76), Chico, 1985.
WILSON R. R. — *Prophecy and Society in Ancient Israel,* Philadelphia, 1980.
WOLFF H. W. — *Dodekapropheton 6. Haggai (BKAT* XIV, 6), Neukirchener Verlag,
     1986.
WOUDSTRA M. H. — *The Book of Joshua* (The New Intern. Commentary on the
     O.T.), 1981.

YADIN Y. — « New Gleanings on Resheph from Ugarit », *Biblical and Related
     Studies Presented to S. Iwry,* 1985, 259-278.

ZENGER E. — « Psalm 87, 6, und die Tafeln vom Sinai », *Wort, Lied und Gottesspruch. Festschrift J. Ziegler*, II, 1972, 97-103.
— « Tradition und Interpretation in Exodus xv 1-21 », *VTS* 32, 1981, 452-483.
— « 'Wozu tosen die Völker... ?' Beobachtungen zur Entstehung und Theologie des 2. Psalms », *Freude an der Weisung des Herrn. Beiträge zur Theologie der Psalmen. Festgabe zum 70. Geburtstag von H. Gross* (Stuttgarter Biblische Beiträge, 13), 1986, 495-511.
ZIEGLER J. — « Die Hilfe Gottes am Morgen », Festschrift F. Nötscher (BBB 1), 1950, 281-288.
ZIMMERLI W. — « Abraham und Melchisedech », *Das Ferne und Nahe Wort. Festschrift Rost* (*BZAW* 105), 1967, 255-264.
— *Ezekiel. 1. A Commentary on the Book of the Prophet Ezechiel, Chapters 1-24*, Translated by R. E. Clements, Philadelphia, 1979.
— *Ezekiel. 2. Chapters 25-48*, Translated by J. D. Martin, 1983.
ZUCKERMAN B. — « 'For your sake...' : A Case Study in Aramaic Semantics », *JANES* 15, 1983, 119-129.

INDEX BIBLIQUE

INDEX HÉBREU

selâ, 43.

'anah, 107.
'anawîm, 13, 107.

perî, 175.

ṣalaḥ, 19.
ṣedeq, 93, 134.

qahal, 46.
qeren, 127.
qînâ, 3.
qôl, 21, 55.
qṣf, 116.

ra'âh, 118.
raḥam, 105.
ranan, 131.
rdh, 68.
resha'îm, 128.
rîb, 129, 132.
rkb 'rpt, 8, 61.
ro'sh, 170.

śar, 21.

sha/ebu'ôt, 43.
shaḥar, 8, 168.
shal, 60.
shalôm, 79, 103.
sham, 78, 134.
shebeṭ, 168.
shebîl, 109.
shehad, 130.
shegal, 175.
shekîna, 98.
shem, 62, 78, 80.
shemesh, 119.
sherirût, 40.
shiggayôn, 43.
shîr, 65.
shofar, 55.
shûb, 95, 149.

tebel, 96, 106, 110.
tehôm, 69.
temunâ, 59, 92.
teru'â, 24, 90, 98.
tif'eret, 90.
tôdâ, 134.

INDEX DES MATIÈRES

TABLE DES MATIÈRES

IMPRIMERIE A. BONTEMPS

LIMOGES (FRANCE)

Dépôt légal : Février 1988

Numéro Imprimeur : 3517-87